유마경

유마경

유마의 불가사의한 이야기

혜원 강설

운주사

일러두기 • 8

권상

불국품 제1 —— 11
1. 장자 보적의 찬불 • 11
2. 불국토의 청정 • 15
3. 예토穢土를 깨끗이 하다 • 21

방편품 제2 —— 27
1. 유마의 등장 • 27
2. 유마의 병 • 28

제자품 제3 —— 36
1. 사리불과 목련 • 36
2. 대가섭과 수보리 • 42
3. 부루나와 마하가전연 • 51
4. 아나율과 우바리 • 56
5. 라후라와 아난 • 66

보살품 제4 —— 77
1. 미륵보살과 광엄동자 • 77
2. 지세보살과 마신魔神 • 84
3. 장자의 아들 선덕 • 90

권 중

문수사리문질품 제5 —— 95

1. 문수와 유마의 만남 • 95
2. 공성에 대하여 • 101
3. 병든 보살은 어떻게 살아가는가 • 102

부사의품 제6 —— 114

1. "그대, 법 때문에 오셨소?" • 114
2. 불가사의해탈의 법문 • 124
3. 악마는 불가사의해탈의 보살 • 137

관중생품 제7 —— 139

1. 중생은 존재하지 않는다 • 139
2. 인생은 뿌리가 없는 풀 • 146
3. 선녀의 산화散華 • 153
4. 여덟 가지 기적 • 158

불도품 제8 —— 177

1. 보살의 길 • 177
2. 깨달음은 미혹의 길에서 피어나는 꽃 • 187

입불이법문품 제9 —— 208

1. 모든 보살의 입불이문관 • 208
2. 유마의 묵연默然 • 216

권 하 향적불품 제10 —— 225

1. 무엇을 먹게 할까 • 225
2. 향기가 나는 식사 • 233
3. 유화인욕의 향기 • 237

보살행품 제11 —— 246

1. 유마, 부처님 처소로 가다 • 246
2. 진과 무진의 해탈 법문(盡無盡解脫法門) • 253

견아촉불품 제12 —— 263

1. 여래를 보다 • 263
2. 유마와 묘희국 • 268

법공양품 제13 —— 273

1. 제석천의 서약 • 273
2. 최상의 공양 • 277

촉루품 제14 —— 284

1. 미륵에게 법을 위촉 • 284
2. 미륵의 서약 • 288
3. 아난에게 위촉 • 290

유마힐소설경 해설 • 293
후기 • 306
미주 • 311

일러두기

* 본 『유마경』 역해의 저본은 『대정신수대장경』(대정장, no.475) 권 14이다.
* 본서는 『유마경』 각 품의 주요 부분에 중점을 두어 번역·해설하는 형식으로 구성하였다.
* 본문 내용을 쉽게 이해하기 위해, 각 품의 목차를 다시 분단分段하여 소주제를 달았다.
* 문구의 원문과 보충 설명은 ( ) 안에 넣었다. 또한 문구 해석의 보완은 주를 달아 미주로 처리하였다.
* 『유마경』 역해를 위해, 산스끄리트본에 가장 가까운 티베트본으로 번역한 나카오 가진(長尾雅人) 역 『유마경』(東京: 中央公論社, 1992)과, 한역과 E. Lamotte의 번역을 대조하여 번역한 타카사키 지키도우(高崎直道) 역 『유마경』(동경: 대장출판, 1993)을 참고했다.

유마힐소설경
維摩詰所說經

| 권 상 |

불국품 제1

이 품은 암라수 동산에 부처님과 대중이 모인 자리와 장자의 아들 보적의 찬불讚佛, 청정한 불국토와 더러운 땅(穢土)을 깨끗이 하는 등의 내용으로 이루어져 있습니다.

경전은 부처님이 베-샤리시의 유명한 유녀遊女 암라빠리가 소유하고 있는 망고 숲에 머물고 계신 모습에서 시작합니다.

1. 장자 보적의 찬불

부처님 처소에 장자의 아들 보적이 왔습니다. 그는 다른 장자의 아들들 오백 명과 함께 왔고, 그들은 각각 칠보로 된 일산(傘蓋)을 가지고 와서 부처님께 두면족례頭面足禮, 즉 머리를 부처님의 발아래 붙여 예배하였습니다. 그리고 각각 일산을 부처님께 공양으로 올렸습니다. 바로 그때 부처님의 위력은 각각의 보개寶

蓋를 합쳐 하나의 일산을 만들어 삼천대천세계를 두루 덮었습니다. 그러자 세계의 광대한 모습이 그 안에서 나타나는 신통력을 보였습니다.

경에서 말하는 일산은 우리가 아는 양산과는 조금 다릅니다. 이것은 직사광선을 막기 위한 커다란 덮개도 되지만 동시에 아름답게 장식된, 대단한 크기로 된 권위의 상징이기도 합니다. 장자 아들들의 하나하나의 산개는 여기서는 그들의 자아를 상징하는 것이기도 합니다. 또한 그것이 하나의 커다란 일산이 되어 이 세계를 덮었다고 하는 것은 장자 아들들의 소아小我가 부처의 대아大我와 하나가 된 것이며, 이로 인해 그들이 부처님이 보는 것처럼 보고 부처님이 생각하는 것처럼 생각할 수 있는 일이 가능해졌다는 의미를 나타내 보인 것입니다. 그들은 이렇게 말합니다.

(부처님께서는) 선인을 대해도 악인을 대해도 똑같이 자비로써 대하십니다. 마음의 작용이 평등한 것은 허공과 같으십니다.
지금 세존께 이같이 보잘 것 없는 산개를 올렸지만, 그 속에서 우리에게 삼천대천세계, 여러 천인, 용신龍神이 있는 궁, 하늘의 악인樂人(음악을 연주하는 자), 야차(야크샤·요정)들을 보이시고, 이 보개 속에서 시방의 모든 부처님이 설법하시는 것을 보이시고, 세간의 모든 것까지도 전부 볼 수 있게 하셨습니다.

십력十力이 있는 부처님은 우리를 어여삐 여겨 이러한 신령스런 변화(神變)를 보이셨습니다. 대중은 희유한 것을 보고 모두 부처님을 찬탄합니다.

깨끗한 마음으로 보게 되면 기뻐하지 않을 사람이 없습니다. 부처님은 한 음성으로 법을 연설하시지만 중생은 각자 이해하는 바에 따라 받아들여 이익을 얻습니다. 이는 부처님만의 특유의 신력神力입니다.

부처님은 한 음성으로 법을 연설하시지만 듣는 사람은 두려워하고, 혹은 기뻐하고, 세상이 싫어져버리고, 혹은 의심을 끊습니다. 이것은 부처님만의 특유의 신력입니다.[1]

이 문장의 백미는 "불이일음연설법佛以一音演說法 중생수류각득衆生隨類各得"입니다. 이것은 『유마경』 가운데 명구입니다.

부처님은 누구에게나 동일한 설법을 하십니다. 이것이 '한 음성으로 설법(一音演說法)'하신다는 것입니다. 그렇지만 법을 듣는 사람 쪽에서는 받아들이는 것이 다릅니다. 각자 자신의 분수와 자량資糧에 따라 듣기 때문입니다. 듣는 이가 재능이 깊으면 그 가르침을 그대로 심오하게 듣습니다. 때로는 말하는 이가 미처 생각지도 못한 데까지 알아듣는 것입니다. 이렇게 되면 말하는 이는 듣는 이에게 도리어 가르침을 받게 되지요.

불교에서는 생각의 방식을 '근根·경境·식識'으로 분석합니다. 근은 감각기관으로 안(眼, 보는 것), 이(耳, 듣는 것), 비(鼻, 냄새를 맡는 것), 설(舌, 맛의 작용), 신(身, 접촉하는 것), 의(意, 생각하는 작용)에 의해 주어진 자극에 대한 지각을 통해 지식을 얻습니다. 그렇지만 여기에 경(境(대상, 상대, 경계)이 가해지면 그 지식이 달라지게 됩니다.

제가 아는 한 청년은 꼬마일 때 멸치를 먹지 않았다고 합니다. 멸치가 살아서 꿈틀거릴 때 멸치의 눈을 보고 무서움이 생겼다는 것입니다. 엄마가 멸치조림을 해서 먹어보라고 해도 울면서 '눈이 무서워 못 먹겠다'고 했답니다. 결국 성인이 되고 나서도 잘 먹지 못한다고 들었습니다. 또한 대학원생이던 한 청년은 육식, 특히 소고기를 먹지 않았습니다. 왜냐고 물었더니, 학부 농경과를 다닐 때, 실습을 가는 도중 소를 가득 실은 차가 도살장으로 가는 것을 목격했는데, 순간 그 속에 있는 어느 한 마리 소가 눈물을 흘리는 것을 보고 너무 놀랐고, 그 이후 소고기를 쳐다보지도 않았다고 합니다. 이후 모임이나 가정에서도 잘 먹지 못하게 되었다는 것입니다. 먹는 이야기로 비유했지만, 감각기관은 어떤 대상(境)을 만나게 되면 생각(識)이 생겨, 그것이 고정된 이미지가 되고 자신만의 습관으로 굳어져 생각을 바꾸지 못하게 되어 버립니다. 이렇듯 생각이 다양하게 이루어지고, 나름대로의 고정관념과 속박, 고집, 집착이 생기며, 이를 근거로 자신의 자아가 형성되어 버리지요.

부처님께서 어떤 훌륭한 말씀을 해도 부처님에 대한 반감이 있다면 그 훌륭한 말씀을 듣지 않고 급기야 비난까지 하는 경우도 있습니다. 그러나 그렇지 않다면 부처님의 말씀은 인생의 좌우명이 되기도 하고, 자신의 숨어 있는 지혜를 일깨우기도 하고, 자신의 인생을 반조해 보는 계기가 되기도 합니다. 부처님의 한 말씀, 즉 일음一音이 자신의 자량에 따라 얻어지고 깨우쳐지는 것입니다. 그래서 중생의 류類에 따라 각기 다르다고 하는 것입니다.

2. 불국토의 청정

그때 장자의 아들 보적은 … 부처님께 말씀드렸다. "이 오백인의 장자의 아들들은 모두 이미 무상의 깨달음(아뇩다라삼먁삼보리)으로 향한 마음을 일으켜, 불국토의 청정을 체득하고자 원합니다. 원컨대 모든 보살의 정토의 행을 설해 주십시오."

이에 대해 부처님은 "중생의 부류가 보살의 불토가 된다"라고 시작하여, "직심이 바로 보살의 정토가 된다"라고 대답하시며, 계속해서 "심심深心·보리심·보시·지계·인욕·정진·선정·지혜·사무량심·사섭법·방편·회향심·팔난八難을 제하는 것·십선十善…"이라고 말씀하십니다. "중생의 부류가 보살의 불토가 된다"는 것에 대한 좀더 명쾌한 이해를 티베트 경에서 볼 수 있습니다.

중생이라는 국토야말로 실은 보살의 불국토가 된다. 그것은 왜인가. 보살은 중생(의 이익)에 증대가 있는 한, 그 한도에서 불국토라고 받아들인다. 그렇다면 중생은 어떻게 연마해야 하는가. 그것에 따라 불국토를 생각할 수 있다. … 보살의 경우 불국토라는 것은 중생의 이익과 무관계하여 성립하지 않는다. 공중에 무엇인가 지으려고 하고, (그것을) 희망대로 만들고자 해도 공중에서는 (실제로는) 만들 수가 없고 장엄할 수도 없다. 그것과 같이 모든 존재는 허공과 같은 것이라고 알고, 보살은 중생을 성숙시키기 위한 바람과 희망대로 불국토를 만드는 것이다. 그러나 불국토는 (중생을 제쳐놓고) 공중에 만들 수 없고 장식할 수도 없는 것이다.[2]

말하자면 중생을 떠나 보살은 불국토를 만들 수 없으며, 중생의 근기대로 보살은 불국토를 만든다는 것입니다. 중생이 없다면 불국토도 없는 것입니다. 중생은 본래 공이지만 색으로 드러나 있기 때문에 그것에 따라 보살행을 하는 것이라고 합니다.

이것을 읽고 느껴지는 것은, 『유마경』은 『반야경』의 '공'의 생각을 확고하게 깔아놓고 그 위에 드라마틱한 세계를 나타낸다는 것입니다. 예로, '모든 존재는 허공과 같은 것인 줄 알고' 그 위에서 이러했으면 좋겠다고 생각하는 대로 불국토가 존재한다는 것이지요. 그러나 불국토는 중생을 제쳐두고 만들 수 없기 때문에 중생이라는 국토야말로 보살의 불국토, 즉 정토라고 말하는 것입니다.

다음, "직심은 보살의 정토가 된다"라고 하는 문장입니다. 직심直心은 '곧은 마음'입니다. 순일하여 잡됨이 없고 깨끗하고 순수한 마음입니다. 티베트어 역에서는 '곧은 의욕'으로 되어 있지만 원어 아-샤야는 인간의 본래적인 원을 뜻합니다.

그다음 '심심深心'은 거짓과 가상에 매달리지 않고 성심성의로 사람을 대접하는 마음이며, 이러한 삶이 보살의 정토, 불국토인 것입니다.

또한 '보리심'은 깨달음을 향하는 마음을 일으키는 것으로, 정확히는 '발보리심'이며 이를 간단히 '발심'이라고 합니다.

이상 세 가지, 직심(直心, 곧은 의욕), 심심(深心, 깊은 결의), 보리심(菩提心, 위대한 발심)은 『관무량수경』에 설하고 있는 '삼심三心'과도 일치합니다. 이는 정토에 왕생하려는 사람이 갖추어야 할 세 가지 마음으로, 첫째, 지성심(至誠心, 진실로 정토에 태어나고 싶다는 마음), 둘째, 심심(深心, 정토에 태어나고 싶다는 더욱 깊은 마음), 셋째, 회향발원심(回向發願心, 닦은 공덕을 돌려 정토에 왕생하고 싶다는 마음)입니다. 이처럼 『유마경』에서 말하는 세 가지 마음과 완전히 같습니다.

다음, '보시는 보살의 정토'라고 합니다. 보시는 '먼저 주어라'라는 의미입니다. 근본불교에서는 팔정도의 첫 번째를 '정견正

見'으로 시작합니다. 우선 '보라'고 합니다. 그렇지만 대승불교의 '육바라밀'(여섯 가지 성취)의 첫 번째는 '보시', '일단 주어라'를 가르칩니다. 바라는 바 없이, 상대를 향해 웃음 짓는 것은 미소를 보시하는 것입니다. 누구를 대해도 빙그레 웃는 사람은 언제나 미소를 보시하여 마음을 밝게 해 주므로, 큰 보시가 됩니다. 누가 오든 상냥한 말을 거는 사람은 애어愛語를 보시하는 것이 됩니다. '인욕'은 참는 것이라는 의미이겠지만 '언제나 기다리는 것'이라고도 할 수 있습니다.

헤르만 헤세의[3] 소설 『싯다르타』라는 명작이 있습니다. 싯다르타라는 젊은 바라문이 수행을 그치고 환속하고 카-마수와-미라는 상인이 있는 곳으로 갑니다. 상인이 "그대에게는 어떤 좋은 점이 있습니까?"라고 물으니, 그는 "저는 단식할 수 있습니다. 생각할 수 있습니다. 기다릴 수 있습니다"라고 하여 세 가지로 대답했습니다.

다른 사람이 밥을 구하기 위해 우왕좌왕할 때, 유유히 그대로 있습니다. 그 사이에 좋은 방법을 발견할 수 있습니다. 어떠한 상황에 놓여 있어도 언제나 냉정히 생각할 수 있습니다. 그리고 어떤 역경에 떨어져도 자신의 운이 돌아올 때까지 기다릴 수 있습니다. 길고 긴 파장으로 사람과 교제할 수 있습니다. 도중에 마음이 변하여 멀리 떠난 친구를 10년이 돼도, 20년이 돼도 돌아와 줄 때까지 계속해서 기다릴 수 있습니다. 만약 선생이라면 성적이 나쁜 아이가 스스로 공부하기를 자각할 때까지 계속해서 기다릴 수 있습니다. 이러한 경지가 보살의 정토라고 말하는 것입니다.

"선정은 보살의 정토"라고 하였습니다. '마음을 가라앉혀 산란하지 않으면 보살의 정토'라는 것입니다. 조용한 곳이나, 아수라장 같은 시끄러운 곳에서나, 저잣거리 한복판에 있어서나, 늘 마음을 가라앉혀 고요한 곳에서 사방을 두루 살필 수 있는 것이 보살의 정토라는 것입니다.

또한 "사무량심四無量心이 보살의 정토"라고 했습니다. 자·비·희·사의 네 가지 무량한 마음이 바로 정토입니다. 자慈라는 말은 '미트라(mitra, mettā, 友)'라는 명사에서 나온 추상명사로 '우정'이라는 뜻이 됩니다. 궁극적으로는 '무연無緣의 자비'이므로 어떤 누구를 대해도 무조건적인 우정으로 품는 것입니다. 비(悲, Karuṇā)는 '신음'이라는 말로, 마음 깊은 곳에 상처가 있어 아픈 것입니다. 신음소리만으로도 아픔을 알고 있기 때문에 타인의 아픔을 잘 아는 것입니다. 타인의 아픔이 나의 아픔이라는 것은 바로 이를 두고 하는 말입니다. '희(喜, muditā)'는 기쁨입니다. 태어나서 좋다고 하는 생각, 타인을 행복하게 하는 기쁨, 그래서 미소 짓는 얼굴이 됩니다. '사(捨, upekkhā)'는 밉다거나 친하다거나 하는 차별의 상을 평등하게, 이롭게 하는 것을 뜻합니다. 이러한 자·비·희·사의 마음이 한없는 것이 보살의 정토가 됩니다.

다음 '사섭법四攝法'입니다. '보시'는 바라는 마음 없이 조건 없이 주는 것, '애어愛語'는 상대의 마음이 흔들릴 정도의 상냥한 말입니다. 낯선 사람이라도 먼저 말을 건네 인사하는 것도 애어입니다. '이행利行'은 자신의 주변 사람들이 행복감을 얻을 수 있는 행동을 말합니다. '동사同事'는 상대를 편안한 세계로 함께 이끌어 가는 것입니다. 이는 자신의 마음이 비워져 있을 때에야 함께할 수 있다는 것입니다. 또 상대가 무안을 당했을 때 기꺼이 곁에 있어 주어, 타인에게 수치를 당하지 않게 하는 것도 동사가 됩니다.

"방편은 보살의 정토"라고 합니다. 방편을 선방편善方便이라고도 하는데, 타인을 올바르게 이끌기 위해, 편안하게 지내게 하기 위해 방편을 쓰는 것을 말합니다. 의사가 암환자에게 적당한 병명으로 둘러대 마음에 근심을 갖지 않도록 하는 것도 방편의 일종입니다. 한편 거짓말도 방편이라고 하지만 거기에는 진실이 없어서는 안 됩니다. 진실함이 없는 방편은 방편이 아닙니다. 가난한 집에 저녁밥이 한 그릇만 남아 있는데 아들이 배가 고프다고 하니 어머니는 자신은 먹었다고 하며 아들에게 밥을 다 건네주는 것, 이것이 진실한 방편이 됩니다. 이러한 일들은 가난을 겪으신 우리 어르신들이 많이 경험한 것이라고 봅니다.

"회향하는 마음이 보살의 정토"라고 합니다. 회향이라는 말의 본래 의미는 방향을 바꾸어 다른 쪽으로 향하는 것입니다. 무엇인가 좋은 일을 하고 좋은 결과가 자신에게 오는 것을 타인에게 돌리는 것입니다. '만약 제게 공덕이 있다면 다른 모든 중생에게 돌리겠습니다(願以此功德 普及於一切 我等與衆生)'라는 것이 보살의 정토가 됩니다.

"팔난八難을 제거하는 것이 보살의 정토"라고 합니다. 팔난은 지옥, 아귀, 축생, 장수천長壽天, 변지邊地, 맹롱음아盲聾瘖瘂, 사견 邪見, 불전불후佛前佛後 등 여덟 가지를 말합니다. 장수천에 태어 나는 것은 언제나 죽지 않는 곳에 태어나는 것입니다. 죽고 싶어 도 죽지 못합니다. 변지는 불국토에서 아주 멀리 떨어진 곳에 태 어나는 것입니다. 맹롱음아(盲聾瘖瘂)는 보고 들을 수 없는 등 몸 이 부자유한 인간으로 태어나는 것입니다. 사견은 그릇된 견해 를 가지고 태어나는 것입니다. 불전불후佛前佛後는 부처님이 세 상에 태어나기 이전에 태어나 죽는 것, 부처님의 불멸 이후 태어 나 죽는 것입니다. 자신에게 진실한 인생의 보람과 가치를 가르 쳐 주는 사람을 만날 수 없다는 의미입니다. 이러한 팔난이 없는 것이 보살의 정토가 된다는 것입니다.

3. 예토穢土를 깨끗이 하다

만약 보살이 정토를 얻고자 한다면 마음을 깨끗이 해야 한다. 그 마음이 깨끗하면 불국토가 깨끗하기 때문이다.

마음이 깨끗하다는 것은 자아의 의식, 자·타라는 차별 의식이 없는 것입니다. 그렇게 되면 어떤 일이라도 걸림 없이 자유롭게 행하게 됩니다. 그러면 주변까지 정토가 실현된다는 것입니다. 그때 사리불이 생각했습니다.

만약 보살의 마음이 깨끗하면 불국토도 깨끗하다고 한다면, 세존은 본래 보살이셨을 때, 마음이 부정하여 지금 이 불국토가 이처럼 부정한 것일까?

지혜제일인 사리불은 이처럼 논리적으로 깊이 생각합니다. 쉽게 말하면 오랜 수행으로 마음이 깨끗한 부처님이 계신 이 사바세계는 필연적으로 깨끗해야 되지 않을까 하는 의문이 든 것입니다. 그러나 보다시피 이 세계는 더러운 세상(穢土)입니다. 부처님은 사리불의 이러한 의문을 알아채시고 말씀하셨습니다.

"이렇게 생각하면 어떨까. 태양이나 달은 뚜렷이 밝다. 그렇지만 맹인은 이를 볼 수가 없지 않은가." "그렇습니다. 세존이시여, 맹인의 허물이지 해와 달 탓이 아닙니다." "사리불이여, 중생의 죄 때문에 여래의 국토가 장엄하고 깨끗함을 보지 못하는 것이다. 여래의 허물이 아니다. 나의 이 나라는 깨끗하지만 그대는 이를 보지 못하는 것이다."[4]

이러한 말씀은 『법화경』에도 있습니다. 이 세상은 아름다운데 여러 가지 죄를 지은 자들은 이를 큰불이 타고 있는 것처럼 본다고 했습니다. "나의 이 나라는 안은하고 천인들이 언제나 가득 차 있다. 동산이나 숲, 여러 당각堂閣은 갖가지 보배로 장엄되어 있고 보석의 숲, 보석의 꽃과 과일이 많고 중생들이 즐거이 놀러 다니는 곳이다. 여러 천인(천신)은 하늘의 북을 치고 언제나 연주를 하고 만다라꽃을 뿌리고 그것은 부처와 대중 위로 떨어진다"고 하여 본래가 불국토였음을 말씀하셨습니다.

부처님이 말씀하신 뒤에 나계범왕이 사리불에게 말했습니다.

그대의 마음에는 고하高下가 있고 부처님의 지혜에 의지하지 않기 때문에 이 국토를 보고 부정하다고 여기는 것입니다. 보살은 일체중생을 모두 평등하게 보며, 마음은 깊고 청정합니다. 부처님의 지혜로 보면 이 불국토가 청정함을 볼 수 있습니다.

범왕과 사리불의 대화를 듣고 계시던 부처님께서 발가락으로 대지를 비비니, 그 자리에 삼천대천세계가 이를 데 없이 아름답게 장식되어 이를 본 대중은 너무나 경이로워 찬탄했으며, 더구나 자신들이 연꽃 속에 앉아 있음을 보았습니다. 사리불도 역시 감탄했습니다. 이때 부처님이 사리불에게 이렇게 말씀하셨습니다.

"그대는 불토의 장엄함을 보았는가?" 사리불은 "그렇습니다. 지금까지 한 번도 보고 들은 적이 없었습니다. 그런데 지금 여기

에 훌륭하게 장엄된 세계가 나타나 있습니다"라고 했습니다. 이에 대해 부처님께서는,

> 나의 불국토는 언제나 이와 같은데, 다만 하열인[5]들을 제도하고자 수많은 악으로 가득 찬 부정한 국토를 보일 뿐이다. 비유하면 여러 천인은 하나의 보배의 그릇으로 함께 식사를 하지만, 각각의 복덕에 따라 밥의 색깔이 달리 보이는 것과 같다. 이처럼 만약 사람의 마음이 깨끗하면 바로 이 국토가 훌륭하게 장엄되어 있음을 본다.

이때, 오백 인의 장자 아들들은 '무생법인無生法忍'[6]을 얻었습니다.

앞에서 사리불이 본 세상은 더러운 것인데, 그렇다면 마음이 깨끗한 부처님이 계신 이 사바세계는 필연적으로 깨끗해야 하지 않은가, 라는 의심이 일어났고, 부처님은 사리불의 마음을 아시고 신통력으로 본래 세계는 화려하게 장엄된 불국토임을 보이셨습니다. 왜 세상이 더러운 것인가는, 하열한 중생의 근기根機[7]에 따라 세상을 살면서 삼독의 사악한 마음이 치열하여 그렇게 되었을 뿐이라는 것입니다.

여하간 부처님과 사리불의 대화를 곁에 있던 오백 인의 장자의 아들들이 듣고, 모든 것은 '본래 생겨남이 없는, 즉 불생不生'임을 확신하였습니다.

『유마경』 불국품의 마지막은 이렇습니다.[8]

그리고 팔만 사천 인이 모두 위없는 깨달음을 구하는 마음(아뇩다라삼먁삼보리)이 일어났다. 부처님은 신족神足으로 전개한 삼천대천세계를 다시 본래대로 거두셨다. 가르침을 듣고 제자로서의 목적을 이루려고 하는 삼만 이천의 여러 천인(천신) 및 인간은 '만들어져 변화하는 것(有爲法)은 다 무상하다'는 것을 알고, 번뇌를 벗어나 더러움에서 떠난 깨달음의 눈이 열렸다. 팔천 인 수행승은 어떤 것에도 집착하는 것이 없이 번뇌가 다하여 마음이 해탈되었다.

본문에서의 유위법有爲法은 현실의 세계를 뜻합니다. 자신을 비롯한 존재하는 것은 모두 인연 지어 이루어져, 변화하고 사라지고 또다시 만들어지는 것이라고 하여 유위법이라고 합니다. 우리가 이 세상을 보는 것은 자신의 마음의 변화에 따라 달라지는 것임을 부처님은 신족神足으로 보이셨습니다. 본래 정토인데 우리는 예토穢土로 보는 것입니다. 『섭대승론』에 '일수사견一水四見'이라는 말이 있습니다. 같은 물을 천인이 보면 보석으로 보이고, 인간이 보면 물로 보이고, 물고기는 집으로 보이고, 아귀가 보면 불로 보인다고 합니다. 같은 대상이라도 보는 이의 근기에 따라 그것이 달리 보인다는 것을 말합니다.

"마음이 깨끗하면 불토가 깨끗하다"는 말은 이를 가리킵니다.

깨끗한 마음으로 세계를 보면 세상은 청정한 정토로 보이고, 삿된 마음으로 세계를 보면 세계는 더러운 세상으로 보입니다. 인간의 마음의 작용은 이처럼 신령스럽습니다. '불국품'에서의 정토는 청정한 마음의 세계이며 행복한 마음을 의미합니다. 마음에 따라 나 자신도 변하고 세계도 변하며, 정토가 멀리 있을 수도, 바로 여기에 있을 수도 있다는 것입니다. 마음이 밝지 못한 중생이 보기에는 더러운 세계로 보이지만, 부처님은 중생에게 사바세계는 본래가 정토였음을 신통력으로 보이신 것입니다.

이처럼 정토가 바로 예토이며, 예토가 정토 아님이 없음을 깨닫게 하셨습니다.

방편품 제2

이 품에서 장자 유마거사가 소개되고, 지금 그는 병중에 있으며, 병든 모습에서 무상한 이치를 나타내어 '영원한 진리'가 무엇인지를 깨치게 합니다. 그래서 이 품을 '방편품'이라고 합니다.

1. 유마의 등장

경전에는 유마에 대해 다음과 같이 소개합니다.[9]

> 그는 사람을 구원하고자 묘한 방편을 쓴다. … 자산이 무량하며 수많은 빈민을 데리고 있고, 계를 받들어 청정하며 불량배를 데리고 있고, … 끊임없는 정진으로써 수많은 게으른 자들을 섭화攝化하며, 선정禪定으로 마음이 산란한 자들을 편안하게 하며, 참된 지혜로써 무지한 자들을 거둔다.

그는 흰옷을 입은 세속인이지만 수행자의 청정한 계율의 행을 지키며, 재가인이지만 삼계三界[10]에 집착함이 없다. 처자가 있는 모습을 보이지만 언제나 깨끗한 행을 닦고 있다. 권속이 있는 모습을 보이지만 그들과 언제나 멀리 떨어져 있다. 보배 장식을 걸치고 있지만 좋은 상호로 몸을 장엄하고, 식사를 하지만 정신통일의 기쁨을 맛보고 있다. 도박이나 유희의 장소를 가도 그때마다 사람들을 구원하고, 여러 다른 도(外道)를 닦는 사람들을 받아들이지만 바른 신앙을 가진다. 세속의 전적典籍에 밝지만 언제나 불법을 가까이하며, 모든 사람에게 존경받고 공양받는 사람들 중에서 최상의 분이시다.

2. 유마의 병

이런 분인 유마가 방편으로 병이 든 것입니다. 많은 사람이 문병을 하러 갑니다. 그 사람들에게 유마는 이렇게 가르칩니다.

여러분, 이 몸은 무상하고 힘도 없고 견고하지 않소. 빠르게 쇠약해져 믿을 것이 못 되오. 고통과 번민, 가지가지 병이 모인 곳이오. 여러분, 이 같은 몸은 밝은 지혜로운 자가 믿을 것이 못 되오.

이 몸은 물보라와 같아 취할 것이 못 되오. 이 몸은 포말 같아서 오래 존립할 수 없소. 이 몸은 불타는 것과 같은데, 갈애에서 생기는 것이오. 이 몸은 파초와 같아서 그 안에는 견고한 것은 존재하지 않소. 이 몸은 허깨비와 같아 잘못된 견해가 일어난다오. 이 몸은 꿈과 같은 것이어서 허망하게 보이는 것 외에는 없소. 이 몸은 그림자 같아서 업의 인연에서 나타나오. 이 몸은 메아리 같아 여러 가지 인연에 속하고 있소. 이 몸은 뜬구름과 같아 바로 변하고 멸한다오. 이 몸은 번개와 같아 한순간에 사라져 버려 머물지 않소.

이처럼 인간의 몸은 기댈 것이 못 된다는 것을 유마는 열 가지 비유를 들어 설명하고 있습니다. 어떠한 인간이라도 병이 듭니다. 병이 들면 죽음으로 향하여 걸어갑니다. 인간은 태어났을 때부터 죽음을 향해 걸어가는 것입니다. 그래서 부처님은 "인간은 죽음으로 존재한다"고까지 했습니다. 그것을 유마는 자신의 병에 의탁하여 가르치고 있는 것입니다.

몸이 아프면 의사의 치료를 받아 낫는다고 생각합니다. 그러나 그것은 치료된 것이 아니라 죽음으로 향해 걷는 속도가 조금 늦춰진 것뿐입니다. 그렇다면 살아간다는 것은 어떤 것일까요. 병이니 죽음이니 하는 것은 도대체 어떤 것일까요. 병은 억지로 싫어할 것은 못됩니다. 병이 들면 누구나 죽음을 생각하게 되고, 삶의 의미를 비로소 새롭게 생각하게 됩니다. 그리고 사람의 마음도 잘 헤아리려고 하게 됩니다. 따라서 큰 병이 들면 인생을 보는 눈이 변해 가는 것입니다.

불교에서는 병을 두 가지로 생각합니다. 하나는 몸의 병입니다. 또 하나는 탐욕(탐), 노여움(화), 어리석음(무지) 세 가지 병을 가리킵니다. 탐욕은 하나를 만족하면 즉시 다음의 욕망의 대상을 추구해 갑니다. 화냄은 노여움인데, 언제나 미워할 대상이 없으면 안심하지 못하는 병입니다. 어리석음은 생명이라는 제일 중요한 것에 대해 어떤 것도 알지 못하고 알려고도 하지 않는 것입니다.

지식인 가운데는, 지식은 출중한데 자신이 어떻게, 무엇으로 세상에 살고 있는지, 무엇이 세상을 살아가게 하는 것인지를 알지 못하는 사람들이 많습니다. 이러한 자를 지식인이라고 할 수 있을까요. 물론 지식인 가운데는 세상을, 인간을 복되게, 보람되게, 가치 있게 살아가게 하는 길을 가르치고, 또는 가리키는 자가 있습니다. 세상은 이런 사람들 중 뛰어난 업적을 이룬 사람을 선택해서 이른바 '노벨상'도 줍니다. 또한 크고 작은 상도 있습니다. 그러나 이런 사람들은 얼마 되지 않습니다.

현대인은 넘쳐나는 지식으로 인해 모두 병들고 있다고 해도 과언이 아니겠지요. 게다가 잘못된 지식으로 인하여 오만과 교만, 아만까지 더해져 자신을 위한 실리와 이기에 치달아, 무지에 함몰되고 맙니다. 심각한 병이 든 것이지요.

공안집 중 하나인 『무문관』(1228)에는 이런 이야기가 있습니다.

『금강경』 교의만을 신봉한 덕산 선감(德山宣鑑, 782~865)은 남

방에서 선종禪宗이 활발발하여 수행승들이 그곳으로 가서 '견성見性'하는 공부만을 한다고 들었습니다. 덕산은 『금강경』에 쓰인 언구로 한 방에 그들을 날려 보내겠다고 다짐하고, 그간 공부한 『금강경』 주석을 모두 싸서 남쪽으로 내려갑니다. 가다가 주막이 보여 좀 쉬었다 가야겠다는 속셈으로 봇짐을 내려놓고 주막 주인같이 보이는 노파에게 점심으로 떡을 하나 요구했습니다. 노파는 스님을 가만히 보더니 물었습니다.

"대사, 봇짐 속에 있는 것은 무엇이오?"

"『금강경』 주석서요."

"아, 그래요. 그렇다면 제가 하나 여쭈어 볼 테니 답을 해 주시면 떡을 거저 드리리다. 『금강경』에 이런 구절이 있지요. '과거의 마음도 붙잡을 수 없고, 미래의 마음도 붙잡을 수 없고, 현재의 마음도 붙잡을 수 없다(過去心不可得 未來心不可得 現在心不可得).' 대사께서는 지금 점심點心을 하겠다고 하셨는데, 어느 마음에 점을 찍으시려고 하나요?"

덕산은 머리가 멍했습니다. 그간 『금강경』에 대한 주석서를 앞뒤로 외울 정도여서, 경에 대한 것은 무엇이든지 환하다고 자부했는데, 노파의 질문에 단 한마디도 입을 떼지 못했습니다.

선사는 바로 그 자리에서 봇짐을 지고 노파에게 "여기 근처에 큰스님이 계시는 절이 있소?"라고 물었습니다. 노파는 가까이에 용담龍潭 큰스님이 계신다고 했습니다. 가르쳐 준 대로 단숨에 그곳으로 가서 보니, 절 앞에는 큰 연못이 있었습니다. 스님은 큰소리로 "못에 용이 있다고 들었는데 와보니 용이 없네!"라고 했습니다. 그때 저 멀리 당간에 서 계시던 용담 선사가 들어오라고 손짓을 하셨습니다. 선사는 재빨리 그곳으로 가서 인사를 하고 방에 들어가 막혀 있던 의심을 이리저리 여쭈고 가르침을 청했습니다. 그러나 용담은 듣기만 하고 한마디도 하고 있지 않다가 말했습니다.

"밤이 깊었으니 이제 돌아가지 그래?"

덕산은 작별인사를 하고, 발을 걷어 올리고 덧문 밖으로 나가려 했습니다. 밖을 보니 캄캄하여 되돌아보며 말하기를

"밖이 캄캄합니다."

용담은 종이로 싼 밀랍초에 불을 붙여 건네주었습니다. 덕산이 막 잡으려고 하자 용담이 훅 불어 껐습니다. 순간 덕산은 홀연히 깨치고 바로 절을 올립니다. 용담이 물었습니다.

"그대는 무슨 도리를 보았는가?"

덕산이 말했습니다.

"저는 오늘 이후로 천하의 노화상의 말씀을 의심하지 않겠습니다."

다음날 덕산은 법당 앞에서 『금강경』 주석서를 꺼내어 횃불을 치켜들며 말했습니다.

"불교의 교의를 밝힌다 해도 털끝 하나를 공중에 두는 것과 같고, 세상살이를 위해 대단한 기술을 만든다고 해도 물 한 방울을 큰 계곡에 던지는 것과 같다."[11]

그리고 나서, 바로 『금강경』 주석서를 모두 태우고 그 자리에서 인사를 하고 떠났습니다. 덕산 문하에 거대한 두 종파가 나왔는데, 운문종과 법안종입니다. 이 두 종은 임제종과 함께 중국 송대의 선종의 대표가 됩니다.

『금강경』의 교의에 대해서는 천하에 가장 밝다고 하는 덕산이 '근본의 마음자리(自性)'를 물었을 때 캄캄했던 것입니다. 세상의 이치와 도리를 환히 안다고 하는 자들도, 또한 신에게 수없이 기도를 올리고 부탁드리는 자도, 정작 자신의 죽음에 임해서는 크게 불안해하고, 번뇌가 번갈아 오고가는 근본 자리에 대해 물으면 절벽 앞에 서게 되는 것입니다. 이를 선가에서는 '은산철벽銀山鐵壁'이라고 합니다. 자신이 온 자리(生), 가는 자리(死)도 모르며, 현상에만 집착하여 사상이니 종교니 철학을 말한다는 것은 '털끝 하나 공중에 두는 것'과 같은 것입니다. 수많은 선사들이 꿰뚫어보고자(徹見) 하는 것은, 밝고 맑은 내면의 자신의 자리(참된 자아)를 보고자 하는 것입니다. 우주와 하나가 되는 내면의 자리, 바로 '지혜의 원천'의 자리입니다.

유마의 설법은 계속 이어집니다.

이 몸은 주인이 없소. 대지와 같은 것이오. 이 몸은 나(我)가 없소. 불과 같은 것이오. 이 몸은 생명이 없소. 바람과 같은 것이오. 이 몸은 인격주체가 없소. 물과 같은 것이오. 이 몸은 실체가 없는 것이오. 다만 지수화풍이라는 사대四大(네 가지 구성요소)로서 (신체라는) 집을 만들었을 뿐이오. 이 몸은 공이어서 나와 나의 것을 떠나 없소. 이 몸은 감각과 지각이 없는 초목, 기와, 자갈 같은 것이오. 이 몸은 활동주체가 없소. 다만 바람 같은 생기의 힘으로 회전하고 있을 뿐이오. 이 몸은 부정해서 더러운 것으로 가득 차 있소. 이 몸은 헛된 것으로 되어 있어서, 씻고 의식衣食으로 기운을 차린다고 해도 반드시 마멸로 돌아가 버리오. 이 몸은 재앙이 되오.

이 몸(을 구성하고 있는 사대 하나하나)은 백한 가지의 병에 걸려 괴로워하는 것이오. 이 몸은 구릉에 메말라 있는 우물 같아 늙어서는 핍박해지오. 이 몸은 고정됨이 없어 반드시 죽어가는 것이오. 이 몸은 독사와 같고 원적怨賊과 같고 인적이 없는 취락 같은 것이오. 다섯 가지 요소(五蘊), 열두 가지(六根, 六塵)에 의지하여 열여덟 가지의 영역(육근·육진·육경六境을 포함)이 함께 모여 합성한 것이오.

어진 자들이여, 이것이 싫다면 불신佛身을 바라야 할 것이오.

유마는, 인간의 몸은 무상한 것이어서 견고한 '불신佛身'에 의지해야 한다고 합니다. 이후부터는 '불신'이 무엇인지에 대해 상세히 설명합니다.

어진 자들이여, 불신佛身을 얻어 일체중생의 병을 끊고자 한

다면 무상의 깨달음(아뇩다라삼먁삼보리)의 마음을 일으켜야 하오.[12]

라고 잘라 말합니다.

제자품 제3

제자품에서는 부처님께서 십대 제자들에게 차례로 문병 갈 것을 권합니다만 그들은 난색을 표명하고 그 이유를 각자 말하고는 사양합니다. 가기가 쉽지 않은 것은, 유마의 불도에 대한 탁월한 설법에 압도당한 적이 있었기 때문입니다. 이 품에서는 이처럼 유마에 대한 불제자들의 말을 통해 그의 뛰어난 지혜와 참된 인간적인 품격을 선명히 나타내 보입니다.

1. 사리불과 목련

유마가 스스로 생각합니다.

> 나는 병들어 누워 있다. 세존께서는 대자대비하시니 무엇인가 연민해 주시지는 않을까.

부처님은 이를 아시고 사리불에게 "그대는 유마의 처소에 가서 문병을 하게"라고 말씀하셨습니다. 사리불은 문병하지 않겠다고 물러납니다. 사리불은 부처님의 십대 제자 중 지혜제일의 상수제자입니다. 이러한 그가 사양하는 것입니다. 그 이유는 사리불이 연좌(宴坐, 좌선)를 하고 있을 때 유마가 와서 이렇게 말했기 때문입니다.

반듯이 앉아 있다고 해서 안좌(安坐, 宴坐)하는 것이 아니오. 본래 안좌라는 것은 삼계 가운데서 몸도 마음(citta)도 드러내지 않는 것이오. 모든 (요동치는) 정신작용이 사라진 선정에서 일어나지 않으면서 본래의 위의(모습)를 드러내는 것이야말로 안좌인 것이오. 도법[13]을 버리지 않으면서 범부의 일을 드러내는 것이 안좌인 것이오. 마음이 안에 머물지 않고, 밖에도 머물지 않는 것이 안좌이오. 본래의 견해대로 움직이지 않고, 삼십칠품[14]을 수행하는 것을 안좌라고 하오. 번뇌를 끊지 않고 열반에 드는 것을 안좌라고 하오. 만약 이와 같이 앉아 있는 자라면 바로 부처님이 인가印可하는 바이오.

보통 좌선이라고 하면, 고정된 장소에서 가부좌나 결가부좌를 하여 방석 위에 정중히 앉아 삼매에 드는 것을 뜻합니다. 사리불은 늘 그렇게 해 왔습니다. 이를 본 유마는 좌선은 행行·주住·좌坐·와臥, 한적한 곳이나 시끄러운 곳이나 가릴 것 없이 마음이 어디에도 내달리지 않고 고요히 편안한 마음으로 하는 것이 진정한 좌선이라고 했습니다. '마음이 안에도 있지 않고 밖에도 있지 않다'고 했습니다. 비조불飛鳥佛의 눈은 동공을 새기지 않는다고 합니다. 동공을 새기게 되면 바라보는 방향이 결정되어 버립니다. 새기지 않으면 아무 데도 보고 있지 않는 것처럼 보입니다. 방향을 정해 무엇인가를 보려고 하는 자는 도리어 어떤 것도 보이지 않게 되어 버립니다. 좋아하는 여성의 마음속을 엿보려고 작정하면 오히려 그 마음을 알지 못하게 되어 버립니다. 보지 않으려고 하는데 보이는 것이 가장 좋은 것입니다. 본다는 생각이 없이 볼 때, 있는 그대로 보이는 것입니다.

이렇게 해서 사리불은 손도 발도 내놓을 수 없게 되었습니다. 문병을 가지 않겠다고 사퇴하는 것이 마땅한 도리지요.

다음에 목련 차례가 되었습니다. 이 분은 '신통제일'로 초자연적인 능력을 가지고 있습니다. 그가 걸어가면서 웃고 있자 곁에 있던 스님이 "왜 웃고 있소?"라고 물으니, "지금 공중을 날아가는 요정이 이상한 얘기를 하지 않는가"라고 답했다는 일화가 있습니다.

이 신통제일의 목련도 "저는 문병하러 가지 않겠습니다"라고 사퇴했습니다. 그 이유는 다음과 같은 일이 있었기 때문입니다. 목련이 베-샤리 마을 가운데서 설법을 하고 있는데, 유마가 와서 설법은 그런 것이 아니라 이러이러한 것이라고 가르쳐 주었던 것입니다.

> 법에는 주主가 되는 중생은 없소. 왜냐하면 법은 중생의 더러움을 떠나 있기 때문이오. … 법은 설할 것이 없소. 왜냐하면 사고 작용을 떠나 있기 때문이오. … 본래 법은 실로 설할 것도 없고 보일 것도 없소. 법을 듣는 자도, 들을 것도 없고 얻을 것도 없소. 비유하면 마술사가 허깨비로 된 사람을 위해 법을 설하는 것과 같은 것이오.[15]

불교에서는 사람과 사람, 사람과 자연을 구별하지 않습니다. 특별한 사람이 특별한 사람을 위해 법을 설한다고 하는 일도 없습니다. 인간도 자연의 일부분이기 때문에 특별히 인간이 인간을 위해서만 설법한다고 하는 것은 없습니다. 사람이 사람에게 설법하고 있으면 자연이 그것을 듣고 있습니다. 천지자연 모두가 듣고 있는 것입니다. 오히려 천지자연 쪽이야말로 설법하고 있는 것입니다.

중국 남양(하남성)의 혜충 국사는 '무정無情 설법'을 설한 것으로 유명합니다. 국사라는 명칭으로 불리는 것은 숙종의 스승이었기 때문입니다. 『조당집』(952) 남양 혜충(南陽慧忠, ?~775) 장에 이런 이야기가 전합니다.

어느 때, 한 스님이 국사에게 물었다. "무정(생명(識)이 없는 것)도 설법을 이해할 수 있습니까?"

국사: "이해할 뿐만이 아니라 언제나 왕성하게 설법하고 있지."

스님: "저에게는 어째서 들리지 않습니까?"

국사: "그대가 들리지 않는다고 해서 다른 사람이 듣고 있는 것을 부정해서는 안 되네."

스님: "이상도 하네요. 누가 듣고 있다는 것입니까?"

국사: "성인이 듣고 계시지."

스님: "큰스님, 스님도 듣고 계십니까?"

국사: "나? 나는 듣지 못해."

스님: "큰스님께서 듣지 못하시는데 어떻게 무정한 것이 설법을 이해하고 있다고 아십니까?"

국사: "아쉽게도 나는 듣지 못하네. 내가 만약 듣는다면 나는 성인과 동등하게 되네. 그렇다면 그대는 내 설법을 들을 수 없다네."

스님: "그렇다면 중생은 어떻게 됩니까?"

국사: "나는 말이지, 중생을 위해 설하지 성인을 위해 설하지 않아."

스님: "중생이 듣는다면 어떻게 됩니까?"

국사: "더 이상 중생이 아니지."

이 이야기를 읽으면 혜충 국사는 무정한 것, 생명이 없는 것,

그러한 돌이나 기와, 장벽 등이 모두 설법하고 있고 자연 전체가 법을 설한다고 생각하고 있음을 알 수 있습니다. 성인이 또한 모두 그 설법을 듣고 있는 것이지요.

천문학자나 이론물리학자에 의하면 이 우주는 1/f 파동으로 흔들리는데, 바다의 파도 음도, 바람의 음도, 개천의 흐름도, 인간의 맥박도, 유전인자의 움직임도, 베토벤이나 모차르트의 명곡도, 모두 오실로그래프(oscillograph: 음파·뇌파 등을 빛으로 변하는 기록장치)로 찍으면 1/f 파동으로 흔들리는 것을 알 수 있다고 합니다. 노래도, 좋은 설법도, 경을 읽는 소리도 모두 1/f 파동이라는 것입니다.

그 1/f 파동을 아는 자를 '성인'이라고 하는 것일까요? 천지자연이 1/f 파동으로 인간에게 말을 건다는 것입니다. 소리로 말입니다. 빗소리, 천둥번개 치는 소리, 눈이 오는 소리, 바람소리, 새소리, 잎새끼리 부딪치는 소리, 낙엽 밟는 소리 등 우리 귀에 들리는 것은 우주의 파동으로 인한 것이라고 볼 수 있습니다. 파동으로 그들은 말을 거는 것입니다. 혜충 국사는 이미 이러한 정황을 알았다고 볼 수 있습니다. 유정도 물론이지만 무정까지 법을 설하고 듣는다는 것을 말입니다.

목련은 이러한 것을 알지 못하여 유마에게 질타를 받은 것이겠지요. 법을 설하는 데는 설說도 시示도 없습니다. 법은 말로 설명이 될 수 없다는 것이지요. 법을 듣는다든가, 법을 깨쳤다고 하는 것도 없지요. 설법에 의해 깨달았다든가, 깨닫지 못했다든가 하는 것도 없습니다. '설함이 없이 설하고, 들음이 없이 듣는 세계'가 있음을 마음속에 새기라고 유마는 가르치고 있는 것입니다. "비유하면 마술사(幻士)가 허깨비로 된 사람(幻人)을 위해 법을 설하는 것과 같다"라고 했습니다. 유마는 이러한 뜻을 알고 법을 설해야 한다는 것입니다. 계속해서 "마땅히 중생의 근기가 이利·둔鈍이 있음을 알고 훌륭한 지견으로 걸리는 바 없이 대비심으로 대승을 찬탄하고, 불은佛恩에 보답한다는 생각으로 삼보를 끊지 않고, 그런 연후에 법을 설해야 하오"라고 말했습니다.

듣는 사람도 없으면 말하는 사람도 없는 그것이 진정한 설법이 아닌가, 라고 유마에게 주의를 받은 것입니다. 이렇게 해서 목련도 병문안 가는 것을 사양해 버립니다.

2. 대가섭과 수보리

부처님은 이번에는 대가섭에게 가기를 권했습니다. 부처님보다 연상인 대가섭은 두타제일頭陀第一이라고 합니다. 두타는 의식주에 집착하지 않는 것으로, 나무 아래나 바위 위에서 살고, 극히 가난한 생활을 해도 개의치 않고 수행하는 것을 두타행이라고 합니다.

대가섭은 더러운 모습을 하고 있었습니다. 부처님께서 설법을 하고 계실 때, 오랜 기간 편력의 여행을 계속하고 있었던 대가섭이 오랜만에 돌아온 것입니다. 이제 막 들어온 제자들은 대가섭

이 마음에 들지 않았습니다. 그런데 부처님은 대가섭에게 반좌
(자리의 일부분)를 내놓으셨습니다. 인도에서는 자신의 자리를 반
을 나누어 앉게 하는 것은 자신과 같은 자격의 사람이라는 의미
가 됩니다. 그러나 대가섭은 앉지 않았습니다. "저는 부처님의
제자입니다. 그러한 곳에 앉을 수가 없습니다"라고 말하고 언제
나 가장 뒷자리에 앉았습니다.

　대가섭의 두타행은 교단 수행의 하나의 근간이 됩니다. 말하
자면 불교 교단의 스님들은 인생의 밑바닥을 한번은 겪지 않으
면 알지 못하는 세계를 가지고 있습니다. 그중 하나가 걸식입니
다. 수행자가 세간 사람에게 먹을 것을 구한다고 하는 것은 자신
의 마음을 내려놓지 않으면 안 됩니다. 말하자면 자존심 같은 것
은 절대 있어서는 안 됩니다. 걸식을 하면 보시하는 자도 있지만
내치는 자도 있기 때문입니다. 부처님께서는 일곱 집을 다녀도
얻지 못한다면 그날은 굶는 날로 삼으라고 할 정도로 아상我相을
내려놓는 수행으로 삼았던 것입니다. 이러한 수행은 지금도 남
방, 즉 스리랑카, 미얀마, 태국, 라오스 등 교단에서 실행하고 있
습니다. 말하자면 식탐을 여의는 수행인 것입니다. 이처럼 운수
雲水는 모든 나라를 편력 방랑하고 최저의 생활을 하면서 스승을
구하러 다니는 것이었습니다. 부처님께서는 왕이 보시하면 그것
을 받고, 빈민이 보시해도 가리지 않고 받으셨습니다. 보시에 빈
부 차를 두지 않았습니다. 그런데 대가섭은 가난한 마을에서만
걸식을 하였고, 그곳에 유마가 와서 말했습니다.[16]

대가섭이여, 그대는 자비심을 가졌으나 골고루 (걸식)하지 않는군요. 부호를 지나치고, 가난한 자에게만 걸식을 하고 있네요. 평등법으로 (빈부를 구별하지 않고) 차례차례로 걸식해야 하오. … 베푸는 자는 큰 행복도 작은 행복도 없고, 이익도 없고 손해도 없는 것이오. 이것이야말로 바르게 불도에 들고, 가르침을 듣고, 사람들(聲聞)[17]에 의지하지 않는 일이 되는 것이오. 만약 이같이 먹게 된다면 사람들의 베풂을 헛되이 먹지 않게 되는 것이오.

대가섭처럼 가난한 집에서만 걸식한다는 것은 평등하지 않다는 것입니다. 그렇게 되면 부유한 자들이 보시의 공덕을 쌓을 수가 없게 됩니다. 순서대로 부유한 집이 있으면 그곳으로, 가난한 집이 있으면 그곳으로 가서 걸식해야 한다는 것이지요. 걸식으로써 빈부에 걸리지 않고, 분별하지 말고, 평등한 기회를 주어야 한다는 것입니다. 말하자면 육근(六根: 眼耳鼻舌身意)에 구애되지 않는 걸식행을 해야 한다고 유마는 설하는 것입니다.
 이같이 음식을 받은 자는, 베푸는 자들이 보시의 복덕이 크다거나 작다거나, 이익이 있다거나 없다거나 말하지 않습니다. 이를 올바르게 불도에 들었다고 하는 것이고, 이는 성문(들어서 아는 자)들의 길을 밟지 않는다는 것입니다. 이렇게 행한 걸식을 통해 사람들이 베푸는 것을 헛되이 먹지 않았다고 합니다.
 유마는 빈부를 가리지 않고 평등하게 식물食物을 보시할 기회를 주라고 하는 반면에, 베푸는 자에게 "그대는 이 식물을 수행자에게 베풀었기 때문에 덕이 있다든가, 복이 있다고 생각해서는 안 된다"고 말합니다. 베풀어서 공덕이 있고 베풀지 못해서 공덕이 없다는 공덕의 유·무를 생각해서는 안 된다는 것이지요. 무심한 마음으로 다만 존경스런 마음으로 드리고 받아야 한다는 것입니다. 가난한 사람들에게 덕을 쌓게 해야 한다는 가섭의 마음속에 숨어 있는 단견을 유마는 꿰뚫어본 것입니다.

유마는 대가섭의 이러한 마음을 발견하고 예리하게 지적하며 가르친 것입니다. 가섭은 일찍이 이러한 일이 있었기 때문에 유마의 문병을 꺼리며 사양한 것입니다.

다음은 수보리입니다. 그를 해공제일解空第一이라고 존칭합니다. 부처님이 말씀한 공에 대해 여실히 이해를 잘해서 그렇게 지칭한 것입니다.

부처님께서 돌아가신 모친 마야부인을 위해 도리천에 올라가 설법하신 일이 있습니다. 이때 부처님은 좀처럼 지상으로 돌아오실 생각을 하시지 않았습니다. 신통제일인 목련이 모시러 가서야 부처님은 내려 오셨습니다. 이를 가장 먼저 맞이한 것은 연화색 비구니입니다. 그녀는 이를 자랑스럽게 생각합니다. 그 마음을 부처님은 바로 아시고 제자들에게 "나를 제일 먼저 맞이한 자는 누구인가?"라고 물었습니다. "물론 연화색 비구니입니다"라고 하니, "아니야, 수보리가 석실에서 가사를 꿰면서 허공을 바라보았다. 그것이 제일 먼저지"라고 말씀하셨습니다. 부처님은 수보리가 무념의 공으로서 맞이하였음을 아시고 그렇게 말씀하신 것입니다.

이런 일화도 있습니다. 일체개공一切皆空의 세계에 잠긴 수보리의 암굴 앞에는 하늘에서 꽃비가 내렸다는 이야기입니다.[18]

수보리는 암굴 속에서 단좌端坐하여 공의 이치를 깨달았다. 제석천(帝釋天: 하늘의 신)이 꽃비를 내려 찬탄했다. 수보리가 물었다. "공중에서 꽃비를 내려 나를 찬탄하는 자는 누구인가?" "저는 제석천입니다." "그대는 무엇 때문에 찬탄하는가?" "저는 존자가 무상절대의 지혜를 설하고 계심을 존중하기 때문입니다." 수보리는 이상하다고 생각했다. "나는 무상절대無上絶對의 지혜에 대해 지금까지 한마디도 말한 적이 없다. 그런데 어째서 그대는 나를 찬탄하는가?" 제석천이 말했다. "존자께서는 한마디도 말씀하신 적이 없고, 저도 들은 바가 없습니다. 이것이 참된 지혜입니다." 또다시 대지가 진동하고 꽃비가 내렸다.

이에 대해, 『벽암록』 6칙에 설두 스님의 송 가운데 "더부룩하고 무성한 풀, 자욱한 안개 / 수보리 앉은 바위에 꽃들이 가득하네"라고 하는 구절이 있습니다. 바로 수보리의 공의 경계를 노래한 것이지요. '무성한 풀, 자욱한 안개'는 일체개공의 세계를 뜻합니다.

 이런 수보리가 유마의 문병을 꺼려했습니다. 그 이유는 이렇습니다.

 예전, 수보리가 유마의 집에 들러 걸식을 할 때, 그는 수보리의 발우에 밥을 가득히 담으면서 이렇게 말했습니다.[19]
 "수보리여, 만약 먹는 것에 대해 평등한 자는 모든 것(諸法)에 대해서도 평등하오. 모든 것에 대해서도 평등하다면 먹는 것에 대해서도 평등하오. 이같이 걸식을 행하여 음식을 취해야 하오. 음욕, 노여움, 미혹함을 끊지 않아도 그러한 것을 더불어 하지 않소. 신체가 있다고 생각하는 견해를 없애지 않고 모습에 따르며, 미혹과 망집을 없애지 않고도 밝은 지혜(明知)와 해탈이 일어나며, 오역五逆의 상相이지만 해탈을 얻소. 또한 해탈하지 않으면서 속박되어 있지도 않고, 네 가지 진리를 보지 않지만 보지 않는 것도 아니고, 과보를 얻을 것도 없고 과보를 얻지 않은 것도 아니오. 범부가 아니지만 범부의 일에서 멀어지지 않고, 성인이 아니지만 성인이 아닌 것도 아니오. 모든 것을 이루었다고 해도 이러한 상을 떠나 있다면 음식을 받을 수 있소."

 '가난한 집에서 얻은 음식도 부유한 집에서 얻은 미식도 똑같은 생각으로 먹을 수 있는 자는 모든 존재가 평등하다는 것을 알고 있고, 존재가 평등하다는 것을 깨달은 자는 먹는 것에 대해서도 평등하다는 것'을 알고 있다는 것입니다. 이 같은 기분으로 걸식할 수 있다면 먹어도 되고, 그렇지 못하다면 먹어서는 안 된다고 합니다. 유마는 수보리에게 미혹한 마음, 즉 집착하는 마음, 노여움, 어리석은 마음을 단절하지 않고 그렇다고 그것에 빠지지 않고, 또한 자신에 대한 집착을 버리지도 않지만 영원한 것(모습)이라고 여기지도 않으며, 무지와 생에 대한 집착도 없지만 깨달음과 자유로운 경지에 들어 있고, 오역[20]의 모습을 하고 있으면서도 언제나 해탈되어 있고, 사제四諦[21]의 가르침을 듣지 않았지만 진리(諦)를 듣지 않은 것도 아니라는 것입니다. 깨달음의 성과를 얻은 것도 아니지만 얻지 않은 것도 아니고, 범부가 아니지만 범부의 모습을 떠나 있지도 않으며, 성인이 아니지만 성인이 아닌 것도 아니며, 일체의 법을 갖추었지만 일체의 법을 떠나 있다는 것입니다. 이러한 자라면 베푼 밥을 먹어도 좋다는 것입니다.

유마의 추궁은 이 정도에서 끝나지 않습니다.

"만약 그대가 부처님을 보지 못하고 가르침을 듣지 못하고, 저 외도의 육사六師가 그대의 스승이고, 그들에 의해 출가하고, 저들 스승이 떨어지는 곳에 그대도 또한 떨어질 수 있다면 바로 이 밥을 먹어도 되오."

불교와 반대가 되는 외도[22]를 스승으로 삼고, 그들로 인해 출가하고, 그 스승이 지옥에 떨어졌을 때, 그대 역시 떨어진다면 (보시한) 이 밥을 먹을 수 있다는 것입니다. 수보리는 부처님의 직제자이며 외도를 스승으로 삼을 일도 없지만 유마는 그에게 이런 말을 했습니다. 유마는, 수보리의 스승이 부처님이지 않고 뿌라-나 캇사빠(육사외도 중 하나) 같은 스승이었다 할지라도, 그 스승에 의해 출가하고, 스승이 지옥에 떨어졌다면, 그리하여 자신 또한 지옥에 떨어진다 할지라도 후회하지 않는다면, 보시한 밥을 먹으라고 합니다. 이것은 필시, 수보리가 부처님을 스승으로 삼아 출가하고, 훌륭한 스승을 모셔서 행복하며, 이런 경지에 들어 감사하다는 생각으로 안주하고 있음을 살핀 것이며, 유마는 이러한 수보리의 허점을 찌른 것이라고 봅니다.

"수보리여, 그대는 그것으로 좋겠지만, 만약 다른 스승을 따르는 자가 그 스승이 좋지 않고 지옥에 떨어져 후회한다든가 하면 어떻게 하겠는가? 좋은 스승을 만나지 못한 사람은 어떻게 하면 구해질 수 있을까? 구할 수 있는 길은 하나밖에 없소. 자신의 스승을 끝까지 믿고 어디까지나 따라갈 수밖에 없는 것이오. 그러한 신념이 있다면 그 사람은 자신의 힘으로 그곳에서 빠져나올 수 있게 되오."

유마는 이러한 자에게 밥을 보시하고 싶다는 것입니다. 수보리는 어리둥절했습니다. 무엇이 무엇인지를 알지 못한 것입니다. 그래서 발우를 놓고 나가 버리려고 했습니다. 바로 유마가 말했습니다.

"수보리여, 두려워하지 말고 이 발우를 드시오. 여래가 만든 허깨비 사람이 이런 일을 말하여 그대를 질책했다면 그대는 두려워할 게 있겠소?"

수보리는 물론 "아닙니다"라고 답했습니다. 그랬더니 유마가 말했습니다. "모든 것은 허깨비이고 변하는 것이오. 그대는 지금 두려워해서는 안 되오. 그 이유는 어째서인가 하면, 모든 언설도 이러한 상(환화幻化의 모습)을 떠나 있지 않소. 지혜로운 자는 문자에 구애되지 않소. 이 때문에 두려워할 것이 없소."

인생의 모든 모습은 허깨비 같고, 그 모습은 언제나 변하는 것입니다. 말이나 문자에 집착하기 때문에 그 본질을 알지 못하게 됩니다. 말이나 문자는 그 본체(性)가 있습니다. 그것을 알게 되면 말이나 문자에 미혹할 일이 없습니다. 수보리는 말이 두려워 도망치려고 했습니다. 그러나 유마는 본성을 알게 되면 어떠한 것도 두려워할 것이 없다고 하며, 어떤 것을 말해도 위풍당당하게 나의 처소로 와서 밥을 받아도 좋다고 했습니다.

이렇게 유마로부터 힐난을 받은 적이 있기 때문에 수보리는 문병하지 않겠다고 했습니다.

3. 부루나와 마하가전연

다음은 부루나미다라니자富樓那彌多羅尼子입니다. 보통 부루나라고 부릅니다. 그는 부처님의 제자 중 '설법제일'입니다. 그는 정반왕, 즉 부처님의 부친에게 학문을 가르친 국사의 아들입니다. 부처님과 생년월일이 같으며, 몸의 피부는 하얗고 코는 앵무새 부리와 같았다고 합니다. 부루나는 나중에 그리스 식민지에서 전도하고 싶다고 부처님에게 말씀드렸습니다. 식민지는 인도의 서북부로 국경 밖입니다. 그곳을 윤려나국輸慮那國이라고 합니다. 원명은 슈로-나입니다. 어느 때 부처님은 이런 질문을 하셨습니다.

"윤려나국 사람들은 몹시 거친 성질이 있다. 이국인으로 그대가 불교를 전도하러 가게 되면 반드시 시끄럽게 욕설을 하고 꾸짖을 것이다. 그때는 어떻게 할 것인가?"
부루나는 "'저 나라 사람들은 그래도 온순하구나. 나를 몽둥이로 치거나 기왓장이나 돌을 던지지 않는구나'라고 생각하겠습니다"라고 말했습니다.
"만약 몽둥이로 치고 돌을 던지고 하면 어떻게 할 것인가?"
"'윤려나국 사람들은 온순하구나. 나를 칼로 가해하지 않는구나'라고 생각하겠습니다."
"만약 칼로 박해한다면 어떻게 할 것인가?"

"그래도 죽이지는 않겠지요."

"죽이려 한다면 어떻게 할 것인가?"

"사그라질 몸을 고의로 죽여주는 것은 진실로 고마운 일입니다. 저는 윤려나국으로 가겠습니다."

부처님은 비로소 가는 것을 허락했습니다. 그는 윤려나국에서 전도하여 많은 사람을 불교신자로 만들고 그곳에서 입적했다고 합니다. 이렇듯 적극적인 성격이며 변재가 뛰어나 그를 '설법제일'이라고 칭합니다. 그런 그가 유마의 처소로 가서 문병하기를 꺼려합니다. 그 이유를 이렇게 말합니다.

생각납니다만, 제가 예전에 큰 숲속의 나무 아래서 신참자 수행승을 위해 설법한 일이 있었습니다. 그때 유마가 와서 말했습니다.
"부루나여, 그대는 먼저 선정에 들어 사람들의 마음을 관하고, 그 후 설법해야 하오. 더러운 음식을 보배 그릇에 담아서는 안 되오. 이 수행승들의 마음속에 바라고 있는 것을 알아야 하오. 유리를 깨지기 쉬운 수정과 동일시해서는 안 되오. 그대는 중생의 근원을 알지 못하고 있소. (그들이) 뜻을 세우는 데 소승의 법으로서는 안 되오. 그들에게는 상처가 본래 없는데 상처를 내어서도 안 되오. 대도를 행하고자 하는 자에게 좁은 길을 가르쳐 보여서는 안 되오. 소 발자국에 큰 바다를 넣으려고 하지 마시오. 태양빛을 반딧불같이 보아서는 안 되오. 여기 수행승은 오래전부터 대승의 마음을 일으켰지만 중간에 그 뜻을 잊은 것이오. 어째서 소승의 법으로 그들을 가르치려고 하오. 내가 소승을 봄에 저들의 지혜는 극히 얕아 마치 맹인과 같고, 일체중생의 능력, 소질의 이利·둔鈍을 분별하지 못하오."23

부루나는 꽤 설법을 잘한 것 같습니다. 하지만 이야기는 잘하는데 감동을 주지 못했던 것 같습니다. 상대방이 생각할 여유를 주지 않고 일방적으로 말했던 것 같습니다. 아마 40대 초반이었던 것 같습니다. 듣는 자는 이러한 이야기를 듣고 있을 때는 재미있고 기분이 좋지요. 그러나 나중에 홀로 스스로 생각하면 무슨 말을 들었는지 알 수 없습니다. 그렇다면 이는 진정한 설법이 아닌 것입니다. 유마는 법을 설하는 데 있어서 상대가 감동하고 마음에 새기는 것이 가장 중요하다고 말하는 것입니다. 유마는 더러운 음식을 보배의 그릇에 넣어서는 안 된다고 합니다. 중생의 마음의 근원이 무엇인지 알지도 못하고 소승의 법만을 가르치고 있다고 합니다. 그들에게 상처라는 것이 본래 없는데 부루나는 번드레한 설법으로 그들의 옥 같은 마음에 도리어 상처를 낸다는 것입니다. 유마는 비유를 들어, 대도를 가려고 하는 자에게 좁은 길을 가르쳐서는 안 되고, 큰 바다를 소 발자국에 넣으려고 하지 말아야 하며, 또한 태양을 반딧불 같다고 생각을 해서는 안 된다고 말하는 것입니다.

신참자라고 해도, 그들은 일찍이 대승의 마음을 내고 있었지만 중도에서 그것을 잊었다고 합니다. 그렇게 잊은 사람들에게 소승의 법을 가르치려고 해서는 안 된다는 것입니다. 유마는 소승의 가르침을 보면 지혜가 얕고 미력하여 일체중생의 재능의 예리함과 둔함을 분별할 수가 없어 보인다고 말합니다.

유마는 삼매에 들어 이들 비구의 숙명, 과거 그 사람이 경험한 것을 압니다. 태어나서 죽고, 죽어서 태어나 현재의 생에 이른 것이기 때문에, 그 전생에 무엇을 했는지를 생각해 봅니다. (그들은) 일찍이 오백의 부처님 처소에서 무수한 덕을 쌓고 위없는 깨달음(아뇩다라삼먁삼보리)을 얻으려고 노력하였음을 알게 되었고, 즉시 활연히 스스로의 본래의 마음을 얻었습니다.

거기에서 부루나는 생각합니다. '성문은 사람의 근성을 보지 않고는 법을 설해서는 안 된다'라고. 이러한 이유로 부루나는 자신이 문병 갈 자격이 없다고 사양했습니다.

다음은 마하가전연입니다. 이 분은 '논의제일'이라고 할 정도로 논쟁을 하면 상대할 사람이 없었습니다. 부처님이 가전연에게 문병 가기를 권합니다. 그러나 이 분도 사양합니다.

저는 그의 처소로 가서 문병할 수가 없습니다. 예전에 부처님께서 수행승들에게 교법의 대요를 간략히 설하신 적이 있었습니다. 제가 나중에 그 뜻을 부연설명을 했습니다. 즉 "이러이러한 것은 무상의 뜻이고 이러이러한 것은 고품의 뜻이오. … 공의 뜻이오. … 무아의 뜻이오. … 적멸의 뜻이다"라고. 그때 유마가 와서 말했습니다. "생멸의 마음의 작용을 실상의 법으로 설해서는 안 되오. 모든 존재는 궁극에는 불생불멸이라고 하지만 그것은 무상無常의 뜻이오. 개체를 구성하는 다섯 가지 집착의 요소는 공이어서 일어나는 것이 본래 없음을 통달洞達[24]하는 것이 괴로움의 뜻이오. 모든 존재는 실재하지 않는다고 하는 것이 공의 뜻이오. 아我와 무아가 불이不二라고 하는 것이 무아의 뜻이오. 법은 본래 타는 것도 아니고 없어지는 것도 아니라는 것이 적멸[25]의 뜻이오."
이러한 가르침을 설할 때에 저들 수행승들은 마음에 해탈을 얻었습니다. 이런 이유가 있어서 저는 그의 처소로 가서 문병을 할 수가 없습니다.

존재하는 것은 결국 불생불멸입니다. 이것을 무상이라고 합니다. 색·수·상·행·식의 구성요소가 공이며, 어디에서도 일어나는 것이 없음을 관찰하는 것을 공이라고 합니다. 존재하는 것은 무엇도 없다는 것이 공이며 아와 무아가 다른 것이 아닌 하나라는 것이 무아의 의미입니다. 법은 실제로 있는 것도 아니며 없어지는 것도 아닙니다. 이것이 적멸이라는 것입니다.
이러한 유마의 말에 가전연은 대단히 충격을 받고 자신은 문병할 자격이 없다고 하는 것입니다.

4. 아나율과 우바리

아나율(아니룻다)은 눈이 먼 성자입니다. 부처님의 제자 중 그를 '천안제일'이라고 합니다. 그는 출가하여 부처님의 설법을 들을 때 깨치지도 못하고 졸기만 하여 부처님께 질책을 받았습니다. 그는 부끄러워 밤도 낮도 자지 않고 정진하여 결국 실명하고 맙니다. 두 눈은 보이지 않았지만 심안이 열려, 보려고 하는 것은 반드시 보게 되는 부사의한 사람입니다. 이 사람의 형은 대명大名(마하-나마)이라고 하여 정반왕의 뒤를 이어 부처님 대신에 석가족의 지도자가 된 사람입니다. 석가족은 대단히 고만高慢한 종족으로, 어느 왕이 석가족의 딸을 왕비로 삼고 싶다고 했을 때, 지도자 마하-나마는 그자에게 석가족의 딸을 허락할 수 없다고 하여 노비의 딸을 보냈습니다. 그 왕과 노비의 딸 사이에 태어난 왕자 히두-다바가 어머니 고향인 카필라밧츠(카필라바스투)로 갔습니다. 사정을 알고 있던 석가족의 귀족은 이 왕자에게 노비의 아들이며 바보라고 힐난했습니다. 히두-다바는 일의 진상을 알고 언젠가 복수하기로 결심했습니다. 그리고 아버지를 죽이고 자신이 왕이 되었을 때, 군세軍勢를 몰아 카필라밧츠를 침입한 것입니다. 이를 부처님이 아시고 길가 나무 아래에 앉아 "어떤 곳을 간다고 해도 고향의 나무 아래에 있는 것보다 즐거움이 없다"라고 시로 노래했습니다. 히두-다바는 부처님이 자신의 마음을 알고 계신다고 생각하고 군대를 돌렸습니다. 이를 두 번 반복했지만 세 번째는 부처님도 어떻게 저지할 수가 없었습니다. 히두-다바의 군은 카필라밧츠를 침입하여 석가족을 학살했습니다. 그때, 마하-나마가 "내가 수로의 물속으로 잠기는 사이, 노인이나 여인, 아이들이 대피하는 것을 묵인해 주게"라고 말했습니다. 히두-다바가 허락하니, 수로 속으로 들어가 머리를 풀어 헤쳐 나무둥지에 묶고 거기서 죽었습니다. 그 사이 수많은 노인이나 여인, 아이들이 달아날 수 있었다고 합니다.

동생 아나율은 쌀을 가려내는 방법도 알지 못하는 게으른 사람입니다. 별장으로 가서는 놀면서 지냈습니다. 귀족의 아이들이 모두 부처님의 제자가 되었습니다. 자신의 집에서도 누군가 출가하지 않으면 안 된다는 분위기 속에서 형제들은 서로 양보했습니다. 결국 마하-나마가 아나율에게 "네가 남아 농사를 지을래?" 하니, "네, 좋아요"라고 말했습니다. 계속해서 "농사일을 아는가?" "알지 못해요", "잡초가 자라면 잘라야 하고 염천에는 힘든 일을 하지 않으면 안 된다"라고 말하니, 그렇다면 스님이 되는 것이 좋을 것 같다고 생각하여 그는 출가를 택했습니다. 이런 아나율이 나중에 위대한 부처님의 제자가 되니 사람의 일이란 참 재미있습니다. 엉뚱한 자가 성인이 되니 말입니다.

옛날 인도승은 거리에 떨어져 있는 천을 주워 맞추어 옷을 지었습니다. 이를 분소의糞掃衣라고 합니다. 바늘에 실을 꿰매 천과 천을 맞추어야 합니다. 그래서 아나율이 "누군가 공덕을 쌓고 싶은 사람이 있다면 이 바늘에 실을 꿰 주었으면 합니다"라고 하니, 이를 들으신 부처님이 실을 꿰서 옷을 기워 주었습니다. 이를 느낀 아나율은 눈물을 흘리며 기뻐했다고 경전에 나옵니다. 그때 부처님께서 말씀하신 것이 "이 세상에서 나만큼 행복을 원하는 사람은 없을 것이다. 때문에 나에게 공덕을 쌓는 것이 좋겠구나"라고 하는 유명한 일화가 있습니다. 그래서 부처님을 복전福田이라고 합니다. 그리고 후세에 부처님 앞에 보시하는 함을 두어 '복전함'이라고 하는 이유가 여기에 있습니다. 세상 사람들은 누구나 행복하기를 원합니다. 부처님 말씀대로라면 부처님은 세상에서 가장 행복하기를 원하셨던 분이고, 그분의 원은 바로 우리 자신의 원이 됩니다. 부처님 계시는 도량을 부흥시키고 가르침을 펴고 이웃에 봉사하는 것을 '불사佛事'라고 하는데, 여기에 불자의 행복이 있습니다.

부처님이 돌아가실 때, 아난과 아나율 두 사람이 슬퍼하며 밤을 지새웠습니다. 이후 돌아가신 분에게 조문하는 절차 중, 하룻밤을 함께 지새우는 것이 바로 여기에서 비롯되었다고 합니다.

아나율도 문병하는 것을 거절했습니다. 아나율이 예전에 경행經行[26]을 하고 있었습니다. 인도에서는 경행처라는 것이 있어서 그곳을 조용히 걸으면서 경을 독송했다고 합니다. 그때 엄정嚴淨이라는 범천왕이 방광放光하며 아나율이 있는 처소에 와서 이런 말을 합니다. "아나율이여, 그대는 천안을 가지고 있는 듯한데 어느 정도까지 보입니까?"

제가 이 부처님의 불국토인 삼천대천세계를 잘 보는 것은 마치 손바닥 속에 있는 암마륵과(망고의 씨)를 보는 듯합니다.[27]

아나율이 이 세계를 보는 것이 손바닥에 놓여 있는 암마륵과를 보는 듯하다는 것입니다. 말하자면 천안으로 모든 것을 치밀하게 일목요연하게 본다는 것을 비유한 것입니다. 그때 유마가 말했습니다.

그대가 천안으로 본다는 것은 결국 만들어진 상相인가, 만들어지지 않은 상인가? 만약 만들어진 것이라고 한다면 외도의 다섯 가지 신통과 같고,[28] 만들어지지 않은 것이라고 한다면 그것은 무위無爲이므로[29] 볼 수가 없는 것이오.

유마는 아나율에게 세계 전부를 본다고 하지만 그것은 본래 존재하고 있는 것인가, 존재하지 않은 것인가를 묻고, 존재하는 것을 본다면 외도의 신통력과 같고, 존재하지 않은 것을 본다고 한다면 그것을 어떻게 볼 수 있느냐고 묻는 것입니다. 어느 쪽이든 간에 빠져나갈 수 없을 정도로 추궁을 당한 것입니다. 답할 수 없어 가만히 있을 때, 범왕이 이 말을 듣고 미증유未曾有를 얻어 바로 예를 갖추고 묻습니다. "세상에 누가 천안을 갖추었습니까?"라고. 유마가 말했습니다.

부처님인 세존만이 참된 천안을 가지고 계십니다. 언제나 삼매에 계시며, 모든 불국을 보시지만 이원대립의 상으로 보시지 않습니다.

진정한 천안은 부처님만이 구족하신다는 것이며, 보실 때는 존재하는 것도 존재하지 않은 것도 모두 본다는 것입니다. 이렇게 보는 것이 천안이라는 것입니다. 여기에는 두 가지 의미가 있습니다. 하나는 아무것도 보이지 않는다고 생각하는 곳에 무엇인가 있다는 것과, 보인다고 생각하는 곳에 사실은 아무것도 없다는 것입니다. 무엇인가 있다고 생각하고 보면 어떤 것이라도 있는 것처럼 보이는 것입니다. 이 사람은 좋은 사람이라고 생각하면 말하는 것도 행동도 모두 좋아 보입니다. 그렇지만 나쁘다고 생각하면 그가 좋은 일을 해도 좀처럼 그렇게 보이지 않습니다. 자신이 보는 것만큼만 볼 뿐이지, 그것을 바꾸려고 하지 않습니다. 이원대립의 상으로 굳어지게 만들 뿐입니다. 참된 천안은 이원상을 떠나 보는 것입니다. 이렇게 본다는 것은 좀처럼 쉽지 않습니다. 이원상을 고집하기 때문에 갖가지 갈등으로 인해 질병도 생기고 전쟁도 일어납니다. 필자는 『유마경』을 독송하면서부터, 보이지 않는 곳에 무엇인가 있다는 것을 언제나 생각하게 되었습니다. 거기에 무엇인가가 있다고 생각할 때에는 실은 아무것도 없을지도 모른다는 것도 생각하게 됩니다. 육안으로 닿지 않는 먼 곳까지 볼 수 있는 것을 가지고 천안이라고 하지 않습니다. 아무 것도 없다고 생각하는 곳에서 무언가를 발견할 수 있는 것이 진정 천안입니다. 다른 하나는, 존재하는 것이 있어도 그것이 보이지 않을 때를 생각해 볼 수 있습니다. 예를 들면, 애정을 가지고 있다고 해도 그것을 상대가 보지 못하면 소용없습니다. 이를 확실히 볼 수 있는 것을 천안이라고 말할 수 있습니다. 참회와 용서, 자비는 바로 천안에서 비롯되는 것입니다.

엄정범왕은 '부처님께서는 언제나 삼매에 계시어 불국을 보시되 이원상으로 보시지 않는다'는 유마의 말을 듣고, 권속 오백 범천과 함께 무상보리無上菩提를 얻었습니다. 이에 유마의 발에 예를 올리고 홀연히 사라졌습니다. 이러한 일이 있었기 때문에 아나율은 그에게 문병 가기를 사양했습니다.

『벽암록』 89칙[30]에 이런 이야기가 있습니다.

> 운암 스님이 도오 스님에게 물었다.
> "대비보살(관세음보살)은 수많은 손과 눈으로 무엇을 합니까?"
> 도오 스님이 말했다.
> "사람이 한밤중에 등 뒤로 베개를 찾는 것과 같소."
> 운암 스님이 말했다.
> "알겠습니다."

제자품 제3

도오 스님이 말했다.

"그대는 무엇을 알았다는 것이오?"

운암 스님이 말했다.

"온몸(遍身)이 손이요 눈입니다."

도오 스님이 말했다.

"그런대로 말했지만 그러나 팔 할밖에는 말하지 않았소."

운암 스님이 말했다.

"사형은 어떻소?"

도오 스님이 말했다.

"몸 전체(通身)가 손이고 눈이오."

대비보살은 천 개의 손과 눈을 가지고 있다고 합니다. 어디에서나 중생이 보살의 명호를 간절히 부르며 구원을 요청하면, 그의 손과 눈은 중생 곁으로 가서 그를 지체 없이 구제한다고 『법화경』「관음보문품」에 나와 있습니다. 보살의 손과 눈을 도오 스님은 '몸 전체'라고 했습니다. 몸이 그대로 신통장으로, 손과 눈을 구별 짓지 않는다는 것입니다. 몸이 손이 되고 눈이 됨을 이렇게 말한 것입니다. 그러나 중생 쪽에서는 구별 짓지요.

다음은 '지계제일' 우바리입니다. 우파리라고도 합니다. 출가 전 그의 직업은 이발사입니다. 인도에서 이발사라는 직업은 최하급에 속한다고 합니다. 석가족의 귀족은 전통적으로 아만이 있고 교만했던 것 같습니다. 그래서 승단은 이를 바로 잡아야겠다고 생각하고, 우바리가 부처님의 제자가 되었을 때, 그를 처음으로 입단시켰습니다. 불교 교단에서는 먼저 비구가 된 사람이 상석에 앉습니다. 결국 우바리가 상석에 앉고 귀족들은 우바리에게 예배하지 않으면 안 되게 되었습니다. 이로 인해 자연히 자신들의 교만심이 고쳐지고 출가 전 직업의 고하는 승단에서 허물이 되지 않음을 알게 됩니다.

이 우바리는 계율에 관해서는 실로 잘 실천하고 승단의 율도 바로 잡았던 사람입니다. 이 사람도 문병을 거절합니다. 그 이유를 이렇게 말합니다.

생각납니다만, 예전에 수행승 두 사람이 있었습니다. 계율을 범했으므로 부끄러운 생각이 들어 그 죄를 감히 부처님께 여쭈지 못했습니다. 그래서 제 처소로 와서 물었습니다. "우바리 존자여, 우리들은 율을 범했습니다. 진실로 부끄럽습니다. 원하옵건대 두려움이나 후회를 받아 주시고 이 허물을 면해 주시길 바랍니다." 저는 그들을 위해 바로 율법을 여법히 해설했습니다.

그때 유마가 와서 저에게 말했습니다. "거듭 이 두 비구의 죄를 더하지 마시오. 바로 죄를 없애야 하오. 그 마음을 근심스럽게 만들지 마시오. 그 이유는 그들의 죄의 성품은 안에도 밖에도 있지 않고, 중간에도 있지 않기 때문이오. 부처님이

제자품 제3　　　　　　　　　　　　　　　　　　63

말씀하시는 바와 같이, 마음이 더러우면 중생이 더럽소. 마음이 깨끗하면 중생이 깨끗한 것이오. 마음 또한 안에도 밖에도 있지 않고, 중간에도 있지 않소. 죄의 더러움도 역시 마찬가지요. 모든 존재도 역시 그렇소. 진여眞如를 나옴이 없소."[31]

유마의 주장은 율을 범해 부끄러워하는 자에게 그 이상으로 죄를 해설하는 것은 무용할 뿐이라는 것입니다. 하면 할수록 두 비구는 마음이 혼란스럽고 부끄러움을 진정하지 못한다는 것입니다. 그래서 죄의 허물을 면하게 하려는 것인가, 죄의 의식을 더 깊게 하려고 하는가, 라고 추궁합니다. 인간은 마음이 무엇인가에 집착할 때, 더럽고 지저분하게 됩니다. 마음이 어디에도 집착하지 않고 자유롭다면 인간의 마음은 깨끗합니다. 마음은 인간의 안에 있는 것도 아니고 밖에 있는 것도 아니고 중간에 있는 것도 아닙니다. 죄도 마찬가지입니다. 더럽다고 해도 본래 인간에게 있는 것은 아닙니다. 그것을 '진여를 나오지 않는다'라고 합니다. 여如는 진여이며 만유의 본성(공성)을 가리킵니다. 이 본성은 변하는 것이 아니고, 그래서 '진여법성眞如法性'이라고 합니다. 즉 진여가 곧 법성이고 이것을 불佛이라고 합니다. 우바리와 유마의 대화는 이어집니다.

"마음의 본성이 해탈되었을 때, 더러움이 있을까요?"라고 유마가 물었을 때, 저는 "아니오"라고 말했습니다. 유마는 말했습니다. "일체중생의 마음의 본성이 더럽지 않은 것도 이와 같소. 망상은 즉 더러움이오. 망상이 없는 것은 깨끗함이오. 전도顚倒[32]된 견해는 바로 더러움이오. 전도된 견해가 없다는 것은 바로 깨끗함이오. 아我가 있다고 생각하는 것은 더러움이고, 아에 집착하지 않은 것[33]은 깨끗함이오. 모든 것은 생멸을 거듭하여 머물지 않소. 허깨비 같고 번개 같은 것이오. 모든 존재는 서로 의존하지 않으며, 한 찰나(一念)도 머물지 않소. 모든 존재는 다 망견[34]이오. 꿈과 같고 신기루 같으며, 물속의 달 같고, 거울 속의 영상 같은 것이니, 이는 다 망상으로 생기는 것이오. 이 같은 도리를 아는 자는 '계율을 받드는 자'라고 하고, 또한 '잘 이해한 자'라고 말할 수 있소."

거기서 두 수행승은 말했습니다. "참으로 지혜가 뛰어나신 분입니다. 우바리 스님도 도저히 미치지 못합니다. 계율을 지키는 아주 훌륭한 분조차 설할 수가 없습니다."

망상은 있지도 않은 것을 있다고 생각하는 것입니다. 이것을 더러움라고 하고, 망상이 없는 것을 깨끗하다고 합니다. 유마는, 우리들이 이 눈으로 보고 있는 존재현상은 모두 망상에 의해 보이는 것이며, 이는 마치 꿈, 허깨비, 물속의 달, 거울에 비친 영상 같다고 했습니다. 이를 들은 두 비구는 유마를 '지혜가 뛰어난 자'라고 칭송하며 계율에 밝고 지키는 우바리조차 이렇게 설하지 못했다고 했습니다. 이러한 일이 있어서 우바리는 문병을 가지 않겠다는 것입니다.

5. 라후라와 아난

다음, 부처님은 라후라에게 문병 가도록 권유합니다. 역시 그도 가기를 꺼려합니다.

 라후라는 부처님 나이 29세, 출가 직전에 태어난 분입니다. 부처님은 이미 출가를 결의했지만 태자의 탄생 소식을 듣고 "장애로구나, 결박이 태어났구나"라고 말씀하셨다고 합니다. 장애가 원어로 '라후라'입니다. 부처님은 그가 태어난 것이 출가를 막는 일임을 알고 중얼거렸을 것입니다. 곁에서 들은 사자使者는 부처님의 말을 그대로 부왕에게 전하고 그것이 그대로 왕자의 이름이 되었다고 합니다.

 라후라는 어려서 출가했습니다. 부처님이 성도 이후 왕사성에 가신 것은 거의 11년째 되던 해라고 합니다. 그러니까 라후라 나이가 11세 정도 되었겠지요. 부왕과 가족에게 부처님은 처음으로 인사를 하고, 아들을 본 부처님은 말없이 그의 손을 잡고 나오셨다고 합니다. 그것이 라후라의 출가가 된 셈입니다. 출가 후 사리불과 목련의 지도를 받았으며, 부처님 곁에 있거나 특별하게 대접받는 특혜는 없었다고 합니다.

 『오분율五分律』에, 라후라가 자신의 방을 객승에게 내어주고 자신은 측간(화장실)에서 잤다는 이야기가 있습니다. 그날 밤, 호우豪雨가 내리고 구멍을 따라 뱀이 측간으로 기어올랐습니다. 부처님은 갑자기 가슴이 뛰어 승원 안을 둘러보시는 중 라후라가 있어야 할 방에 다른 승이 있었으므로 그를 찾아다니다가 측간에 이르러 사람의 인기척이 나 문 앞에 서서 '으흠~' 하며 소리를 내셨습니다. 측간 안에서도 '으음~음~'이라고 작은 소리가 들렸습니다. "누군가?"라고 하니, "라후라입니다"라고 했습니다. 부처님은 사연을 들으시고 라후라를 당신의 방으로 데리고 가셨습니다. 실로 뱀에 물릴 뻔한 찰나였지요. 그날 밤, 처음으로 라훌라는 아버지 곁에서 잔 것입니다. 다음 날, 부처님은 구족계를 받지 않은 사미는 이틀 밤만을 비구와 같은 방을 써도 좋다는 계율을 정했다고 합니다. 라후라는 부처님이 정한 계율은 어떠한 작은 것이라도 지키고 대중의 모범이 되었습니다. 걸출한 인물은 아니었지만 자신이 부처님의 아들이기에 다른 사람들보다 두 배, 세 배나 몸을 신중히 했습니다. 부처님은 "내 제자로서 배우기를 좋아하는 첫 번째는 라후라이다"라고 말씀했다고 합니다.

『대비경』에 의하면, 열반에 드시기 전에 부처님은 라후라에게 이렇게 말씀하셨다고 합니다.

"라후라여, 괴롭고 슬퍼하며 마음을 어지럽게 하지 말라. 그대는 아버지 때문에 아들이 해야 할 것을 하지 않았거나, 나 또한 너 때문에 아버지로서 해야 할 것을 않았거나 하지 않고 이렇게 끝났다. 라후라여, 나는 죽어서도 다른 아들의 아버지가 되지 않고, 너도 또한 언젠가 죽을 것이지만 다른 아버지의 아들이 되지 않는다. 나와 네가 오늘까지 원망으로 엉키지 않았고 괴로움도 없었다. 이를 생각하면 조금도 슬퍼할 일이 없다. 라후라여, 모든 것은 변한다(諸行無常). 이 무상을 떠나 해탈을 구하는 것이 나의 가르침이다."

고요하고 내성적인, 조금은 기가 약한 라후라의 모습을 생각하면 부처님은 좋은 아들을 두셨다고 생각합니다. 부처님의 10대 제자 중 라후라를 '밀행제일密行第一'이라고 합니다. 밀행은 계율의 미세한 것까지 충실히 지키고 실천하는 것을 뜻합니다. 라후라의 언행을 생각해 보면 '밀행'은 그의 천성적인 성품이고 아버지 부처님에 대한 최고의 존경과 겸손에서 우러나온 실천행이라고 봅니다. 부처님의 법문이 있을 때는 맨 뒤에서 경청하고, 아버지가 부처님이기에 행동이 부자유스러웠겠지만 절대 튀지 않고 그림자처럼 조용히 행동했다고 합니다.

라후라 처소에 예전, 베-샤리의 장자의 아들이 예배하고 물었습니다.

"라후라여, 그대는 부처님의 아들이지만 세계를 지배하는 전륜왕이 될 수 있는 위치를 버리고 출가하여 도를 닦고 계십니다. 출가하셔서 대체 어떤 이익이 있습니까?"

그래서 저는 바로 여법如法히 출가의 공덕에 대한 이익을 설했습니다.

장자가 와서 왕위를 버리고 출가해서 어떤 이익이 있는가를 물었고, 이에 라훌라는 여법하게 출가의 공덕을 말하고 있는데, 그곳에 유마가 와서 그렇게 설명해서는 안 된다고 했습니다.

출가는 이익도 없고 공덕도 없는 것이오. 유위의 법은 이익이 있고 공덕이 있다고 설할 수는 있지만, 출가라는 것은 무위의 법이므로 무위법에서는[35] 이익도 공덕도 없소.[36]

유위법, 결국 보통 인간의 세계라면 이익이 있고 공덕이 있다고 해서 좋지만, 출가는 현상을 초월한 세계에 사는 것입니다. 그 무위법 가운데는 이익도 공덕도 없는 것인데, 계속 공덕, 공덕이라고 말하니 그러한 공덕이 없는 것이 출가라고 유마는 딱 잘라 말했습니다.

달마대사(?~528)가 인도에서 중국으로 건너와서 환영 나온 양무제(464~549)와 문답을 합니다. 그때 무제가 "짐은 수많은 승을 득도(출가)시켰소. 또한 많은 절을 세웠는데, 어떤 공덕이 있소?"라고 물었을 때, 달마는 한마디로 "무공덕"이라고 답했습니다. 불자들은 자신이 부유하게 되고, 사업이 번창하고, 자신의 집안이 좋게 되면, 불교를 신앙한 공덕으로 이루어졌다고 생각합니다. 틀린 말은 아닙니다. 정말 감사하다고 여기게 됩니다. 그러나 불교는, 눈에 보이는 것은 실로 존재하는 것처럼 보이지만 실은 존재하는 것이 아니라고 합니다. 그것은 영원성이 없기 때문입니다. 즉 무상無常이기 때문입니다. 달마가 말하는 '무공덕'은 부처님 세계에서 보면 공덕이 있다, 없다의 경계를 넘어서 있는 공덕을 뜻합니다. 무한한 공덕은 중생의 눈으로 유·무의 판가름이 될 수 없습니다.『금강경』에 "수보리여, 동방의 허공을 가히 헤아릴 수 있는가?" "헤아릴 수 없습니다"라고 말한 것처럼, 무공덕은 공덕을 헤아릴 수 없으며 또한 중생이 생각하는 공덕에서 벗어난 것을 뜻합니다. 무제가 거기까지 알 리 없겠지요. 그래서 달마와의 대화가 이어지지 않았습니다.

『종용록』2칙 시중示衆[37]에 "진귀한 보배를 권해도 사용할 줄 모르니 죽은 고양이의 머리나 만져 봐라!"라는 공안이 있습니다. 죽은 고양이 머리에 대해서는『오등회원』권13에 다음과 같은 문답이 있습니다. 한 스님이 조산曹山 스님에게 묻기를 "세간에서 어떤 것이 가장 귀한 것입니까?"라고 하니, 조산 스님은 "죽은 고양이 새끼가 가장 귀하지"라고 했습니다. 그 스님이 왜냐고 물으니 누구도 가격을 정할 수 없기 때문이라고 답했습니다. 이익과 공덕이 수로 계산될 수 있다면 진정 많은 것이 아닙니다. 이익과 공덕을 떠나 있는 세계, 즉 무위법의 세계에서는 '동방의 허공을 잴 수 없듯이' 이익과 공덕을 넘어서 있는 것이지요. 이를 유마가 라후라에게 말한 것입니다. 꾸짖음을 당한 것 같은 라후라가 문병을 사양한 것입니다.

다음은 아난阿難입니다. 그는 부처님의 사촌입니다. 아난은 산쓰끄리트어 Ānanada를 음사한 것인데 한역에서는 아난이라고 하며, 이는 '환희', '경희慶喜'라는 뜻으로, 그의 모습이 단정하고 그의 얼굴을 보는 것만으로 기뻐하였기에 지은 이름이라고 합니다. 부처님께서 55, 6세쯤 되셨을 때, 누군가가 시자侍者가 되어 주기를 원하시는 것을 알고, 제자들은 논의한 끝에 아난이 적임자라고 생각하고 그를 택했습니다. 이에 아난은 이를 허락하는 대신 세 가지 조건을 제시했습니다. 첫째, 새것이든 헌것이든, 부처님을 위해 만들어진 의복을 받지 않겠고, 둘째, 부처님을 위한 식사 초대에 가지 않겠으며, 셋째, 때가 아닌 때 부처님 곁에 있지 않겠다는 것이었습니다. 이 조건을 들어주면 시봉하겠다고 했습니다. 제자들은 이를 허락하고 아난이 부처님의 시자가 되어 줄 것을 부탁했습니다. 아난은 그의 나이 30세 때부터 부처님이 입멸할 때까지 20여 년을 시자로 살았습니다. 그는 언제나 그림자처럼 부처님 곁을 지켰으며, 부처님께서 쿠시나가라에서 입멸하실 때, 마지막 숨을 거두는 순간에도 곁에 있었다고 합니다.

부처님 입멸 두 달 후, 처음 부처님 말씀을 결집結集할 때, 깨달음을 얻은 500명의 아라한 제자들이 칠엽수七葉樹의 숲속에 있는 굴(칠엽굴)에 모여, 부처님의 일대 설법을 기록하여 편집하게 되었습니다. 그때 아난만이 아직 아라한과를 얻지 못했기에 동료들과 함께할 수가 없었습니다. 모두 상심했고 아난은 일주일간 피나는 용맹정진으로 결국 아라한 경지를 얻었습니다. 처음으로 경전편집회의 무리 속에 들어가게 되고 대중과 가섭 존자의 권유로, 아난이 부처님의 설법을 기억하여 암송하면 모두가 그것을 듣고 잘못이 없음을 확인한 후 기록을 했다고 합니다. 그를 '다문제일多聞第一'이라고 한 이유도 부처님의 설법을 세밀하게 기억하고 있었기 때문입니다. 모든 경의 첫머리에 '여시아문如是我聞'(이와 같이 내가 들었다)이라고 쓰여 있는 것은 이러한 이유입니다.

아난이 부처님 말씀을 얼마나 집중해서 들었는지에 대해 알 수 있는 일화가 있습니다. 어느 때 아난이 독벌레에 물려 상처가 나 깊이 곪게 되었습니다. 수술을 해야 하는데, 맨살에 칼을 대는 일이었습니다. 주변에 있는 도반들이 어떻게 해야 할까 망설이는데 부처님이 지나가다 이를 보시고, 아난을 자신의 무릎에 기대게 하셨습니다. 그리고는 수술을 시작하라고 지시하시고, 부처님은 설법을 하시기 시작했습니다. 그러는 사이 수술이 끝났습니다. 그동안 아난은 부처님의 말씀에 집중하느라 아픔조차 느끼지 못했습니다. 그만큼 아난은 설법에 전심전력專心專力하였던 것입니다.

부처님의 상수제자 마하가섭은, 아난이 "세존께서 금란가사를 전하신 외에 따로 어떤 것을 전하신 것이 있습니까?"라는 물음을 듣고, 아난의 깨달음이 열릴 시기가 왔음을 보고 곧바로, "아난이여!"라고 크게 불렀습니다. 아난이 "예"라고 대답을 하자 가섭이 말했습니다. "문전의 찰간刹竿[38]을 넘어뜨려라!" 이 자리에서 아난은 크게 깨달았다고 합니다.[39] 아난의 대오는 마하가섭의 도움으로 이루어진 것입니다.

　이러한 아난도 역시 문병을 회피합니다. 이유는 이렇습니다. 예전에, 부처님이 병이 나셔서 우유가 필요했습니다. 발우를 들고 아난이 대바라문 집 앞에 섰을 때, 유마가 왔습니다. 무엇을 하고 있는가 묻기에, 아난은 부처님이 우유가 필요해서 여기에 서 있다고 대답했습니다. 그랬더니 유마가 말했습니다.

　그만두시오. 그러한 것을 말해서는 안 되오. 여래의 몸은 금강의 몸이오. 모든 악은 이미 끊어졌고 온갖 선을 몸에 갖추고 계시오. 무슨 병이 있겠소? 무슨 근심이 있겠소? 가만히 물러가시오. 여래를 욕되게 하지 마시오. 다른 사람이 이런 추한 말을 듣게 하지 마시오. 대위덕의 천신들, 다른 쪽의 정토에서 오시는 보살들에게 이 같은 말을 듣게 하지 마시오. 전륜성왕조차도 쌓은 작은 복으로 무병한데 하물며 여래는 무량한 복덕을 갖춘 훌륭한 분이시지 않소. 가시오. 아난다여, 이 같은 일로 우리를 부끄럽게 하지 마시오. 만약 외도나 바라문들이 이 말을 들었다면 이처럼 생각할 것이오. '자신의 병조차 낫게 하지 못하는데, 어떻게 사람들의 병을 낫게 할 수 있을까'라고. 그러니 그대는 조용히 속히 물러가시오. 사람들이 이를 듣지 않도록. 아난이여, 여래의 몸은 바로 법신이오. 사욕思欲의 몸이 아니오. 부처님은 세상 사람들이 받

드는 분이오. 삼계를 뛰어넘어신 분이오. 부처님의 몸은 무루
無漏이고 모든 더러움(漏)이 이미 소멸되었소. 부처님의 몸은
무위無爲요. 어떠한 부류에도 속하지 않소. 이 같은 신체인데
무슨 병이 있단 말이오. 무슨 괴로움이 있겠소.

이 같은 유마의 말을 듣고 아난은 크게 부끄러워했고, 역시 사
람들에 대한 부끄러운 마음이 들었습니다. '세존께서 병이라고
하셨는데 내가 혹 잘못 들은 것은 아닐까?' 혼자 중얼거렸습니
다. 그런데 공중에서 소리가 들렸습니다.

아난다여, 거사의 말씀과 같소. 다만 부처님은 오탁五濁[40]으로
더럽혀진 나쁜 세상에 오셔서 지금 이렇게 법을 행하고, 중
생을 구하여 해탈시키기 위해 이처럼 계신 것입니다. 가시오,
우유를 받아도 부끄러워할 것은 없소.

부처님은 오탁의 나쁜 세상에 나오셨습니다. 그리고 중생을
구원하기 위해 병의 모습을 보이신 것입니다. 때문에 천신은 부
끄러워하지 말고 우유를 받아 가라고 말한 것입니다. 실제로 부
처님은 병중에 계셨습니다. 등 뒤가 아프셨고, 설사도 하셨고, 신
경통 같은 병도 있으셨습니다. 그렇지만 사람의 병을 치료하는
것도 훌륭하셨고, 병에 걸린 사람에 대한 배려도 뛰어나셨습니
다. 부처님의 제자들 중 모든 이들이 싫어하는 제자가 있었습니

다. 그는 선배가 병이 들거나 몸에서 냄새가 나거나 대소변을 치우는 것은 절대 싫다고 하고 간병하지 않았습니다. 그런데 그가 병이 들었습니다. 그러자 누구도 돌보지 않았습니다. 몸을 움직일 수 없기 때문에 분뇨 가운데 누워 있었습니다. 그곳에 부처님이 지나가다 오셔서 분뇨를 치우고 몸을 깨끗이 씻겨 주었습니다. "그대는 친구가 병이 들었을 때 지나쳤기 때문에 이런 때를 만나는 것이다. 지금부터는 그렇게 해서는 안 된다"라고 말씀하시고 가만히 나가셨다고 합니다. 누구도 알지 못하는 가운데 부처님은 그것을 하셨습니다. 부처님은 이런 분이십니다.

부처님은 병이 나셨지만 중생의 병과는 다르고, 병중에 있는 사람을 대하는 태도 또한 다르셨습니다. 부처님은 몸의 병보다 마음의 병이 인간에게는 깊은 것임을 잘 알고 계십니다. 그것을 치유하기 위해 출현하셨기 때문에, 부처님의 육신에 병이 들어도 그것은 당연한 것입니다. 그래서 하늘로부터 부끄러워하지 말고 우유를 받으러 가라고 하는 소리가 아난에게 들린 것입니다. 아난의 마음속에는 '어째서 부처님께서 병이 나셨는가'라는 의심과 '부처님이 병이 나신 것은 당연하다'는 두 소리가 있었던 것입니다. 인간에게는 이러한 두 갈래의 생각이 언제나 함께 있습니다. 여기서는 그것을 아난이 대신하는 것입니다. 그리고 어느 쪽으로든 결론지어야 합니다. 이래도 좋고 저래도 좋다는 태도로는 될 일이 없습니다. 어느 쪽이든 결단을 내려야 합니다. 병이 나는 것은 당연하다든가, 병이 나지 않는 것이 당연하다든가 둘 중 하나인 것입니다. 아난은 그때 어느 쪽으로도 결단을 내리지 못했던 것입니다. 예전 이 같은 유마와의 대화를 생각하고 문병을 가기를 거절한 것입니다.

지금까지의 제자들은 모두 이러했습니다. 자신의 신념으로 행동하지 못하는 제자들을 유마는 꿰뚫어본 것입니다. 그리고 올바른 신념으로 행동하기를 종용한 것입니다.

부처님의 제자 중에도 가장 뛰어났다는 열 명의 제자들에게 확실한 신념이 없다는 것은 의아한 일입니다. 부처님 같은 성자의 곁에 있으면서도 이러한데, 지금의 우리가 신념을 갖지 못하고 주저하게 되는 것은 당연할지도 모릅니다. 그러나 언젠가는 우리 자신의 태도를 확실히 하지 않으면 안 됩니다. 편견과 오만, 고착된 생각에서 벗어나 우주법계의 공의 세계를 지향하고 깨달아 행동할 것을 재촉하는 것이 이 '제자품'이라고 생각합니다.

보살품 제4

1. 미륵보살과 광엄동자

이번에는 부처님께서 보살들에게 문병을 가도록 권하십니다. 가장 먼저 미륵보살입니다. 그의 다른 이름은 '사유관음思惟觀音'이라고도 합니다. 이 보살은, 이다음에 부처가 될 보살이라고 하여 '일생보처一生補處'의 보살이라고도 합니다. 죽고 나서 다시 한 번 태어나고, 다시 죽은 뒤에는 도솔천에 태어나 부처가 된다는 것입니다.

인도인은 인간은 몇 번이라도, 태어나고 죽고 한다고 생각합니다. 인생이라는 것은 괴로운 것입니다. 더 이상 인간으로 태어나고 싶지 않다거나 또한 여자로(남자로) 태어나고 싶지 않다고 생각을 해도, 지은 업대로 거듭 태어날 뿐입니다. 그리고 괴로움은 되풀이하여 반복됩니다. 그것을 윤회, 혹은 생사유전生死流轉이라고 합니다.

불교에도 이러한 생각이 있습니다. 그렇지만 이 미륵보살만은 한 번만 다시 태어날 뿐 그 후는 부처가 됩니다. 보처라는 것은 부처의 위치(자격)가 채워졌다는 의미로 부처의 후보생과 같은 의미입니다.

이 미륵보살이 도솔천왕과 권속을 위해 법을 설하고 있을 때 유마가 와서 이렇게 말했습니다.[41]

미륵이여, 세존世尊께서는 그대에게 수기授記하시며 "(단) 한 번 태어나 바로 아뇩다라삼먁삼보리를 얻을 것이다"라고 말씀하셨소.

태어나고 죽는 것을 되풀이하여 반복하다가 마지막 태어나서는 ―더 이상 태어나는 일이 없이― 성불을 한다고 수기하신 것입니다. 수기는 예언을 의미하며, 다음 생에 성불(아뇩다라삼먁삼보리)한다는 보증을 주는 것입니다. 이 기記를 받는 쪽에서는 수기受記라고 합니다. 부처님이 수기하는 것에도 여러 가지 문제가 생깁니다. 석가족 출신 남자로 사라카-니라고 하는 주정뱅이 남자가 있었습니다. 이 사라카-니가 죽을 때 부처님이 그의 집에 가셔서 그의 귀에다 대고 무엇인가 말씀하시고 돌아가셨습니다. 그 후 사라카-니는 죽었습니다. 부처님께서 "사라카-니는 내생에 부처가 된다"라고 말씀하신 것을 알고, 대중은 시끄러웠습니다. 언제나 주정뱅이인 그가 부처가 될 것 같으면 이 세상 어느 누구도 부처가 되지 않을 자가 있겠느냐고 떠들어 댄 것입니다. 곤란해진 석가족의 지도자 마하-나-마는 부처님에게 수습을 부탁드리러 갔습니다. 그래서 부처님은 수많은 신자를 모아놓고 말씀하셨습니다.

"이 남자는 실은 주정뱅이였다. 그러나 오랜 시간 부처님을 믿고, 법을 믿고, 교단을 믿어 온 남자다. 그리고 마지막에 자신은 믿음의 세계에서는 어떠한 것도 잘못된 일을 하지 않았다고 나에게 말했다. 그래서 나는 이 남자는 하늘에 간다고 예언한 것이다." 그러자 모여 있던 대중이 조용히 수습되었습니다.

세간 사람들은 주정뱅이에게는 절대 수기라는 것이 있을 리가 없다고 단정했지만, 부처님은 그의 마음속에는 지극한 믿음이 있음을 보고 계셨던 것입니다. 사라카-니는 누가 봐도 주정뱅이였지만 정직하고 솔직한 사람으로서 아름다운 혼을 가졌다고 생각합니다. 그것을 부처님은 보시고, 사라카-니는 더 이상 윤회·유전하지 않는다고 말씀하셨습니다. 이 말씀이 수기授記입니다. 대중은 부처님이 직접 말씀하셨기 때문에 납득했습니다.

사람들은 대개 죽음에 임박하게 되면 죽은 후에 어디로 가는지, 어떻게 되는지 불안해집니다. 주정뱅이 역시 부처님께 말씀을 듣고 싶었던 것입니다. 그리고 부처님은 "그대는 염려하지 말라"라고 말씀하신 것 같습니다. 불자들이 임종을 목전에 두었을 때, 그분들이 평소에 삼보를 향한 신앙심이 돈독한 것을 알고, 그들 곁에 가서 "염려하지 마세요, 아미타불께서 머리맡에 오셔서 지켜보시고, 모시고 극락으로 가십니다"라고 말씀드리면, 바로 얼굴이 환해지고 안정감 같은 것이 얼굴에 가득합니다. 부처님께서 죽음에 이른 사라카-니에게 수기하신 말씀은, 지금 이 순간 생사의 갈림에 있는 분들에게 마음을 편안하게 해 주라는 유훈遺訓 같은 것으로도 생각됩니다.

미륵이여, 그대는 부처님으로부터 수기했다고 하지만 어느 생에서 수기를 얻었다는 것입니까? 과거인가요? 미래인가요? 현재인가요? 과거의 생이라 하면 과거의 생은 이미 사라졌습니다. 미래의 생이라 하면 미래의 생은 아직 오직 않았습니다. 현재의 생이라고 하면 현재의 생은 머물지 않소.

미륵은 죽어서 다시 한 번 태어나 부처가 된다고 말씀하셨지만 대체 그 생生이라는 것은 과거인가, 미래인가, 현재인가? 라고 유마는 물었습니다. 과거의 생이라면 이미 과거는 지나갔고, 미래의 생이라면 아직 오지 않았기 때문에 그럴 리가 없고, 현재의 생이라면 현재의 생은 머물러 있지 않기 때문에 그럴 리가 없다는 것입니다. 이처럼 생이란 항상 움직이며 절대 고정되어 있지 않습니다. 생은 숨(息)과 같은 것입니다. 명命이라고도 합니다. 우리는 생의 의미에서 '제행무상諸行無常'을 이해할 수 있습니다. 제행은 무상입니다. 바로 생의 의미가 함축되어 있습니다. 불교는 생生을 사死와 동전의 양면으로 이해시키고 있습니다.

'생즉사'라고 하지요. 생과 사를 분리해서 생각한다면 이원론에 빠지고 맙니다. 다시 말해서 생과 사를 별도로 생각한다면, 늘 죽음에 대한 공포와 불안에 사로잡힙니다. 생이 있으므로 사가 있는 것은 당연한 것입니다. 그래서 생과 사는 늘 함께 따라다니고 붙어 있지요. 그래서 불교는 생과 사를 불이不二라고 제창합니다. 이를 적극적으로 설명한 것이 『유마경』입니다.

> 부처님이 설하신 바와 같이 비구여, 그대는 지금 찰나(卽時)
> 에 태어나 늙고, 죽고, 멸하는 것이오.

이 말은 대단히 중요합니다. 부처님은 비구를 향하여 "그대는 지금 한순간에 태어나 한순간에 죽고 또다시 태어나는 것을 반복하고 있다"라고 말씀하십니다. 이를 찰나생멸이라고 합니다. 불교에서는 생명의 근원을 '부처(佛)'라고 합니다. 공空, 진여眞如라고도 합니다. 생명의 근원에서 명命이 이곳에 와서는 돌아가고, 다시 이곳에 와서 돌아가고를 반복하다가 그것이 끊어지면 끝입니다. 스윽~ 부처 쪽으로 숨을 거두면 그것으로 끝나게 됩니다. 이를 적멸寂滅, 열반涅槃, 해탈解脫이라고 합니다. 가기도 오기도 하는 생명의 어디를 생이라고 하는 것인가를 유마는 말합니다. 미륵은 대답을 할 수 없었습니다.

> 여如[42]의 생에서 수기를 얻었는가, 여의 멸에서 수기를 얻었

는가.

여如·진여眞如는 바다와 같습니다. 여如에 무명이라는 것이 작용하게 되면 만 가지 상이 생깁니다. 바다에 바람이 불면 파도가 생기는 것과 같은 이치입니다. 바다는 언제나 파도가 넘실거립니다. 그것은 바람과 여러 가지 요소의 작용 때문입니다. 그런데 파도가 바다일까요, 파도가 없는 심해가 바다일까요. 바다는 파도도, 심해도 함께 바다라고 합니다. 그것과 마찬가지로 "여"라는 것은 이 우주의 가장 본체를 말합니다. 그 "여"에 무명이라고 하는 것이 작용하게 되면, 움직임이 없는 여가 움직이고, 이 우주만물이 생겨나는 것입니다. 삼라만상은 파도와 같은 것입니다. 일어나기도 사라지기도 합니다. 인간이 태어나기도 하고, 죽기도 하고, 울기도 하고, 기뻐하기도 하는 것은 모두 파도와 같은 것입니다. 우리는 그 파도를 보고 저것이 바다라고 생각합니다. 그렇지만 진실로 바다를 보는 사람은 저 밑바닥에 있는 깊은 바다를 봅니다. 그리고 어떤 파도가 일어나도 바다는 아주 깊은 곳이라고 생각합니다.

불교에서의 '여'는 파도가 일어나고 있는 근본(밑바닥)을 뜻합니다. 인간 생명의 가장 근본을 보는 것이 바로 진여를 꿰뚫는 일입니다. 인간은 다양하지만 하는 일 역시 다양합니다. 인간이 표면적으로 어떻게 변하든 가장 깊은 생명의 근원은 부처(眞如, 공)이며, 파도는 진여의 세계에서 일어나는 것입니다.

그런데 이 여를 둘러싸고 유마는 이런 말을 했습니다.

모든 중생은 다 진여이오. 일체의 법도 역시 진여이오. 모든 성현聖賢도 또한 진여이오. 미륵에 이르기까지도 또한 진여이고, 만약 미륵이 깨달음을 얻는다는 예언을 받으면 일체의 중생도 또한 그 같은 예언을 받는 것이오.

유마의 추구는 계속됩니다. 미륵은 결국 손도 써볼 수 없게 되었습니다. 때문에 병문안을 가지 않겠다고 말한 것입니다.

부처님은 이번에는 광엄光嚴동자에게 가보도록 말씀하셨습니다. 이 광엄도 문병을 가지 않겠다고 말합니다. 이유는 이렇습니다. 예전에 비야리 큰 성에서 막 나가려고 하는데 유마가 바로 성으로 들어왔습니다. 광엄동자가 "거사여, 어디서 오시는가요?"라고 물으니, 답하기를 "나는 도량道場에서 왔소"라고 했습니다. 광엄동자가 다시 물었습니다. "도량이라고 하면 어느 곳인가요?" 그러자 유마가 답하기를,

"직심直心, 이것이 도량이오. 거짓됨이 없기 때문이오. 발행發行,⁴³ 이것이 도량이오. 순리대로 일을 잘 해내기 때문이오. 심심深心, 이것이 도량이오. 공덕을 증익하기 때문이오. 보리심, 이것이 도량이오. 착류錯謬가 없기⁴⁴ 때문이오. …

경에는 도량을 견주어 서른여섯 가지가 나열되어 있습니다. 육바라밀, 사무량심, 신통, 해탈, 방편, 사섭四攝, 다문多聞, 복심 伏心, 37조도품助道品, 사제四諦, 연기緣起, 무명, 여러 번뇌, 중생, 일체법, 항마, 삼계, 사자후, 력力·무외無畏·불공법不共法, 삼명三 明, 일념一念 등이 모두 도량이 된다고 합니다. 그리고 마지막 "여러 바라밀에 따라 중생을 교화하면 일거수일투족이 모두 도량에서 나오고 불법에 머문다"고 했습니다. 특히 직심은 곧은 마음, 발행은 모든 일에 힘을 잘 쓰는 것, 심심은 바로 깊은 자비심이 되며, 보리심은 지혜로운 마음입니다.

여하간 유마는 우리의 생활과 수행이 모두 그대로 도량이 된다고 합니다. 이러한 유마의 말에 광엄동자는 내심 크게 부끄러워한 적이 있었기 때문에 거절한 것입니다.

2. 지세보살과 마신魔神

부처님은 지세보살에게 문병을 가도록 말씀하셨습니다. 지세보살 역시 가지 않겠다고 합니다. 이유는 이러합니다.

보살이 조용히 방에 앉아 있는데, 마파순魔波旬[45]이 왔습니다. 이 악마가 일만 이천 인의 천녀를 데리고 와서 음악을 연주하고 제석천의 모습으로 왔습니다. 그래서 지세보살은 악마를 제석천으로 잘못 알고 "잘 오셨소. 교시가憍尸迦[46]…"라고 말했습니다. 이 교시가는 제석천이 인간이었을 때의 이름입니다. 인도어로는 카우시카입니다.

　보살은 이 제석천을 향해 "그대는 복덕을 쌓았지만 그 복덕으로 자신만을 위해서는 안 되오. 오욕五欲이 무상하다는 것을 관찰하고 명命, 체體, 재산이 무상임을 깨달아(堅法) 닦아야 하오." 그랬더니 악마가 말했습니다. "정사正士[47]여, 나의 천녀를 그대에게 드릴 테니 집안 청소를 시키시오"라고 말하고 천녀를 주려고 했습니다. 지세보살은 당치도 않다고 생각했습니다. 아름다운 여인은 법답지 않은(非法) 것이고 사문으로서는 허락되지 않는 것입니다. "불제자인 사문으로서 어울리지 않는 것은 말하지 마시오"라고, 이렇게 문답하고 있는 가운데, 유마가 와서 지세보살에게 말해 주었습니다. "그는 제석천이 아니오. 이는 악마가 와서 그대를 조롱하는 것이오." 그러고 나서 바로 마구니에게 말했습니다. "이들을 나에게 주시오." 그랬더니 악마가 "유마여, 나를 괴롭히지 마시오"라고 말하며 자취를 감추어 버렸습니다. 그러나 유마는 신통력이 있기 때문에 그는 피하지 못했습니다. 공중에서 소리가 나서 들었더니 "악마여, 천녀를 유마에게 주어야 피할 수 있다"라고 했습니다. 악마는 바로 유마에게 천녀를 주고는 달아났습니다. 그때 유마는 천녀에게 설법하고 천녀들에게 보리심(아뇩다라삼먁삼보리)이 일어나게 했습니다. 유마는 천녀들에게 이렇게 말했습니다.[48]

　　그대들은 이제 깨달음을 향해 뜻을 세웠소. 거기에 진리의 기쁨만이 있기 때문에 그것을 스스로 즐기시오. 이제는 오욕의 낙을 원해서는 안 되오.

불교의 기쁨은 오욕의 낙이 아니라 법의 낙입니다. 유마는 천녀에게 그것을 즐기라고 말했습니다. 천녀는 "법락法樂이 무엇인가요?"라고 물었습니다. 그것에 대해 유마가 답했습니다.

언제나 부처님을 믿는 것을 즐기시오.

부처님을 믿는다는 것은 인생의 첫 번째 기쁨입니다. 이것은 인간을 믿는다는 것이 됩니다. 인간을 믿을 수 없다면 다른 어떠한 즐거움이 있어도 그것은 진정한 즐거움이 아닙니다. 인간은 불성을 구족했기 때문이지요. 그래서 인간은 누구나 부처가 되기 때문에 인간을 항상 공경해야 하고 부처님을 믿는 것을 기뻐해야 합니다.

법을 듣는 것을 즐기시오.

불법의 말씀을 잘 경청하는 것이 즐거움이라고 합니다. 불교 수행의 과정은 문聞·사思·수修입니다. 부처님의 말씀을 듣고, 생각하고, 직접 닦는 것입니다. 수행을 하기 위해서는 늘 불법을 들어야 자신을 깨칠 수 있기 때문에 즐겨 들어야 합니다.

중생에게 공양하는 것을 즐기시오.

여기서 중생은 공부를 하는 스님들(僧衆)을 뜻합니다. 도 닦는 스님들에게 공양 올리는 것을 즐기라는 것입니다. 나아가 수많은 사람을 행복하게 하는 것도 공양 올리는 것이니 이 또한 즐거움입니다.

스승을 공경하는 것을 즐기시오.

자신의 스승을 존경하는 것을 즐기라는 것입니다. 스승을 향한 외경심畏敬心은 타인이 자신을 향한 공경심의 원인遠因이 됩니다. 공경할 스승이 없는 자는 인생이 불행합니다. 삶의 지표指標를 조언해 주는 어른이 없기 때문입니다. 필자가 아는 거사님은 고인이 된, 독신이었던 고교 때의 스승을 위해 백중 때가 되면 반드시 위패를 모시고 공양을 올립니다. 또한 한 불자님은 '스승의 날'에는 섬에 살며 공부하는 스승을 찾아뵙고 함께 식사하기를 수십 년 되었다고 들었습니다. 스승에 대한 공경심은 바로 자신의 선심善心을 증장시키며 동시에 아랫사람의 스승이 되게 하기도 합니다.

좋은 모습(相好)을 가지려면 많은 공덕을 닦는 것을 즐기시오.

좋은 인상이 되기 위해서는 공덕을 쌓는 것을 즐기라는 것입니다. 매일 거울을 보는 어떤 큰스님이 계셨습니다. 그 이유를 물으니, 인상이라는 것은 매일 매일 변하기 때문에 거울을 보고 당신의 마음을 살핀다고 했습니다. 얼굴이 찌그러져 있으면 마음을 애써 고치고 안색이 밝지 않으면 웃어 본다고 했습니다. 좋은 상호는 좋은 마음에 달려 있습니다.

유마로부터 설법을 들은 천녀들은 악마가 있는 쪽으로 돌아가기를 싫어했습니다. 그랬더니 악마가 그대 탓으로 천녀들이 돌아가지 않으려고 한다고 했습니다. 어떻게 해 달라고 하니 유마가, "나는 저 먼 옛날에 천녀들을 버린 적이 있소. 지체 없이 데리고 돌아가시오"라고 했습니다. 그러자 천녀들은 "어째서 악마의 궁전(魔宮)에 남기려고 하십니까?"라고 했습니다.

돌아가고 싶지 않다는 천녀들에게 유마는 '무진등無盡燈'이라는 가르침을 설했습니다.

누이들이여, 법문에 '무진등'이라는 말이 있소. 그대들은 그것을 배워야 하오. 무진등은, 비유하면 등 하나로 백천 등을 밝히는 것과 같은 것이오. 어두운 것을 다 밝혀도 밝힘이 다하지 않소. 이같이 누이들이여, 보살 한 분이 백천 중생을 개도開導하고 아뇩다라삼먁삼보리심을 내게 한다면 그 도道는 역시 다하지 않은 것이오. 설하는 법에 따르고 스스로 모든 선법을 증익하는 것이오. 이것을 무진등이라고 하오. 그대들이 마궁에 머문다고 해도 이 무진등으로 수많은 천자, 천녀들에게 아뇩다라삼먁삼보리를 내게 한다면 부처님의 은혜를 갚고 또한 수많은 중생을 요익하게 하는 일이오.

등불 하나가 무수한 등에 불을 붙입니다. 주변이 밝아지고 언제까지나 그 등이 꺼지지 않습니다. 그것이 무진등입니다. 보살 한 분이 백천 사람을 위없는 깨달음(아뇩다라삼먁삼보리)으로 향하게 한다면 그것이 무진등입니다.

때문에 '그대들은 악마의 천궁으로 수많은 천자나 천녀들에게 등을 밝히러 가라, 불성의 등을 밝히러 가라'고 하는 것입니다.

자신의 등을 밝히는 것만 좋아하지 말라는 의미입니다. 불교를 공부하는 사람들 중에도 자신의 일만을 생각하는 사람이 많습니다. 그러나 무진등이라는 것은 다른 등에 불을 붙이는 것이기 때문에, 자신의 곁에 있는 사람의 등에 불을 붙이지 않으면 안 됩니다. 그렇게 해야 비로소 자신의 등도 언제까지나 꺼지지 않게 되는 것입니다. 곁에 있는 사람에게 불교를 통한 즐거움을 가르치고 싶어 하는 마음이, 자신의 등을 언제까지나 계속되게 하는 것입니다.

이렇게 해서 천녀들은 모두 새로운 마음이 되어 악마의 궁전으로 돌아갔습니다.

3. 장자의 아들 선덕

다음, 부처님께서 장자의 아들 선덕에게 문병을 권했습니다. 역시 선덕도 사양합니다. 그 이유는 이러합니다. 예전에 부친의 집에서 큰 보시의 모임을 열고, 모든 사문·바라문·여러 외도·빈궁민·천민·고독한 자·걸인들에게 공양을 베풀었는데, 7일째 되던 날, 유마가 와서 이렇게 말했습니다.

"장자의 아들이여, 대보시회는 응당 그대가 하는 바와 같이 하면 안 되오. 법시法施의 모임이라야 하오." 유마의 말에 "왜 재시財施의 모임으로는 도움이 안 됩니까. 그렇다면 무엇을 법시의 모임이라고 합니까?"라고 말하니, "법시의 모임이란 먼저도 없고, 뒤도 없고, 일시에 일체중생을 공양하는 모임이오."[49]

재물보시는 한꺼번에 베풀어도 먼저와 뒤가 있지만, 법시는 한꺼번에 중생들에게 보시할 수 있다는 것입니다. 베푸는 재물은 한정이 있지만 받는 쪽에서는 한정이 없습니다. 법이 무진등인 것에 비하여 재물은 유한합니다. 더구나 재물을 준다고 해도 사람의 마음을 좀처럼 구할 수 없습니다. 또한 사람의 마음을 채우지 못할 때가 있습니다. 재물로 보시를 하고 싶어도 받아 주지 않을 때가 있습니다. 재물은 사람이 살아가는 데 필요하지만 사람의 마음은 재물만으로 살 수 없습니다. 유마가 법시를 권하는 것은 사람들에게 동시에 줄 수 있고 마음을 구할 수 있기 때문입니다. 선덕은 법시의 내용을 물었습니다.

유마는 자·비·희·사의 네 가지 무량심(四無量心)과 여섯 가지 바라밀(六波羅蜜), 즉 보시·지계·인욕·정진·선정·지혜 등의 바라밀을 말했습니다. 보리로서 자심을 일으키고, 중생을 구제함으로써 대비심을 일으키고, 정법을 수지하여 기쁜 마음을 일으키고, 지혜로서 평등한 마음을 갖게 하며, 간탐을 거두어 보시바라밀을 행하고, 계를 파한 자에게 지계바라밀을 행하게 하며, 무아법으로서 인욕바라밀을 행하고, 몸과 마음의 상을 여읨으로써 정진바라밀을 행하고, 보리상菩提相으로써 선정바라밀이 일어나고, 일체지一切智로써 반야바라밀을 일으킨다고 하였습니다. 이 외에도 법시에 대한 설법은 계속 되었습니다.

선남자여, 이러한 것이 법시회요. 만약 보살이 이 법시회에 머물면 대시주(자)가 되고 또한 모든 세간의 복전이 되오.

보살이 법시를 하게 되면 대시주자가 되고 그대로 복전이 된다고 했습니다. 이를 들은 이백 명의 바라문은 그 자리에서 아뇩다라삼먁삼보리의 마음이 일어났습니다. 그리고 이를 들은 선덕 역시 청정심을 얻고, 이런 일은 일찍이 없었다고 찬탄하고 머리를 조아려 유마의 발에 예를 올렸습니다. 그리고 백천이나 되는 값어치의 영락(목걸이)을 보시했습니다. 유마가 받으려고 하지 않자, 선덕은 "거사여, 반드시 받아 주시오, 제 뜻을 받아 주시오"라고 간절히 요청했습니다. 유마는 그것을 받아 반으로 나누어 하나는 회중의 가장 가난한 걸인들에게 주고, 다른 하나는 난승難勝여래에게 바쳤습니다. 회중에 있는 모든 이들은 광명국토의 난승여래를 바라보았습니다. 영락은 부처님의 머리 위에 머물러 있더니, 네 기둥의 보배의 좌대로 바뀌고, 네 면을 장식하여 서로서로 막힘이 없음을 보였습니다. 유마는 신통력을 나타내고 난 뒤, 이런 말을 했습니다.

> 시주자가 평등심으로 가장 가난한 걸인에게 보시하는 것은, 마치 여래복전의 상相과 같아서 분별하는 바 없고, 대비로서 동등히 하여 과보를 구하지 않는다면, 이를 '구족법시具足法施'라고 하오.

시주자는 보시할 때 평등심으로 해야 한다는 것입니다. 보시를 할 때 가난한 자, 부자, 지위고하를 막론하고 부처님께 공양을 올리는 것처럼 대비심으로 보시하는 마음의 자세가 중요하다는 것입니다. 대비심은 평등과 겸손, 공경하는 마음입니다. 보시를 하되 과보를 기대해서는 안 된다고 합니다. 불교에서는 보시가 삼륜청정三輪淸淨이어야 한다고 합니다. 시주를 하는 사람과 시주를 받는 사람 그리고 시주물이 무상無相하고, 공空해야 하고,

청정하지 않으면 안 됩니다.

　성안에 있던 가장 가난한 걸인은 유마의 신통력을 보고, 또한 설하는 바를 듣고, 아뇩다라삼먁삼보리의 마음을 내었습니다. 그래서 선덕은 유마에게 문병을 가지 않겠다고 한 것입니다.

| 권 중 |

문수사리문질품 제5

1. 문수와 유마의 만남

이「문질품問疾品」은 문수보살이 유마에게 가서 문병하는 내용입니다. 지금까지의「방편품」,「제자품」,「보살품」에는 유마가 표면에 나타나지 않고 다른 이들에 의해 그의 지혜와 덕이 말해졌는데, 이 품에서는 유마가 직접 등장해서 문수보살과 함께 대승불교의 깊은 가르침을 이야기합니다. 이 품의 특징이 되기도 합니다.

부처님은 어느 누구도 유마의 문병을 가지 않으려는 것을 알고, 문수사리보살에게 갈 것을 권했습니다. 문수보살은 이렇게 말했습니다.

세존이시여, 좀처럼 저분과 대응할 만한 분이 없습니다. 저분은 인생의 진실한 모습을 잘 알고 있습니다. 인생의 가장 중요한 요점을 사람들에게 훌륭하게 가르치고 계십니다. 더구나 변재가 뛰어나 말씀이 물 흐르듯 하고, 지혜는 걸림이 없습니다. 모든 보살의 법식을 잘 알고 있고, 모든 부처님의 깨달은 세계에 확실히 들어가 있습니다. 모든 악마는 항복시키고 보통의 인간과는 남다른 능력을 가지고 유유히 살고 있습니다. 이러한 분이지만 부처님께서 가라고 말씀하시기 때문에 저는 가겠습니다.

지금까지의 제자들은 자신에게 능력이 없기 때문에 문병을 가지 않았습니다. 가면 힐난받기 쉽기 때문에 가지 않은 것입니다. 이렇게 생각하면 인간은 아무것도 할 수 없습니다. 자신이 상대할 만한 인물에게 가는 것은 누구도 할 수 있습니다. 그러나 자신이 좀처럼 대응할 수 없을 것 같은 인물을 만나야 합니다. 자신보다 좀 못하다는 사람은 만나기 쉽습니다. 그러나 그렇게 되면 자신도 점점 그렇게 뒤떨어지기가 쉽습니다. 그러나 보통은 이렇게 쉽게 만날 수 있는 사람과 만나려고 합니다.

문수는 부처님의 뜻(聖旨)을 받들어 간다고 합니다. 성지를 받들어 가면 부처님의 가피력加被力을 받는 것이 됩니다. 부처님이 뒤에서 밀어주시기 때문입니다. 범어에서는 이를 아누바-바라고 합니다. '위신력威神力'이라고도 합니다. 위력은 부처님의 힘입니다. 필자는 이 용어를 좋아합니다. 자신의 능력으로는 상대할 수 없지만 부처님이 가라고 하시기 때문에 간다는 것, 얼마나 좋은 생각입니까. 필자가 불사를 할 때 여러 가지로 힘이 부칠 때가 있었습니다. 어느 거사님에게 약간 넋두리를 하니, 그분 하시는 말씀이 "스님, 뭐가 걱정입니까? 부처님이 계시지 않습니까?"라고 해서 내심 놀라워한 기억이 납니다. '아~ 부처님의 위신력을 잊고 있었구나.' 당시 대단히 부끄러웠습니다. 조석으로 불전에 '대불사의 원만성취'를 부탁드리고는 현실에서는 뒤에 계시는 부처님을 잊고 있었던 것입니다.

부처님이 '가라'고 말씀하신 이상, 가지 않으면 안 되기 때문에 가는 것입니다. 이러할 때 인간은 최대의 능력을 발휘합니다. 이렇게 해서 문수사리는 위풍당당하게 가는 것입니다.

그때 앞에서 문병 가는 것을 거절한 이들, 즉 보살, 대제자, 제석, 범천, 사천왕 등이 이렇게 생각합니다. '지금 두 대사大士, 문수사리와 유마힐이 함께 이야기를 한다니 필시 묘법을 설할 것이다.' 문수와 유마가 만난다면 대단한 장면이 전개될 것이니 가자고 말하고, 즉시에 팔천의 보살과 오백의 성문과 백천의 천인이 모두 문수를 따라가기로 합니다. 문수사리는 이들을 데리고 베-샤리시로 들어갑니다.

이렇게 문수가 오는 것을 유마는 일찌감치 알고 준비를 합니다.

지금 문수사리가 대중과 함께 온다. 바로 신력으로서 방안을 텅 비게 하고 소유품과 시자들을 물러나게 하고, 다만 침상

하나만 두고 병으로 누워 있겠다.⁵⁰

유마는 방안의 모든 것을 치우고, 시종자들까지 물러가게 하고, 침상 하나만 두고 자신은 그 위에 누워 있었습니다. 유마가 문수를 만난다는 것은 일생일대의 모든 것을 거는 것입니다. 때문에 유마는 실내에 있던 모든 것을 치우고 시종하는 사람들마저 나가게 하고 누워서 문수를 기다리는 것입니다.

문수는 유마가 홀로 있는 방으로 왔습니다. 그리고 세기世紀의 문답이 시작됩니다.

"잘 오셨소, 문수사리여. 옴이 없는 상으로 오고(不來相而來) 봄이 없는 상으로 봤소(不見相而見)."
"맞습니다, 거사여. 만약 왔다고 하면 오지 않은 것이오, 만약 갔다고 하면 가지 않은 것이오. 왜냐하면 온 자는 온 곳이 없고 간 자는 간 곳이 없소. 본다고 하면 보는 것이 아니오. 잠시 이 일은 제쳐두고, 거사여, 편찮으시다고 들었는데 견딜 만하십니까? 치료 후 차도가 있습니까? 더해지지는 않았습니까? 세존께서 매우 걱정하시어 문병하도록 저를 보냈습니다. 거사여, 이 병은 원인이 무엇입니까? 얼마나 오래되었습니까? 어떻게 해야 나을 수가 있답니까?"⁵¹

유마는 "문수여, 잘 오셨소. 그대는 온다는 상이 없이 오셨고,

봄이 없는 상으로 나를 봤소"라고 말했습니다.

  문수는 부처님의 재촉으로 왔습니다. 부처님의 힘을 뒤에 업고 그 힘에 밀려서 온 것입니다. 때문에 문수가 왔다고 해도 문수가 온 것이 아닙니다. 실은 부처님이 오신 것입니다. '봄이 없는 상으로 본다'라는 것은, 보통 사람들이 얼굴을 맞대는 것과 같은 만남이 아닌, 부처와 부처가 얼굴을 맞대는 것과 같은 만남으로, 있는 그대로 유마는 문수를 만난다는 것입니다. 그렇다면 보통의 문답이나 만남과는 다릅니다. 양쪽 모두 뒤에 대단한 힘을 짊어지고 있는 것입니다. 이를 교의적으로 말한다면, 보통 '본다'라고 하면 존재하는 현상을 보는 것이지만, 여기서는 본다는 표면적 의식을 넘어선 본래의 모습, 즉 공을 본다는 의미입니다. 공의 세계는 오고감이 없고(不去不來), 생멸·증감 등 이원적 대립이 사라진 세계입니다. 유마와 문수는 먼저 이 세계를 말하여 서로 갖추어진 의식을 간파하는 것입니다. 여하간 유마와 문수의 만남은 흔히 우리가 누구를 만나는 것과는 다른 만남임에는 틀림이 없습니다.

  유마의 말에 대해 문수사리는, "만약 와 버렸다면 다시 오는 일은 없고, 이미 가 버렸다면 다시 간다고 말할 수 없습니다. 이미 본 것을 또한 다시 본다고 말하지 않습니다"라고 했습니다. 문수는 유마의 말에 이렇게 대응해 보였습니다. 문수는 세존이 염려하시는 바를 대신하여 유마에게 병의 차도와 호전되어 가는 기미의 여부를 묻고, 다음 자신의 의견을 말했습니다. 병의 원인과 얼마나 오래된 병세인지, 어느 정도 되어야 나을 수 있는지를 묻습니다. 이야기의 핵심은 바로 여기에 있습니다. 이에 대해 유마의 대답은 이렇습니다.

어리석음과 애욕이 있으면 병이 생기오. 모든 중생이 앓고 있으므로 나도 병을 앓고 있는 것이오. 만약 중생의 병이 사라지면 나 역시 병도 사라지오. 왜냐하면 보살은 중생 때문에 생사[52]에 들고, 생사가 있으면 바로 병도 있는 것이오. 만약 중생이 병을 여의면 보살도 역시 병이 없소.

보살은 수많은 인간의 행복을 위해 윤회에 듭니다. 태어나서는 죽고, 태어나서는 죽고… 하는 미혹한 세계에 떨어져 있습니다. 주변에 있는 인간이 모두 미혹하기 때문에 그 사람들을 구제하기 위해 자신도 또한 미혹 속에 떨어진 것입니다. 만약 중생에게 병이 없다면 보살도 또한 병이 없어지는 것입니다. 예로, 장자에게 다만 한 명의 아이가 있고 그 아이가 병에 든다면 부모는 근심하여 또한 병이 들 것입니다. 만약 아이의 병이 나으면 부모의 병도 나을 것입니다.

보살도 그와 같소. 여러 중생을 사랑하는 것은 자신의 아이를 사랑하는 것과 같은 것이오. 중생이 병들 때는 바로 보살도 병이 들고, 중생의 병이 나으면 보살의 병도 또한 낫소. 또한

'이 병은 어디에서 오는가'라고 한다면 보살의 병은 대비 때문에 일어나는 것이오.

보살의 병은 대비 때문에 일어난다고 합니다. 수많은 인간이 괴로워합니다. 그 괴로움에 대한 깊은 동체대비의 생각에서 보살도 병이 듭니다.

2. 공성에 대하여

문수사리는 유마의 방이 텅 빈 것(空)을 보고 묻습니다. "거사여 이 방은 어째서 비어 있고 시자도 없습니까?" 이에 대해 유마는 "모든 부처님의 국토도 또한 다 비어 있소"라고 대답했습니다. 방만 비어 있는 것이 아니라 전 우주, 전 세계도 또한 비어 있다고 말한 것입니다. 문수는 "어째서 전 세계가 텅 비어 있습니까?"라고 다시 물었습니다. 유마는 "텅 비어 있기 때문에 텅 빈 것이오"라고 했습니다. 어떠한 설명도 필요 없습니다. 또다시 문수는 물었습니다. "텅 빈 것은 어째서 그렇습니까?" "분별함이 없는 것이기 때문에 텅 비었소."

시비와 망상을 분별이라고 합니다. 분별은 바로 대립입니다. 분별이 없는 공이란 대립이 없는 것입니다. 여기서 유마의 방이 텅 비어 있는 것은 분별, 즉 망상, 시비가 끊어진 것을 상징하는 것입니다. 다시 물었습니다. "공이 분별할 수 있습니까?" "분별

역시 공이오." 분별은 인연에 의해 생기는 것입니다. 인연이 사라지면 바로 분별의 자리도 없습니다. 그래서 분별 역시 공이라고 한 것입니다.

문수는 "공은 어디서 찾아볼 수 있습니까?"라고 물었습니다. "62견해에서 찾아볼 수 있소." 62견해는 부처님께서 세상에 계실 때에, 외도의 잘못된 사상의 견해를 말합니다. 외도의 삿된 견해를 버리고 불교의 바른 견해만을 인정하는 것도 집착이 되는 것입니다. 망상 사견을 버리지 않고 물들지 않는 것이 공을 찾는 것입니다.

문수는 다시 "62견해는 어디서 찾아야 합니까?"라고 물었습니다. 유마는 "부처님들의 해탈하신 데서 구해야 하오"라고 말했습니다. "모든 부처님의 해탈은 어디서 찾아야 합니까?"라고 물으니, "마땅히 모든 중생의 마음의 움직임(心行) 가운데서 찾아야 하오"라고 답했습니다. 중생의 마음의 움직임은 망상이 되고 분별이 되어 부처님의 해탈과는 정반대입니다. 그러나 유마는 진정한 해탈은 현실의 세계를 떠나 찾아지는 것이 아니라 고뇌하는 현실의 마음 가운데서 찾아야 한다고 했습니다.

3. 병든 보살은 어떻게 살아가는가

문수는 다시 물었습니다. "보살은 어떻게 해야 병든 보살을 낫게 할 수 있을까요?" 유마가 이렇게 말합니다.

몸이 무상한 것임을 말하지만 몸을 싫어하게 해서는 안 되오.

인간의 몸은 무상無常합니다. 변하기 쉬운 것이라고 설하는 것은 좋지만 그 몸을 싫어하게 하는 말을 해서는 안 된다는 것입니다. 무상을 느끼는 것과 몸을 싫어하는 것은 완전히 별개의 문제인데, 쉽게 자신의 몸을 싫어하게 해서는 안 된다는 것입니다. 몸은 부모로부터 받은 것이지만 몸이 감싼 정신(마음)은 정신적 단련을 통해 빛나는 것입니다. 이 마음도 몸이 있어야 수련이 되는 것입니다.

제가 아는 불자님은 언제나 아침 4시에 일어나 냉수마찰을 하고, 이후 참선과 독경, 저녁에 다시 냉수로 씻고 손으로 자신을 마사지하며, 몸에게 "고맙다"고 말한다고 합니다. 더구나 낳아주신 부모님에게, 저 먼 부처님께도 감사하다고 한답니다. 더구나 몸을 닦으면서 악의惡意, 악령惡靈, 도깨비, 귀신들을 털어내어 신심身心이 청정하기를 발원하는 것이, 이제는 일상이 되었다고 들었습니다. 그래서인지 대인관계, 하는 일, 해야 하는 일이 순조롭게 이루어진다고 했습니다. 이처럼 몸을 귀하게 여기는 것이 바로 마음을 사랑하는 것이고 대비의 마음이 증장되는 것이라고 봅니다.

몸의 괴로움을 설하지, 열반을 즐기라고 설하지 마시오.

보살은, 인간이 사는 것은 괴로움이며, 몸에 괴로움이 있다고 설해도 좋지만, 속히 괴로움이 없는 편안한 세계로 들기를 원하라고 사람들에게 설해서는 안 된다고 합니다. 다시 말해서 사람들에게 몸이 괴롭다는 것은 설해도 좋지만 자신만 홀로 안락하기를 원하는 삶은 설할 필요가 없다는 것입니다.

몸은 무아라고 설해도 중생을 교화해야 함을 설하고, 몸은 공적하다고 설해도 반드시 적멸한다고 설해서는 안 되오.

인간의 몸은 나라고 할 것이 없다고 설한다고 해도, 사람을 교화해야 한다고 하며, 몸이 공하다는 것을 설하는 것은 좋지만, 이 세상 모두 공적해서 세상이라고 해야 할 만한 것은 그 어떤 것도 없다고 말해서는 안 된다는 것입니다.

이미 지은 죄를 뉘우치라고 말할지언정, 과거에 (지은 죄에) 들어 있게 해서는 안 되오.

예전에 지은 죄를 참회하라고 말하는 것은 좋지만, 과거로 거슬러 올라가 자신을 비판하게 하거나, 자신이 자신을 심판하게 하는 것은 해서는 안 된다는 것입니다. 자기 자신에게조차 이래야 하는데 타인에 대해서는 더할 나위가 없습니다.

자신의 병으로 다른 사람의 병을 동정해야 하며, 더구나 숙세의 무수겁의 괴로움을 알아야 하오.

자신의 병으로 다른 사람의 병을 알고 병든 몸을 안타까워해야 합니다. 또한 그것만이 아니라 과거 무수겁에 걸친 인간의 괴로움을 알게 하는 것입니다. 인간이 불행하게 된다든가, 병이 든다든가 하는 것은 과거로부터 어떤 원인으로 거듭되어 온 것이 아닐까를 조금은 생각해 보라는 것입니다.

마땅히 일체중생이 요익하기를 바라야 하오. 닦은 바의 복을 생각하고, 정명淨命을 생각하고, 근심 걱정(憂惱)이 일어나게 해서는 안 되오. 언제나 정진하여 바로 의왕이 되어 모든 병을 치료해야 하오. 보살은 이와 같이 병든 보살을 위로하고 기쁘게 해야 하오.

'모든 중생을 행복하게 하는 일을 생각하시오. 자신이 실천한 선근의 일을 잘 생각하고, 본래 청정한 정명正命을 생각하여 번뇌가 생기지 않도록 하시오. 언제나 정진하여 결국 의왕이 되어 많은 사람들의 병을 치료해야 하오. 보살은 이처럼 병든 보살을 낫게 하고 그 사람을 기뻐하도록 하시오'라고 합니다. 병든 보살을 위로하는 것은 이러한 방식이라야 한다는 것입니다.

문수는 묻습니다. "거사여, 병든 보살은 어떻게 그 마음을 편

하게 할 수 있겠습니까?"⁵³

유마는 병든 보살은 이렇게 생각해야 한다고 합니다.

지금 나의 병은 모두 전생의 망상·전도顚倒·번뇌 때문에 일어났기 때문에 실제로는 병이라고 할 것이 없소. 누가 병을 받았나 라고 하면, 지·수·화·풍의 사대四大, 네 가지의 요소가 합해져서 임시로 몸이 있는 것이고, 사대에는 주인공이라고 할 것이 없기 때문에 병든 나라는 것도 없는 것이오. 내가 있다, 내가 있다고 하는 생각에서 병이 되는 것이오. 나라는 것이 없다는 생각을 해야 하오.
병의 원인(근본)을 알면 내가 나라는 생각을 없애야 하오. 법(존재하는 것)이 일어나고 법이 멸한다고 생각하시오. 더구나 이 법이 일어날 때 내가 일어난다고 생각하지 말고, 멸할 때 내가 멸한다고 해서는 안 되오. 이처럼 생각하시오. '법이 생기고 법이 멸한다는 것도 있지 않은 것을 다만 그렇게 생각하는 것은 전도(잘못된 망상)의 하나이다. 전도도 커다란 근심이기 때문에 여의어야 한다. 거기에는 나도 없고 나의 것이라고 할 것도 없다'라고 생각하고 두 법을 여의어야 하오. 하나는 나와 나의 것이라는 것을 머리에 두지 말고, 완전히 차별이 없는(平等) 한 몸으로서 살아가는 것이오. 상대가 좋다, 밉다는 생각도 하지 않고 자신과 하나가 되어 움직여 살아가는 것이 대단히 중요한 것이오. 내가 살아가고 동시에 나도 타인도 없는 위대한 생명이 살아가는 세계, 그러한 삶을 살아가도록 하시오.

이처럼 나와 나의 것을 떠나 나와 타인을 구별 짓지 않고 살아간다면 병이라는 것은 모두 없어진다고 합니다. 그러나 다만 하나, 공병空病이라는 것이 남습니다. 그 공병도 또한 공이기 때문에 병은 다 나아버리는 것입니다. 그러한 것이 마음을 조화롭게 하는 방법이라고 하는 것입니다.

평등이라고 할 때에 우리는 열을 다섯과 다섯으로 나누었을 때 평등이라고 생각하지만, 그것은 평등이 아닙니다. 불교에서 말하는 평등은 형이 여섯 개 먹고 동생이 네 개를 먹어도 그것으로 서로 만족하여 불만을 갖지 않는 것이 평등입니다. 요컨대 받아들여야 할 때 모두 받아들이고 수긍하여 어떠한 것도 불만이 없도록 하는 것입니다. 거기에는 지혜가 있고 방편이 있습니다. 어디까지가 여섯 개이고, 어디까지가 네 개로 좋은가, 라고 생각하는 것이 지혜, 그리고 그것에 불만이 없도록 하는 것이 방편입니다. 그러한 방식으로 평등이라는 세계가 나타납니다. 나와 남을 구별하지 않고 하나의 위대한 생명으로 살아가는 세계가 나타난다는 것입니다.

자신이 병들었다고 생각하는 보살은 어떻게 살아가야 할까. '받아들이는(受) 바[54] 없이 모든 것을 받아들여야 한다.'[55] 수受는 아프거나, 기분이 좋거나, 슬프거나 하는 감각입니다. 수라는 말에는 두 가지 의미가 있습니다. 하나는 '신수身受'이고 또 하나는 '심수心受'입니다. 이것은 원시불교에서 잘 나오는 용어입니다.

부처님의 제자는, 보통 사람과 같이 아프거나 기쁘다는 감각을 가지고 있지만, 몸은 받아들여도 마음으로 받아들이지 않았습니다. 몸으로 태어난 인간이기 때문에 침으로 찌른다든가 두들겨 맞으면 아픕니다. 신수身受는 있는 것입니다. 그러나 그것을 마음으로 받아들여 '아아, 다행이다, 혹은 아아, 비참하다'라고 생각하지 않습니다. 아픈 것은 아픈 것이고 기쁜 것은 기쁜 것이라고 몸으로는 확실히 느끼고 있지만 그것을 마음에 두고 생각하지 않습니다. 구애됨이 없는 것입니다. 마음으로 집착하는 '심수心受'는 가지고 있지 않아 원망하거나 싫다거나 하는 생각에 집착하지 않고, 바로 순간적으로 깨끗이 그것을 벗어나 있는 것입니다.

병든 보살도 마찬가지로 보통의 사람과는 달리 집착하는 일이 없습니다. 집착하는 것은 없지만 역시 기쁜 생각, 미운 생각, 슬픈 생각은 있는 것입니다. 이것이 대승불교와 원시불교의 차이입니다. 원시불교에서는 몸으로는 느끼지만 마음으로는 받아들이지 않는다는 표현을 합니다. 그러나 대승불교 시대가 되면 (A.D. 1세기, 불멸 500년 후) 마음으로 받아들이지 않지만, 보통 사람들이 하는 것처럼 히스테리를 내거나 노여워하는 곳으로 한 번 더 돌아옵니다. 주변 사람들이 얼마나 하찮은 일로 괴로워하고 있는가는 겪어 보지 않으면 모릅니다. 하나하나 몸으로도 겪고 마음으로도 받아들이는 것이 대단히 중요한 것입니다. 대승불교 시대는 이러한 세계를 경험하는 것을 중요시합니다.

정말로 부처님의 법을 완성하기 위해서, 기쁘거나 슬픔이라는 감각이 없어져 버렸다고 해도 깨달았다고 하지 않습니다. 보살은 깨달음의 세계로 곧바로 들어갈 수 있지만 들지 않습니다. 들어가 버린다면 중생이 살아가는 양상을 알지 못하게 돼 버리기 때문입니다.

십 대의 사람과 사십 대의 사람은 인생을 경험하는 바가 다릅니다. 같은 것을 보고, 같은 것을 체험해도 받아들이는 방식이 다릅니다. 그것을 어딘가에서 채우지 않으면 젊은 사람의 기분을 알지 못하게 됩니다. 삼십 대 사람은 이십 대의 친구보다 사십 대의 친구를 선택한다고 합니다. 사십 대의 사람은 삼십 대의 사람보다 오십 대의 사람을 친구로 선택한다고 합니다. 확실히 오십 대·육십 대의 사람과 이야기해 보면 재미있습니다. 듣고 싶은 것도 많이 있습니다. 그러나 삼십 대 사람에게는 그렇게 매력을 못 느낍니다. 들어도 그렇게 대단한 대답을 얻을 수 없고, 새로운 것을 말해 주는 듯하지만 이미 알고 있는 것들입니다. 그렇지만 육십 대·칠십 대는 놀라울 만한 일을 말합니다. 많은 경험에서 얻어진, 자신만이 알고 있는 일이기 때문입니다. 역시 연령의 틈은 자신이 메꾸지 않으면 안 됩니다. 보살이 깨달을 수 있는데 깨닫지 않는 것에도 그럴 만한 이유가 있다고 생각합니다. 거기까지 깊게 파고 들어가지 않으면 안 됩니다. 대승불교는 이를 중요시합니다.

> 만약 몸이 괴로우면 악취惡趣(惡道)의 중생을 생각하고 대비심을 일으켜야 한다.

자신의 몸이 괴로우면 더욱 나쁜 세계, 지옥에 떨어져 괴로워하고 있는 사람들이 있음을 우선 생각하라고 합니다. 자신이 괴롭다고 생각하기 전에 더욱 괴로워하고 있는 사람이 있다고 하는 것, 그리고 그 사람들을 구해야 한다는 것을 생각해야 합니다. 이것이 병든 보살이 해야 할 일이라고 하는 것입니다.

> 다만 그 병을 제거해야 할 일이지, 법을 제거하지 말라.

자신의 병이 나으면 자신의 곁에 살아가는 사람의 병을 낫게 해야 합니다. 그러나 병을 막 치료한 사람이 죽어 버렸다면 어쩔 수 없습니다. 소의 뿔을 바로 잡으려고 소를 죽여서는 안 됩니다. 뿔은 잘라도 소는 살아야 합니다. 인간의 약한 곳, 견딜 수 없는 곳은 제거해야 하지만 서툴게 제거하게 되면 인간은 죽어 버립니다. 상황을 잘 판단해서 행동하라는 것입니다. 이것이 '법을 제거하지 말라'라는 뜻입니다.

그렇다면 병의 근원을 단절하는 데는 어떻게 하면 좋을까. 병의 근원은 반연攀緣이[56] 있기 때문이라고 합니다. 반연이란 오로

지 '그것'만을 생각하고 거기서 벗어날 수 없는 상태를 뜻합니다. 즉 인간의 미혹을 말합니다. 자신의 아이가 귀여워 눈에 넣어도 아프지 않고, 좋은 사람의 얼굴을 매일 보고 싶은 것도 반연, 맛있는 것을 먹고 싶다고 그것을 생각하는 것도 반연, 기억하여 그것만을 생각하는 것입니다. 반연은 단절해야 하는 것입니다.

인간은 어떤 시기에는, 고집 센 사람이 싫게 된다든가, 자신이 비참해졌다든가, 친구를 원수처럼 생각하는 일이 있게 됩니다. 자신은 바르고 상대가 나쁘다고 생각합니다. 그럴 때, '아아, 이것이 반연이구나'라고 생각해야 합니다. 그렇지만 좀처럼 그렇게 생각하지 않습니다. 그러나 잘 생각하면 인간에게는 다양한 삶의 모습이 있습니다. 자신의 마음에 들지 않는다고 해서 상대가 나쁘다고 일방적으로 생각하는 것은 편견이고 제멋대로의 생각입니다. 그런 것은 통용되지 않으며, 상대의 좋은 점도 인정하고 그것을 자신과 다른 점이라고 생각해야 합니다. 이것이 반연을 없애는 방법입니다.

반연이 사라지면 무소득이 됩니다. 무소득이라는 것은 두 견해(二見)를 떠나는 것입니다. 두 견해란 내견과 외견을 말합니다. 내견은 이쪽, 외견은 저쪽의 측면입니다. "나는 나", "저쪽은 저쪽"이라는 생각을 버리는 것을 무소득이라고 합니다. "내가 그대이고", "그대가 나"라고 하는 쪽으로 가야 합니다. 상대가 나이기 때문에 상대가 나를 미워한다고 생각하는 것은 바로 내 자신이 됩니다. 미워하는 사람은 대체로 자신과 닮고 아주 비슷합니다.

미워하는 사람은 그것이 자신의 얼굴이기 때문에 미워합니다.

이러할 때, "내견과 외견을 여의는 것, 이것이 무소득"이라는 말을 반드시 생각하는 것이 좋습니다. 밉다는 생각이 들면 그것을 나의 모습의 하나라고 여기고 잘 생각해 보는 것입니다. 잘 보면 또한 애틋한 점도 있습니다. 좋은 점도 있다는 생각이 들게 됩니다. 그렇게 되면 상대와 자신은 종이 한 장 차이라는 것을 알게 됩니다.

중국의 승조(僧肇, 384~414?)는 『유마경』을 번역한 구마라집의 제자로서 노장老莊학으로 인도불교의 사상을 중국화한 최초의 인물입니다. 중국의 선은 승조의 영향을 크게 받습니다. 그는 처음에 노장학이 심요心要라고 주장했으나 『유마경』을 읽고 나서 불교에 귀의했습니다. 그는 「열반무명론」에서 "도는 깨달음이고 깨달음은 바로 참됨이다. 참되다는 것은 유·무를 같게 보는 것이다. 같게 보면 바로 그와 내가 둘이 아니고, 따라서 천지와 내가 같은 뿌리이다. 만물과 나는 한몸이다"라고 했습니다. 말하자면 '천지와 나는 동근, 만물과 나는 한몸'이라는 것입니다.

두 견해는 이쪽, 저쪽을 나누는 견해입니다. 이렇게 상대적 분별에 의해 병이 생기는 것입니다. 동근이라고 생각할 때, 말하자면 본래 공이라고 인식할 때 마음에서 일어나는 모든 반연은 사라지고 '더불어' 살아가는 길이 보이는 것입니다. 이것이 바로 대비심입니다.

부사의품 제6

1. "그대, 법 때문에 오셨소?"

문수를 따라온 구경꾼들 가운데 사리불이 있었습니다. 부처님의 십대제자 중 '지혜제일'인 사리불이 방을 둘러보니 방은 텅 비어 있고, 앉을 만한 의자도 아예 없습니다. 이렇게 수많은 사람이 왔는데 서서 이야기를 들어야 한단 말인가, 라는 생각이 들었습니다. 그것을 유마거사는 바로 알아차리고 사리불에게 말했습니다.

　　인자여, 법 때문에 왔는가, 상좌床座를 구하는가.

　그대는 법을 들으러 왔는가, 상좌(의자)를 구하는가, 어느 쪽인가? 라고 물은 것입니다. 아픈 데를 콕 찔러, 사리불은 당황해하며 큰 소리로, "저는 법을 위해 왔지, 상좌 때문은 아니오"라고 소리쳤습니다. 유마에게 역수를 둔 것입니다.

그렇지요. 사리불이여, 법을 구하는 자는 목숨을 탐하지 않는데 어찌 하물며 상좌를 말하겠소.

사리불이여, 법을 구하는 자는 목숨조차도 버리는 것이다. 목숨조차 생각하지 않은데 어째서 그대는 의자 같은 것을 생각하는 것인가. 형태가 있는 것이라든가, 기쁘다든가, 슬프다든가, 이런 것은 모두 잊고 법을 구하는 것, 그것이 법을 구하는 자의 자세가 아닌가, 라고 유마는 반문하는 것입니다.

사리불이여, 법을 구하는 자는 부처에 집착하여 구하지 않고, 법에 집착하여 구하지 않고, 대중(승가)에 집착하여 구하지 않으며,[57] 법을 구하는 자는 괴로움을 보고 구함이 없고…

진리를 구하는 사람은 우선 부처에게 집착하는 것조차 하지 않으며, 자신의 스승에게 집착하는 것조차도 깨달음에 장애가 된다는 것입니다.

조금 다른 이야기입니다만, 아난은 평생 부처님을 시봉한 시자였습니다. 아난은 부처님의 등에서 땀이 흐르고 몸이 점점 쇠약해지는 것을 한탄했다고 합니다. 부처님 곁에 오랫동안 있었으니 부처님이 병이 드시니 당연히 근심이 생겼겠지요. 제자로서 스승의 병을 염려하는 것은 당연한 것으로, 아난은 이에 대한 집착이 더욱 강해졌습니다. 부처님에 대한 집착은 법을 구하는 데 방해를 하고, 결국 아난은 부처님이 입멸하기까지 다른 제자들처럼 깨달아 아라한과를 얻지 못했습니다. 그리고 부처님을 모시는 일을 중요시하였기 때문에 서둘러 깨달아야겠다는 생각도 없었습니다.

부처님이 열반에 드시고, 부처님의 말씀을 기록하려고 하는 회의(結集)가 행해졌습니다. 제자들 중 부처님 곁에 언제나 있었고 또한 말씀을 가장 많이 들은 것은 아난이었습니다. 때문에 아난을 결집에 참가시키지 않으면 안 되었습니다. 그러나 아난은 아직 깨닫지 못했습니다. 결집은 깨달음을 얻은 오백여 명의 아라한들의 모임이었습니다. 장로 대가섭은 깨닫지 못한 아난을 그 속에 넣을 수 없다고 말했습니다. 그러고 나서 대가섭은 아난의 처소에 가서 아난을 자극했습니다. "너는 오랫동안 부처님 곁에 있으면서 깨치지도 못했나! 어쩌면 그토록 못났나!"라고. 여기에 아난이 분발하여 '무엇인가 해보자! 무엇인가 해보자!'라고 결심하고 7일간 정진하다가, 어느 날 밤에 머리를 베개에 대자마자 깨달음이 열렸다는 것입니다. 대가섭의 종용이 없었다면 아난의 깨달음은 열리지 않았을 것입니다. 부처님의 곁에 있으면서 아난은 자신을 제멋대로 내려둔 것입니다. 선종에서는 제자가 스승을 넘어서지 않으면 스승이 노여워합니다. 스승보다 뛰어나야 비로소 은혜를 갚았다고 합니다. 아난이 부처님만 믿고 자신의 정신세계를 삼매정진으로 다듬지 않았다면 부처님의 음성(법문)을 제대로 기억하지 못했을 것입니다. 깨달음에 의해 법문을 하나도 놓치지 않고 되새길 수 있었던 것입니다. 마음의 깨달음이 그대로 부처님의 세계와 통할 수 있는 길을 만든 것이지요.

중衆에 집착하여 구하지 마시오.

여기서 중(승가)은 교단을 뜻합니다. 교단, 종파라고 하는 것에 구애되지 말라는 것입니다. 불교의 승려도 기독교의 신부·목사도 종파 근성이 있습니다. 타종교나 타종파라고 하면 아예 이야기를 듣거나 대화를 하려고 하지 않습니다. "그대는 무슨 종파인가요?"라고 묻고 다른 종파라고 하면 바로 얼굴을 찌푸리고, 안색을 바꿔버립니다. 필자 역시 승가에 집착이 강해서 타종교, 타종파라면 어색해질 때가 있었습니다. 워낙 외도들이 자행하는 무정합적이고 비이성적인 형태가 이미지화되어 버려, 아예 타종교라면 수긍하지 않았던 것입니다. 그러나 이견二見에 떨어지는 것이 불도의 길이 아님이 강하게 각인되면서, 지금은 그대로 수긍하고, 경청도 하고, 때로는 어려운 선교宣敎의 행에 감탄과 찬사까지 하게 됩니다.

괴로움을 보고 구하지 마시오.

이것은 자신을 괴롭히는 것에 집착하지 말라는 것입니다. 인간은 자신에게 괴로운 일이나 싫어하는 일이 닥치면, 혹은 자신의 마음속에서 자신이 싫어하는 것이 솟구치게 되면 거기에 온 마음이 이끌립니다. 나는 남이 싫어하는 일을 했다든가, 나는 이렇게 죄가 깊은 인간이라든가 하는 생각에 끌려 자신을 그 속에 몰아붙여 잘못된 허망한 망상에 빠져 버리게 됩니다. 그러나 과거는 과거이고 지금은 지금입니다. 이미 지나온 시점에서, 다시 과거로 되돌아가는 것은 죄의 올가미에 자신을 가두어 버리는 것이 됩니다. 그런 것은 굳이 입으로 말하지 않는 쪽이 낫다고 생각합니다. 죄라는 것을 느끼고 있다면 가슴속 가장 깊은 곳에 넣어 두는 것이 좋습니다. 사람을 볼 때마다 '나는 죄가 많은 인간입니다'라고 하는 듯한 느낌을 주지 않는 쪽이 좋다고 생각합니다.

어떤 목사님이 "기독교의 어디가 가장 나쁘다고 생각합니까?"라고 물어, "죄입니다. '죄다, 죄다!'라고 하는데 이것이 도리어 죄로 만드는 것이 아닐까요?"라고 답했더니, 주변이 크게 웃었습니다. "불교에서는 그것을 무엇이라고 합니까?"라고 물어, "불교에서는 병이라고 합니다. 병은 낫습니다. 그쪽에서의 죄는 낫지 않는 것입니다. 신이 낫게 해야 낫는다고 하더군요"라고 말하니, 목사님이 머쓱해했던 것이 생각납니다. 죄는 인간이 살아가는 한 항상 따라다니는 것 같아서, 필자는 종교가 기독교가 아니어서 다행이라고 생각합니다. 일찍이 절에 들어왔으니—기독교를 모르고 왔으니— 그것이 도움이 되었다고 생각합니다. 스스로 자신의 일이 한심하고 비참하다든가, 자신 속에 깊은 죄가 있다고 생각하기도 합니다. 하지만 언제나 미안해하며, 원망하지 않고, 잘못을 따지지 않고, 내 탓으로 돌립니다. 그러나 그것을 사람들에게 드러낼 마음은 없습니다. 나름대로 교의敎義에 비추어 지속적으로 공부하면 언젠가 부처님같이 되겠지, 라는 마음이 항상 자리하고 있습니다. 금생에 못다 하면 다음 생에도 정근精勤하지, 라는 생각으로 마음을 쉬고 삽니다. 이러한 세계가 '괴로움에 집착하지 않고 구한다'는 것이라고 생각합니다.

> 만약 법을 행한다고 여긴다면 이것이 바로 행처行處가 되니 법을 구하는 것이 아니오.[58]

라고 유마는 말합니다. 바꾸어 말하면 '만약 법을 행한다고 하면 이미 행하는 특정한 장소가 존재하는 것이 되어 버리니 진정 법을 구하는 것이 아니다'라는 것입니다. 예로 참선자는 '좌선'이라는 행을 합니다만 그것에 고집하면 '행하는 특정한 장소가 존재한다'고 하는 것이 되고, 넓은 의미에서 법을 구한다고 하는 자유로운 활동이 될 수 없다는 것입니다. 선승에는 두 종류가 있는데, '선을 해 보지 않은 자가 선을 알 수 있을까?', '당신은 몇 년간 앉았는가?'라고 하고, '나는 총림에서 10년간 앉았다'라고 호언하는 타입의 납자(衲子, 참선자)가 있는가 하면, 오랜 기간 좌선을 해 왔지만 한마디도 그것을 말하지 않는 타입의 남자가 있습니다. 필자는 후자의 타입이 진실하다고 생각합니다. 자신의 행처에 집착하게 되면, 모처럼 20년이나 좌선을 한 수행이 모두 물거품처럼 되어 버린다고 생각합니다. 삼매에 들면 삼매에 들었는지 자신이 모를 때 진정한 삼매수행을 하는 것이라고 봅니다.

공안 중에 '파자소암(婆子燒庵, 노파가 암자를 태우다)'이라는 공안이 있습니다.[59]

20년간 암주(庵主)에게 공양을 올린 노파가, 어느 때 공양을 나르는 젊은 소녀에게 공양이 끝나면 암주를 꼭 껴안도록 시켰습니다. 소녀는 노파가 시킨 대로, "바로 이러할 때 어떻습니까?"라고 물으니, 암주는 "고목이 차디찬 바위에 기대니, 겨울인데 따뜻한 기운이 없구나"라고 답했습니다. 소녀가 노파에게 이 일을 말하니 노파는 "내가 20년이나 넘게 이런 속물에게 공양을 올렸단 말인가!"라고 말하고, 암주를 당장 내쫓고 암자를 불태웠다고 합니다.

이 공안은 유마의 말 그대로가 나타나 있다고 생각합니다. 유마가 '법을 구하겠다고 하면 이미 법을 구하는 것이 아니라'고 하는 것처럼, 암주는 진정한 불도를 수행하는 것이 아니라 다만 자신의 욕구를 억제하고 있음을 '고목한암(枯木寒巖)'에 비유하여 말한 것입니다. 진실의 수행은 단지 욕구의 억제가 아니라 본래의 자기면목을 밝혀야 하는 것인데 이와는 한참 동떨어진 것입니다. 이를 안 노파는 그의 거처를 불태워 '깨어나라!'고 죽비를 내려친 것입니다.

『유마경』으로 돌아가면, 다시 또 하나의 드라마가 전개됩니다. 유마가 신통력으로 수미상국(須彌相國)에서 의자를 가져옵니다. 대단히 크고 높은 의자가 죽 들어섭니다. 그러자 보살들은 그곳에 사뿐히 앉았습니다. 그렇지만 신발의(新發意, 신참) 보살과 부처님의 제자들은 의자가 높아 아무리 해도 앉을 수가 없습니다. 유마는 사리불에게 "속히 앉으시오"라고 재촉합니다. 의자를 요구한 것은 사리불이었기 때문입니다. 그렇지만 사리불은 앉을 수 없었습니다. 의자가 너무나 높은 것입니다.

"거사여, 이 의자는 너무 높고 넓어 저는 오를 수가 없습니다"라고 사리불이 말했습니다. 유마가 "사리불이여, 그대가 앉으려고 한다면 수미등왕여래(須彌燈王如來)에게 예배하면 앉게 될 것이오"라고 했습니다. 수미등왕여래는 의자가 온 나라의 부처님입니다. 사리불이 예배를 올리니 순간 모두가 사자좌 위에 앉게 되었습니다. 보통은 자신이 앉을 수 없을 것 같은 의자에 앉게 된 것입니다. 본래는 그러한 지위에 앉을 수 없는데 그 지위에 앉게 된 것입니다.

예로, 아직 젊은데 떠밀려서 사장이 되는 경우가 있습니다. 사람들은 아직 젊은 주제에 건방지다고 생각합니다. 사장이라는 앉기 어려운 자리에 유유히 앉을 수 있는 것은 무엇 때문일까요? 이는 수미등왕여래의 대단한 힘이 자신에게로 작용했기 때문입니다. 결국 자신이 앉아야 할 장소에 앉을 수 있게 한 인연을 만들어준 분에게 예배를 했기 때문입니다. 사리불이 그런 위대한 힘에 대해 겸허히 머리를 숙이는 것, 그것은 바로 저 멀리에 있는 수미상왕여래에게 예배한 것이 됩니다. 인간이 자신의 능력 이상의 일을 이룰 수 있는 것은 밖에서의 힘이 보태진 경우입니다. 말하자면 '가피력加被力'을 얻은 것입니다. 그러나 보통 사람들은 자신에게 본래 힘이 있어서 그렇게 되었다고 자만하고 맙니다.

인생에는 때때로 발돋움하지 않으면 안 되는 경우가 있습니다. 그때에 그러한 입장에 처하게 해 주신 부처님의 대처에 대해 겸허히 머리를 숙이는 마음이 있으면 순순히 스-윽 그곳으로 갈 수 있습니다.

필자는 불교 이야기를 할 때, 간혹 부처님이 이야기를 시켜 주신다고 느껴질 때가 있습니다. 어떨 때는 말해 놓고도 '내가 어떻게 감히 그렇게 얘기할 수 있었지?' 놀라워합니다. 나이 드신 분이 앞에 앉아 계시고, 인생의 경험이 깊은 분도 계십니다. 박학다식한 지식인들도 계십니다. 그런 분들 앞에서 자신만만하게 가르침을 이야기할 수 있다는 것은, 뒤에 부처님이 계시지 않고서는 그렇게 할 수 없음을 확연히 느낄 수 있습니다. 그렇지 않고서는 세간에서 일어나는 일, 부부, 친구 사이에 서로 갈등하거나 다투게 되는 문제, 노후의 여러 가지 근심과 걱정, 병고 등, 그들의 심정을 위로해 주는 이야기를 해야 하는 입장에서, 출가자의 단순한 살림살이, 또한 불교학자로서의 지식만으로는 말할 수 없기 때문입니다. 법문시간 때마다, 정리된 내용이나 학문적인 내용만으로는 전달이 잘 안 될 것 같을 때, 부처님께서 조언을 해 주시겠지, 라고 생각하고 마음으로 예배를 드리고 이야기를 시작합니다. 이야기를 하다 보면 필자가 생각한 것 이상의 이야기가 자신도 모르게 저절로 술술 나오는 것을 느낍니다. 부처님께서 분명히 등 뒤에 계심을 느끼게 됩니다.

중국 당唐대 황벽 희운(黃檗希運, ?~850) 선사는 임제 의현 스님(중국 임제종의 종조)의 스승인데, 신장이 7척이며 이마에 불룩 솟은 것이 육주肉珠 같았다고 합니다. 언제나 땅에 이마를 대고 부처님께 예배하여 혹이 나왔다고 하여 사람들은 그것을 '예배류禮拜瘤'라고 했습니다. 하루는 예불을 하고 있는 황벽을 보고 대중이 물었습니다. "부처님께 집착하여 구하지 말고, 법에도 집착하여 구하지 말고, 승가에도 집착하여 구하지 말아야 하는 법인데, 예불을 해서 무엇 하게요?" 황벽은 "부처, 법, 승가에게 집착하여 구하지 않으면서 항상 이렇게 예배를 한다"라고 했습니다. "예배를 해서 무엇 하게요?"라고 재차 묻자, 선사는 바로 한 대 때렸습니다. 대중은 "몹시 거칠군요"라고 했습니다. 황벽은 "여기에 무슨 거칠고 온순함이 있는가"라고 말하며 다시 때렸습니다. 이러한 이야기를 바탕으로 설두 중현(雪竇重顯, 980~1052)은 황벽이 선종을 세 번이나 직접 할퀴었다고 하고 '이렇게 할퀼 수 있는 자, 또 있을까?'라며 황벽을 찬미했습니다.[60]

대중은 '참선하시는 분이 무엇을 구합니까?'라고 물은 것입니다. 황벽의 예배는 구하기 위한 예배가 아니었습니다. 구하는 예배라면 '기도'가 됩니다. 그러나 황벽은 구하지 않으면서 '다만 예배를 할 뿐'이라는 것입니다. 구함이 없는 단순한 예배에 '거칠고 온순함이 있는가'라고 되물어, 재차 때리며 대중의 망상을 한 번에 날려 버린 것입니다. 황벽은 공경하고 겸허한 마음으로 부처님을 신봉하며 예배를 올린 것이지요. 다만 그것뿐입니다.

2. 불가사의해탈의 법문

사리불은 작은 유마의 방에 넓고 높은 의자가 무수히 들어온 것에 경탄했습니다. 사리불에게 유마가 설명합니다.[61]

> 사리불이여, 제불보살에게는 '불가사의'라는 이름의 해탈이 있소. 만약 보살이 이 해탈에 머물면, 수미산처럼 높고 넓은 것을 겨자씨[62] 속으로 들어가게 해도, 그것으로 인해 어떠한 증감도 일어나지 않소. 수미산의 모습은 본래대로이고 사천왕이나 삼십삼천 등의 신들은 자신들이 어디에 들어가 있는지를 느끼지 못하고 알지 못하오. 다만 부처님의 법도에 따른 자들만이 수미산이 겨자씨 속에 들어간 것[63]을 보는 것이오. 이것을 '불가사의해탈의 법문에 머물다'라고 이름하오.

해탈이라는 것은 자신을 속박하고 있는 것에서 해방되는 것으로 '자유'라고 하는 것입니다. 자유라는 것은 본래 어떤 것으로부터 풀려난 것을 말합니다. 그러나 무언가로부터 자유라고 하는 것에는 아직 자신을 속박하는 것이 들러붙어 있습니다.

예를 들면, 담배를 그만두지 않은 사람이 결국 그만두게 되었다면, 이것을 담배에서 해탈했다고 합니다. 그러나 아직은 그것을 그만두었다, 그만두었다는 기분은 남아 있습니다. 그래서 참된 해탈이라고는 말할 수 없습니다. 담배를 입언저리에 가까이 해도 아무렇지도 않을 정도가 되어야 해탈이라고 말할 수 있습니다. 앞에서 말한 공안 '파자소암'의 이야기 속에 수행승이 소녀에게 자신을 '고목', '겨울' 등에 비유한 것은 아직 공부가 덜 되어 있음을 보인 것입니다. 다시 말해서 완전한 해탈의 경지에 이르지 못했다고 할 수 있습니다.

그래서 어떤 것도 들러붙지 않은 자유라는 경지까지 이르렀을 때, '불가사의해탈'이라고 하는 것이 됩니다. 들러붙는 어떤 것도 없는 상태입니다. 그렇게 되면 '수미산이 겨자씨 속에 들어가도 조금도 증감이 없이 매끈히 들어간다. 수미산 위에 있는 사천왕이나 천인들은 자신이 겨자씨 속에 들어간 것도 알지 못한다'고 합니다.

오직 부처님의 법도에 부합한 자, 이는 대립의 세계를 넘어선 자이며, 내가 세계를 보고 있다든가, 세계와 나는 별개라든가, 그러한 구별을 내려놓은 사람입니다. 그러니 겨자씨가 작고 수미산이 크다는 생각을 하지 않습니다. 크고 작은 것은 비교에서 생기는 것입니다. 한 알의 쌀 가운데 몇백 글자를 쓴 사람도 있습니다. 비교하는 세계가 없어지면 불가사의한 일을 할 수 있다는 것입니다. 그러한 대립에서 벗어난 사람은 어떤 일을 할 수 있을까요.

혹은 오랫동안 세상에 살고 싶다고 원하는 중생을 구해야 하는 경우에는, 보살은 7일간을 늘려 1겁으로 하고, 저 중생으로 하여금 이것을 1겁이라고 생각하게 합니다. 혹은 오랫동안 세상에 머무는 것을 바라지 않은 중생을 구할 경우에는, 보살은 1겁을 줄여 7일로 해서 중생이 이를 7일만으로 생각하게 합니다.

7일을 늘려 1겁—劫으로 변하게 한다, 대단히 오랜 시간으로 변하는 것이지요. 오랜 시간이라고 생각하게 하여 그것으로 사람을 구하는 것입니다. 7일간이 영원으로 통하는 것입니다.

필자가 정각원장(동국대 법당)을 맡고 있을 때의 일화입니다. 일주일에 한 번은 오후에 법회를 열어 인근의 주민까지 자유롭게 법당에 들어와 예불과 법문을 듣는 날로 정했습니다.

어느 날은 필자가 법문을 하는 날이 되어 '찰나가 영원, 영원이 찰나'[64]라는 주제로 이야기했습니다. 법회에는 직업이 다양한 분들이 참석합니다. 법문이 끝난 후 60세 정도 된 유치원 원장이라는 분이 직접 말씀드릴 게 있다고 해서 원장실로 함께 들어갔습니다. 이런저런 이야기를 하는 중 그녀는 눈물이 글썽거렸습니다.

"오늘 스님께서 말씀하신 '영원히 이어지는 것'에 대해 비로소 알 수 있었습니다"라고 말하고, 자신의 살아온 이야기를 했습니다. 25세 때 남편이 돌아가고, 사람들은 재혼을 권유했지만 그런 생각은 별로 없었고, 또한 쓸쓸하지도 않았다는 것입니다. 그 이유를 자신이 잘 몰랐는데 필자의 이야기를 듣고 한순간 알 것 같은 생각이 들었다는 것입니다. 22세에 결혼하고 25세에 사별할 때까지 4년간, 남편은 회사에서 돌아오면 하루의 일을 전부 이야기했다는 것입니다. 짧게 이야기를 해도 그녀의 가슴속이 따뜻해져 가는 듯함을 느꼈답니다. 그렇게 4년간 계속되고 그러고 나서 돌아갔다는 것입니다. 이 4년간의 남편의 이야기가 35년간 그녀를 지탱해 준 것입니다. 거기서 정신이 번쩍 들었다는 것입니다.

남편의 이야기가 대단하다는 것이 아닙니다. 남편의 이야기가 계속 이어져 '영원'이 된 것이 대단한 것입니다. 그것을 그녀는 35년간 잘 몰랐지요. 그렇지만 '영원히 이어진다'는 법문을 들은 순간, 비로소 가슴속으로 쿵~ 하고 들어간 것입니다. 애정이라는 것은 말로 표현되지는 않지만, 설명을 해야 드러나는 것이라고 생각합니다. 납득할 만한 설명이 있어야 합니다. 그 여성은 필자가 그 말을 꺼내기까지는 알지 못하다가, 듣고 나서 비로소 4년간의 시간이 36년간의 긴 시간이 되었음을 알게 되었고, 돌아간 남편의 존재 역시 영원함을 알게 된 것입니다.

『벽암록』 19칙에 '구지지두선俱胝指頭禪'이라는 공안이 있습니다. 구지 화상은 『관음경』을 읽으며 삼매수행을 했습니다. 어느 날 실제實際라는 비구니가 암자에 와서 삿갓도 벗지 않고 석장을 쥔 채로 구지가 앉아 좌선하고 있는 주변을 세 번 돌고, "스님께서 한마디로 선을 보여준다면 저는 삿갓을 벗겠습니다"라고 말했습니다. 세 번이나 같은 질문을 했는데 구지 화상은 단 한마디도 못했습니다. 실제는 바로 암자를 나가려고 하는데 화상은 "해도 저물었는데 오늘 밤은 여기서 묵으시지요"라고 말하니, "무엇인가 말씀이 있으시다면 묵겠지만…"이라고 했습니다. 화상은 역시 단 한마디도 할 수 없었습니다. 결국 비구니는 돌아가 버렸습니다. 거기서 화상은 눈이 뜨여 분발심이 일어났고, 다시 행각行脚에 나서기로 했습니다. 그때 호법신이 나타나 "잠시 기다리시오. 머지않아 육신 대보살이 이곳으로 오니, 그분에게 법요를 들으시오"라고 했습니다. 천룡天龍 화상이 온 것입니다. 천룡은 중국 선을 형성한 마조 도일 선사의 손제자입니다. 구지는 천룡에게 자신이 비참하게 당한 일을 말하고 불법의 대의를 물었습니다. 그러나 천룡 화상은 다만 손가락 하나를 세워 보였습니다. 구지는 활연대오했습니다. 그때부터 누구든지 불법을 물으면 구지는 손가락 하나를 내세워 보일 뿐이었습니다.

본칙의 "구지 화상은 어떠한 질문에도 손가락 하나를 치켜세울 뿐이다"라는 말은 구지 화상이 한평생 사람들을 지도하는 방법으로 손가락 선(지두선指頭禪)을 사용하였음을 뜻합니다. 구지 화상은 임종을 맞이할 때, "나는 천룡 화상에게서 얻은 손가락 선을 한평생 써먹었어도 아직 다하지 않았다"라고 말하고, 다시 손가락 하나를 세우고 숨을 거두었다고 합니다.

『무문관』3칙에는 구지 화상이 어린 동자에게도 손가락 하나로 깨닫게 했다는 이야기가 나옵니다. 화상이 데리고 있던 동자에게 사람들이 '화상께서 늘 어떤 선을 설하시는가'를 물으니 동자는 자신만만하게 손가락 하나를 세워 보였습니다. 절에 돌아온 화상은 이 말을 듣고, 가지고 있던 작은 칼로 동자의 손가락을 잘랐고 비명을 지르고 도망을 가는 동자를 화상이 불렀습니다. 동자가 뒤를 돌아본 순간 화상이 손가락을 세웠습니다. 그것을 본 순간 동자는 크게 깨달았다고 합니다.[65]

천룡으로부터 깨달은 구지 화상의 지두선은 후세 수행자들에게 공안이 되었습니다. 찰나에 본 손가락은, 참선으로 정신수행하는 수행자들을 지탱해 주는 석장이 되고 삿갓이 된 것이지요.

부처님의 제자 목련존자는 부처님의 법문을 듣고 크게 감흥했습니다. 그런데 그 법문하시는 부처님의 목소리가 목련존자가 어디를 가나 들렸습니다. 그래서 존자는 신통을 발휘해서 법문의 소리가 어디까지 들릴까, 라고 생각하고 우주의 삼천대천세계를 돌아다녀 봅니다. 어디서나 들렸습니다. 존자는 "부처님의 법문하시는 소리는 어디에서나 들리는구나"라고 하면서 정사精舍로 돌아왔습니다. 불음佛音은 목련존자의 마음에 새겨져 그것은 영원했던 것입니다.

다시 돌아가 이야기해 본다면, 부처님이 여러 가지로 고심하여 설명하신 것은 그러한 의미라고 생각합니다. 모두 영원으로 이어진 문제를 들어 말씀하셨습니다. 이 여성의 경우에는 4년간이 35년간으로 된 것입니다. 짧은 시간이 아주 긴 시간으로 바뀌는 일이 인생에는 있는 것입니다. 그러한 일이 가능해진 것을 불가사의해탈이라고 말합니다. 반대로 또한

일겁一劫을 줄여 7일로 하고, 저들 중생이 이것을 7일이라고 생각하게 한다.[66]

라고 합니다. 긴 시간을 아주 짧은 시간이라고 여기게 하는 것도 필요하다고 합니다. 대단히 기분 좋은 날이 계속되면 일주일이 지나도 며칠밖에 지나지 않았다고 생각하는 수가 있지요. 언제나 그런 상태에 들었다고 하면 그것이 불가사의해탈이라는 것이 됩니다.

또한 시방세계十方世界의 모든 바람을 보살은 각각 입속으로 흡착吸着하지만 몸을 손상하는 일이 없고, 밖의 모든 수목樹木도 또한 꺾이는 일이 없다.

시방세계의 모든 바람을 자신의 입속으로 흡입해 봅시다. 그렇게 해도 조금도 느낌이 없습니다. 어느 시인은 바람을 시간이 지나가는 발소리라고 했습니다. 바람이 불어오는 것은 애정이

저쪽에서 이쪽으로 굴러온다고도 합니다. 바람을 전부 입속으로 넣는다고 하는 것은 긴 시간을 전부 입속으로 넣어버린다는 것이 되고, 애정조차 전부 자신의 몸속으로 넣어버린다는 것도 됩니다.

  사람은 자신을 중요하게 여깁니다. 그러한 것들을 모두 자신의 몸속으로 넣게 되면 넣어버린 사람의 전 운명을 짊어지는 것이 됩니다. 사는 것, 죽는 것, 괴로워하는 것, 슬퍼하는 것 등, 모두 자신이 짊어지는 것입니다. 이것은 대단한 일입니다. 사람에게 애정을 가진다는 것은 모두 받아들인다는 것입니다. 싫은 일이 있어도 전부 받아들이고, 괴로워하는 일이 있어도 모두 받아들입니다. 그렇게 해도 어떤 느낌조차 없는 세계, 그것이 불가사의해탈이라는 세계입니다.

> 또한 시방의 세계가 마지막 불에 타버렸을 때, 모든 불을 뱃속에 넣어도 불은 본래와 같고 더구나 해害를 입지 않는다.

  시방세계는 겁劫이 다해 불타는 것이 아니라 이미 타고 있습니다. 증오, 원한, 탐욕, 우치, 싸움의 불로 타고 있는 것입니다. 예를 들어, 자신은 상대에게 최선을 다했는데 상대방이 등을 돌렸다고 투덜대는 것은 어리석은 일입니다. 이는 인간이 영원한 존재임을 느끼지 못한 무지에서 비롯된 것입니다. 이런 사람은 참 많습니다. 달리 보면, 등을 돌린 쪽을 감사해야 할 일이 인생에는 있다고 봅니다. 그로 인해 인간의 참모습이나 인생, 자신의 나아가야 할 길을 보게 되었다면, 등 돌린 쪽에 감사해야 하지 않을까요? 그때 정말, '자신은 대단한 힘에 의해 살아가고 있구나'라는 생각이 든다면, 등을 돌린 쪽이 도리어 자신을 살린 것이 됩니다. 이것이 '불을 뱃속에 넣어도 해를 입지 않는다'는 의미가 됩니다. 그러나 좀처럼 그렇게 되지 않습니다. 역시 화가 치밉니다. 그래서 부글거리는 그것을 뱃속으로 모두 집어넣어 태우지 못했다고 하는 것입니다.

> 또한 불가사의해탈에 머문 보살은 신통력으로 부처의 몸을 나타내고, 혹은 홀로 깨달은 수행자(辟支佛)의 몸을 나타내고, 가르침을 듣는 수행승(聲聞)의 몸을 나타내고, 혹은 제석천의 몸을 나타내고, 혹은 범천왕의 몸을 나타내고, 혹은 세계를 주재하는 신의 몸을 나타내고, 혹은 전륜성왕의 몸을 나타낸다. 또는 시방세계의 모든 소리, 상·중·하의 소리를 모두 부처의 소리로 바꾸어 무상·고·공·무아의 소리를 연출하고, 그리고 시방의 모든 부처님이 설하신 여러 가지 법을 모두 그 안에서 널리 듣도록 한다.[67]

『관음경』에 관음보살은 소리를 본다(觀)고 합니다. 사람의 소리를 듣고 그 사람의 생명의 모습을 보는 것입니다. 『반야심경』에도 '관자재보살'이라는 명칭이 나옵니다. 여기서는 보살이 '오온이 모두 공함을 보는 것'으로 나타나 있습니다. 또한 『천수경』에는 '천수천안관세음보살'이라고 하여 보살은 손과 눈을 천 개 가지고 있어서 중생이 원하는 바를 보고, 즉시로 중생을 구원한다고 되어 있습니다. 이러한 내용으로 보았을 때 관세음보살은 '불가사의 해탈'을 한 보살이며, 신통력으로 적재적소에 그 모습을 나투는 것입니다. 부처님의 모습, 제석천의 모습, 성문, 신, 전륜성왕 등으로 나타나는 것입니다. 또한 시방세계의 모든 상·중·하의 소리가 모두 변하여 부처의 소리로 들리며, 그 부처의 소리가 무상·고·공·무아의 소리로서 우리들의 귀에 울려주는 것입니다. 중국의 대시인 소동파(1036~1101)는 이런 시를 남겼습니다.[68]

계곡의 소리는 바로 부처님의 설법
산색은 모두 부처님의 몸

시인은 물소리를 설법으로, 산색山色을 청정신의 부처님으로 보고 들은 것입니다. 이 소리와 색은 본래 시인의 마음속에 구족되어 있었고 인연이 되어 피어난 것이라고 봅니다.

『대무량수경』에 '향류시방響流十方'이라는 말이 있습니다. 소리가 모든 방향으로 흘러가고 그 소리가 모두 부처님의 소리가 되어 중생의 몸속으로 스며들어 가는 것입니다.

미풍微風, 조용히 움직여 가지가지 줄기와 잎새를 흔들어 무량한 묘법의 음성을 연출한다. 그 소리, 널리 퍼져 모든 부처님의 나라에 골고루 미치네.

라고 했습니다. 그래서 이를 듣는 자 모두,

깊고 깊은 깨달음을 얻고(法忍) 불퇴전에 머문다. 불도를 이루기까지 육근은 청정하여 여러 가지 고통과 근심, 걱정(惱患)이 없다. 아난이여, 만약 저 나라의 사람·천신이 이 나무를 보는 자는 세 가지 법인法忍을 얻는다. 첫째, 음향인音響忍, 둘째, 유순인柔順忍, 셋째, 무생법인無生法忍이다.

정토의 나무가 흔들려 바람이 일어납니다. 그 바람소리를 듣고 있으면 귓속이 깨끗해지고 소리가 쓰~윽 몸속으로 들어가는 것입니다. 그래서 음향인·유순인·무생법인이 그 사람에게 갖추어집니다. 음향인은 소리를 듣고 깨달음이 열리는 것이고, 유순인은 소리를 들으면 마음이 유연해져 상대가 말하는 것이 순수하게 자신의 가슴속에 들어가는 것입니다. 무생법인은 부처님의 생명과 자신의 생명이 하나가 되는 것입니다. 소리를 들으면 그 소리가 실로 멋진 소리로 들려 부처님의 말씀으로 들립니다. 부처님과 하나가 되는 것입니다.

이것을 지도 무난(至道無難, 1603~1676) 선사가 노래로 이렇게 말합니다.

> 귀도 듣지 못하고 마음도 듣지 못하고
> 듣는 것이 그것을 듣는다.

귀가 듣는 것이 아니고 마음이 듣는 것도 아닙니다. 듣는 것이 듣는 것입니다. 귀로 듣고 마음으로 듣는다면 귀와 마음은 변화무쌍해서 올바로 듣지 못합니다. 동일한 소리인데도 시간과 장소에 따라 다르게 들립니다. 그러나 '듣는 것이 듣는 것'은 직지이고 직관입니다. 그 음향은 몸과 마음을 흔들어 정화시키고 『화엄경』에서 말하는 '승묘음勝妙音'[69]의 세계에 있는 것입니다.

귀도 듣지 못하고 마음도 듣지 못하고, 듣는 것이 듣고 보는 것이 보는 것입니다. '보는 것이 본다'는 것은, 눈이 있는 사람이 보는 것과는 다릅니다. 보는 것이 본다는 것은 부처님이 본다는 것입니다. 듣는 것이 듣는다는 것은 부처님이 듣는다는 것입니다.

이를 『법화경』에서는 '유불여불唯佛與佛'이라고 합니다. 우리가 화기애애한 식사를 할 때, 절에서는 부처님과 부처님이 얼굴을 맞대고 있다고 합니다. 그러한 세계가 중요하다는 것입니다. 자신이 경을 독송하고 있을 때, 부처님이 부처님을 부르고 있다고 하는 경지에까지 가지 않으면 진정한 독송이 아닙니다. 내가 경을 읽는다고 생각하는 것은 곤란합니다. 지극한 마음으로 '나

무아미타불'을 염불할 때 아미타불이 아미타불을 부르는 것입니다. 청정한 자신이 청정한 자신을 부르는 것입니다. 자신은 본래 아미타불이라는 것입니다. 이러한 세계가 '불가사의해탈'인 것입니다.

이때, 대가섭은 유마의 불가사의해탈의 법문을 설하는 것을 듣고 미증유의 일이라고 감탄하고 사리불에게 말했다. "비유하면 맹자盲者 앞에서 여러 가지 형상을[70] 보여도 맹자는 볼 수 없는 것처럼, 성문들은 모두 이 불가사의해탈의 법문을 들어도 이해할 수 없을 것이오. 지혜로운 자가 이를 들었다면 위없는 깨달음을 구하는 마음이 일어나지 않는 자가 있겠습니까? 그런데 우리는 어째서 깨달음의 뿌리를 영원히 끊고 이 대승에 있어서 부패한 종자처럼 되어 있어야 할까요?

대가섭이 감탄하여 말한 뜻은 이렇습니다. '맹인에게 여러 가지 것을 보인다고 해도 볼 수 없는 것처럼, 모든 성문은 이 불가사의해탈의 법문을 들어도 조금도 알지 못한다. 지혜로운 자는 이를 들으면 모두 깨닫겠다는 마음이 일어나는데, 우리는 아직 싹도 트지 않고 썩은 종자 같은 것은 어찌된 일인가. 모든 성문은 불가사의해탈의 법문을 듣고 눈물을 흘리고 울 것이다. 또한 모든 보살은 그것을 듣고 크게 기뻐하며 법을 받들 것이다. 보살이 이 불가사의해탈의 법문을 완전히 알았다면 악마도 그것을

어떻게 해 볼 수 없을 것이다'라는 겁니다.[71]

3. 악마는 불가사의해탈의 보살

그때 유마가 대가섭에게 말했다. "시방의 무량무수한 세계 가운데 마왕이 되는 자는 모두 불가사의해탈에 머문 보살이오. 그것은 보살이 방편력으로 중생을 교화하려고 마왕의 모습으로 나타난 것이오."

생각하면 화가 치미는 사람을 우리는 악마(마구니)라고 합니다. 그렇지만 유마는 그를 보살이라고 합니다. 그것은, 자신을 마구 힘들게 하는 자는 불가사의해탈을 한 보살로서 중생을 교화하는 방편력으로 그렇게 나타난다는 것입니다. 극도로 화가 나면 자신은 자제하지 못합니다. 그러나 상대가 악마라고 해도 악마라고 여기는 것은 자신입니다. 자신의 내면에 악마의 모습을 한 또 하나의 '나'가 있는 것이지요. 내면의 악마가 악마를 만나, 머리를 치켜들고 자신을 화나게 만듭니다. 결국 악마를 만난 내 자신이 이미 악마로 되어 있는 것입니다. 다시 말하면, 우리에게 이미 내재된 해탈된 자아(보살)를 일깨워주기 위한 방편으로 보살은 마왕의 모습으로 보인다는 것입니다. 그래서 마왕을 '불가사의해탈에 머문 보살'이라고 합니다.

괴테의 『파우스트』에는 악마를 '메피스토펠레스'라고 합니다.

메피스토펠레스는 인간 속에 있습니다. 메피스트는 매사에 부정하는 악령입니다. 그것은 인간 내면에 있는데, 좋은 일을 하려고 하면 그것을 방해하는 힘이 있습니다. 인간을 믿고 싶어서 소중하게 여기면 그는 등을 돌립니다. 그러면 자신은 화가 치밀어 악마같이 됩니다. 그렇지만 인간을 성스런 신과 같이 여긴다면 저절로 내면에 지智가 나타난 것입니다. 자신의 힘으로도 안 될 때 자신의 내면의 얼굴을 잘 보라는 것은 이 때문입니다. 이러한 이야기는 결국 자신에게 싫은 생각을 하게 만드는 사람일수록 소중히 여겨야 한다는 의미가 내포되어 있습니다. 그들은 우리 자신을 일깨워주는 보살의 화현이기 때문입니다. 유마의 마왕 이야기는 계속됩니다.

> 불가사의해탈에 머문 보살은 위덕력威德力이 있기 때문에 일부러 협박을 해서 모든 중생에게 이처럼 곤란하게 하는 것이오.

보살을 괴롭히는 듯한 악마는 보살을 약하게 만들지만, 그것은 결국 보살 자신입니다. 악마가 그런 힘을 가지고 있을 리가 없습니다. 우리를 괴롭힐 정도의 큰 힘을 가지고 있다면 보살임에 틀림없는 것입니다. 싫은 얼굴을 하는 사람도, 심술쟁이도, 괴롭히는 사람도, 한 사람 한 사람 모두 보살이라고 생각해야 한다고 가르치는 것입니다.

관중생품 제7

1. 중생은 존재하지 않는다

이 품은 중생, 즉 목숨을 가지고 이 세상에 살아가고 있는 존재를 어떻게 '관觀'해야 하는가에 대한 이야기입니다. 이를 문수보살이 유마거사에게 물었을 때, 이렇게 답했습니다.

> 마술사가 마술로 만들어낸 인간을 보는 것과 같이, 보살이 중생을 보는 것도 이와 같은 것이오. 지혜로운 자가 물속의 달을 보는 것과 같이, 거울 속의 그림을 보는 것과 같이, 더울 때의 아지랑이와 같이, 부르는 소리의 메아리와 같이, 허공의 구름같이, 물방울과 같이, 물 위에 뜬 거품과 같이, 단단한 파초와 같이, 번개가 잠시 머무는 것과 같이…[72]

라고 계속됩니다. 여기에서는 인간을 어떻게 보면 좋을까, 동시에 인생을 어떤 쪽으로 보면 좋을까에 대한 설명입니다.

　인생이나 인간을 볼 때에 마술사가 만든 허깨비 인간, 사실은 존재하지 않는, 허깨비 인간으로 내놓은 것이라고 보면 좋다는 것입니다. 지혜로운 자가 물속의 달을 보는 것처럼 보는 게 좋다고 합니다. 수중의 달을 진짜 달이라고 보지는 않지만, 그로 인해 진짜 달이 어디에 어떤 모습으로 존재하는지 알 수 있습니다. 이와 같이 인간을 보면 좋다는 것입니다.

　'거울에 비친 얼굴을 보는 것처럼 보면 좋다, 더울 때 오르는 아지랑이처럼 보면 좋다, 계곡에 울리는 메아리처럼 보면 좋다, 공중에 떠 있는 구름처럼 보면 좋다, 거품처럼 보면 좋다, 물에 뜬 물방울같이 인생을 그렇게 보면 좋다'는 것이지요.

　이렇게 『유마경』엔 독특한 비유가 나열되어 있습니다. 『금강경』 32장에는, 세상의 모든 것(有爲法)은 "꿈·허깨비·물거품·그림자·이슬·번개 같으니 마땅히 이같이 보아야 한다"고 했습니다. 인연으로 만들어진 존재는, 즉 인간을 포함해서 모두 이슬이고 번개 같다는 것입니다. 두 경 모두 반야계통의 경전으로서 중생관이 동일합니다.

　「관중생품」의 첫머리는 이처럼 인생은 실체가 없다는 것을 강조합니다. 여기에 쓰인 것은, 첫째, 인생이라는 것을 꿈·허깨비처럼 실체가 없는 것이라고 생각하라는 것입니다. 우리가 태어나 사람을 좋아하고 괴로워하고 고뇌하는 것은 모든 것에 집착하기 때문입니다. 기쁜 일은 잊고 싶지 않습니다. 슬픈 일은 잊고 싶어도 잊히지 않습니다. 그래서 하나하나를 모두 생각하지만, 생각하는 것은 모두 몽환과 같은 것으로 그런 것에 마음을 빼앗겨서는 안 된다고 하는 것입니다.

둘째, 모든 것을 말끔히 잊는 것도 중요하지만 이슬 같은 생명이 왜, 어떻게 중요한가, 라는 것도 생각하지 않으면 안 됩니다. 하루하루를 살아가는 이슬 같은 목숨이지만, 그 또한 몽환과 같은 것이기 때문에 더욱 잘 생각하지 않으면 안 된다는 의미를 『유마경』 깊은 곳에서 찾아볼 수 있습니다.

셋째, 무상관無常觀을 해야 합니다. 무상이라는 것은 언제나 변화해 간다는 의미입니다. 그 무상관을 정확히 파악하는 것이, 인간이 살아가는 데 대단히 중요하다는 것입니다. 나이를 먹어 늙는 것을 걱정하고, 병이 들면 병으로 근심하고, 나아가 가족이 행복하게 살아야 하는데 가족 중에 누가 잘못되지나 않을까 걱정합니다. 이러한 것은 무상감에 젖는 것이고 이로 인해 수심이 떠날 날이 없고 우울해집니다. 불교는 이러한 무상'감感'에서 무상'관'으로 되어야 한다는 것을 가르칩니다. 이것은 불교교리의 토대가 됩니다.

문수는 유마에게 또다시 이렇게 묻습니다.

만약 보살이 이렇게 관을 하면 어떻게 자慈를 행할 수 있나요?

보살이 무상관으로 인생을 본다면 자비행을 어떻게 할 수 있는가를 물었습니다. 이에 대한 유마의 설명 중 하나를 들면,

뜨겁지 않은 자慈(자비)를 행하시오. 번뇌가 없기 때문이오.

불자들 가운데는 믿음을 불같이 하는 분이 있습니다. 법문을 하고 있을 때, 감사하다고 감격하며 듣습니다. 그러나 시간이 지나면 언제 들었던가 하며 잊어 버립니다. 그런 분들은 대략 법당에 열심히 잘 나오다가 한동안 나오지 않습니다. 물같이 믿는 사람은 듣는지 마는지 알 수 없는 얼굴을 하고 듣습니다. 감격하는지 하지 않는지 모를 정도의 얼굴을 하고 듣고 있습니다. 그렇지만 언제까지도 물러서는 일이 없이 법문시간에는 반드시 참석하고 듣습니다. 이렇게 '물처럼 믿는 방식'이 '뜨겁지 않은 자비를 행하는 것'에 해당한다고 생각합니다. 사람을 믿고, 사람을 사랑하고, 많은 사람을 소중히 여기는 것을 '물 같은 정열로' 한다고 합니다. 이처럼 언제나 여여하게 믿음을 갖는 자는 번뇌가 있다가도 사라지는 것입니다. 번뇌에 휘말리게 되는 열정이 없기 때문입니다.

다시 문수가 묻습니다.[73]

"무엇을 비悲라고 합니까?" 답하여 말하기를, "보살이 지은 공덕은 모두 일체중생과 이것을 함께하는 것이오." "무엇을

희喜라고 합니까?" 답하여 말하기를, "요익하는 바가 있으면 기뻐하지만 후회함이 없소." "무엇을 사捨라고 합니까?" 답하여 말하기를, "지은 복에 대해 바라는 바가 없소."

이 '자慈・비悲・희喜・사捨'를 '네 가지 무량한 마음(四無量心)'이라고 합니다. 무량은 무제한으로 행하는 것입니다. '자'라는 우정, 즉 '불특정 다수의 인간에 대한 정스런 마음'입니다. 어디까지나 변함없는 마음으로 누구라도 기다리고 있는 것입니다. '비'라는 것은 인간이 이 세상을 사는 한 괴로움은 끝나지 않는다고 생각합니다. 그러할 때, 같이 괴로워하고 있는 사람에게 손을 내미는 것을 말합니다. 사람이 행복하기를 기도하고 여러 가지 일을 했을 때 생기가 넘치는 기분을 '희'라고 합니다. '사'는 사람에게 친절히 대하고 사람을 돕고 좋은 일을 한 뒤에도 대가를 전혀 기대하지 않는 것입니다. 저쪽이 이쪽에 감사하든 말든 그것에 전혀 마음에 두지 않는 것입니다.

이 '자・비・희・사' 네 가지를 무제한으로 행하는 것을 '사무량심'이라고 합니다. 이것은 대승의 보살이 실천해야 할 가장 중요한 덕목입니다.

문수보살이 묻습니다. "그러면 자慈라는 것은 무엇입니까?" 유마는 이렇게 말했습니다. "보살이 만든 공덕은 전부 일체중생과 함께하는 것입니다." 보살이 지금까지 쌓아온 공덕을 모든 사람에게 나눈다는 것입니다. 자신이 쌓아온 공덕을 자신이 받는 것이 아니라 많은 사람과 더불어 받는다는 것입니다. 기쁜 일이 있으면 되도록 수많은 사람과 함께 기뻐하고 싶다는 마음입니다.

'쌓아온 공덕'이라고 하는 것을 필자는 이렇게 생각합니다. 자신이 예전 좋은 일을 했기 때문에 지금 행복하게 된 것임과 동시에 자신의 부모가 좋은 일을 한 것이 모두 아이들에게 온 것이라고. 반대로 할아버지 할머니가 좋지 않은 일을 해서, 그에 대한 갚음이 모두 자손에게 온다고. 이것이 불교에서 말하는 업이라고 생각합니다. '나는 지금 충분히 만족하고 행복하지만, 이것은 자신이 좋은 일을 해서, 열심히 노력해서 얻은 것이라고 생각하지 않고, 나의 부모가 실로 훌륭한 사람이셨기 때문에 그 덕을 내가 받았다고 생각하는 것을 공덕의 회향이라고 합니다. 회향은 공덕을 되돌린다는 의미입니다. 대승경전의 말미에는 대개 이렇게 완성됩니다. 대표적으로 『법화경』「관음보문품」에 '관세음보살의 공덕을 부처님이 찬탄하시고, 그 보살은 소중히 간직한 영락(목걸이)을 반으로 나누어 하나는 석가불에게, 다른 하나는 미륵불에게 공양으로 올렸다'는 구절이 나옵니다. 쌓은 공덕을 자신이 받는 것이 아니라 부처님께 드리는 것입니다. 이를 공덕의 회향이라고 합니다.

다음, '희喜'라고 하는 것은 무엇인가. 유마는 "요익饒益하는 바가 있으면 기뻐하고 후회하지 않는 것"이라고 했습니다. 타인을 이익되게 하는 것을 기쁨으로 삼고 이를 후회해서는 안 된다는 것입니다.

　사람을 행복하게 해 주고 싶다는 생각만으로도 '희무량심'이 됩니다. 상대가 그것으로 좋아하는지를 확인할 필요는 없습니다. 자신의 마음이 진정으로 순수하여 사람을 소중히 여길 때, 그것으로 만족할 수 있으며, 기분도 좋아지고 산뜻해집니다. 그러나 무언가 기대하는 속마음이 있다면, 누군가에게 친절하게 대했을 때, 그가 답례를 하지 않거나 묵묵히 돌아간다거나 하면 기분이 나빠집니다. 그래서는 안 됩니다. 사람을 소중히 여겨 친절을 베풀었다는 것만으로 좋은 것입니다. 이것으로 대만족하고 어떤 것에도 후회하지 않는 것입니다.

　다음, '사捨'는 현대어 역으로는 '평등'이 되겠습니다. 유마거사는 "복을 지어도 바라는 것이 없소"라고 합니다. 이것은 좋은 일을 해도 무엇인가 기대하지 않는다는 것입니다. 그러나 대개는 기대하게 됩니다. 기도를 열심히 했는데 되는 일이 없다거나, 친구를 열심히 도왔는데 고마움이 전혀 없다거나 해서 쉽게 돌아섭니다. 미운 마음, 실망하는 마음이 생깁니다. 그럴 때 '사'라는 마음이 되는 것이 중요합니다. '사'는 '절대 비움'의 뜻도 있습니다. 복을 짓는 데는 일방적이어야 합니다. 복이라고 생각하지 않고 알게 모르게 짓는 것입니다. 거기에는 기대 같은 것이 없습니다.

2. 인생은 뿌리가 없는 풀

문수보살은 좀 더 깊숙이 들어가 질문합니다.

생사가 두려우면 보살은 무엇에 의지해야 합니까?

생사라는 것은 생사유전을 의미합니다. 태어나 죽는 것이 아니라, 태어나서 죽고 죽어서 다시 태어나고 하면서 생사를 수없이 되풀이하는 것입니다. 이러한 인생이 두렵다는 마음이 생기면 보살은 어떻게 하면 좋을까. 유마는 말합니다.

보살은 생사를 두려워하면 바로 여래공덕의 힘에 의지해야 하오.

'여래공덕의 힘'이라는 것은 부처님의 위대한 힘이라는 말입니다. 불타의 공덕의 위대함에 도움을 받는 수밖에는 없다는 것입니다. 문수는 바로 묻습니다.

"여래공덕의 힘에 의지하고 싶다면 응당 어떻게 해야 합니까?"
"바로 모든 중생을 도탈度脫시켜야 하오."

부처님의 위대함에 도움을 받는다는 것은 단순히 부처님에게 맡기는 것이 아니라, 현실에서 우리 주변에 있는 많은 사람을 괴로움이 없는 피안으로 건너게 하는 것입니다. 이것이 '도탈'입니다. 그러면 부처님 공덕의 위대함을 스스로 알게 됩니다. 이것은 실로 대단한 답입니다. 『화엄경』에서 말하는 '중생무변서원도衆生無邊誓願度', 한없는 중생을 제도한다는 서원과 동일한 의미입니다. 부처님이 어디에 계시는지 찾는다고 해서 부처님을 발견할 수 없습니다. 부처님은 수많은 중생을 행복하게 해 주고 싶다는 서원 가운데 살고 계십니다. 그렇다면 우리가 많은 사람을 행복하게 하는 것이 부처님 공덕의 위대함에 도움을 받는 것이 됩니다. 거기에서 부처님과 우리는 둘이 아닌 하나가 됩니다.

부처님을 보고자 하면 자신의 주변에 괴로워하는 사람을 돕는 것이 제일 빠른 길입니다. 그리고 내가 돕는다고 생각하는 것이 아니라, 부처님이 도우신다고 생각하는 것입니다. 그때 비로소 부처님을 만나는 것입니다.

문수는 다시 묻습니다.

중생을 제도하고자 하면 바로 무엇을 없애야 합니까?

이 물음에 대해 유마는 중생을 구하고자 한다면 중생의 번뇌를 제거해야 한다고 말합니다. 번뇌는 본능에 근거하여 생기는 마음의 동요이기 때문에, 왜 마음이 동요하는가를 살펴 그것을 제거하라는 것입니다.

번뇌를 제거하기 위해서는 어떻게 하면 좋을까? 라는 질문에 유마는 답하기를 "정념正念을 해야 한다"고 말합니다. 좌선을 하는 방법에 '정념상속正念相續'이라는 말이 있습니다. 정념이 계속적으로 이어져야 한다는 뜻인데, 이 말은 원시불교의 경전 가운데에 늘 나오는 '정념정지正念正智에 머물러야 한다'에서 나온 것입니다. 이것은 부처님이 설법을 하신 뒤에 반드시 하신 말씀입니다. 그 정도로 중요한 말입니다.

'정념정지'라는 것은, 정념으로 자신이 살아가는 가운데에 부처님의 큰 생명이 '쿵' 하고 들어가 있는 것입니다. 바로 자신의 마음자리에 본래의 부처님의 자리(불성, 생명, 정지)가 환히 드러난 것입니다.

유마가 '정념을 해야 한다'는 것은 바로 이를 말한 것입니다.

문수가 다시 묻습니다.
"대체 어떻게 하면 정념을 행하는 것입니까?"
"바로 불생·불멸을 행해야 하오."
그랬더니 문수가 물었습니다.
"불생·불멸이라는 것은 어떤 것입니까?"
대개 불생·불멸이라고 하면 부처님의 생명을 뜻합니다. 그렇지만 유마는 그런 흔한 답을 하지 않고, "불선不善은 불생이고 선법善法은 불멸이오"라고 합니다. 악이 생기지 않는 것이 불생이고, 선을 없애지 않는 것이 불멸이라고 답합니다.

이것은 전통적인 불교의 관점에서 보자면 조금 동떨어진 해석입니다. 그러나 유마의 답은 실로 재미있습니다. 일상생활에 즉卽한 답을 하고 있습니다. 나쁜 것은 하지 말고 좋은 것을 하는 것이 불생불멸이라고 했습니다.

여기서 생각나는 문답이 있습니다.

중당中唐의 대시인 백거이(낙천樂天, 772~846)는 항주 자사刺使가 되어 조고 도림(鳥窠道林, 741~824) 선사가 사는 곳에 들렀습니다. 도림 스님은 언제나 소나무 위에서 살고 있었습니다. 백낙천이 "위험하지 않습니까?"라고 하니 "그대 쪽이 위험하지 않겠소?"라고 응답했습니다. 안은安隱하게 세속에 사는 것을 경고하는 기략機略이지요. 백낙천은 자신이 불교공부를 좀 했다고 의기에 차 있었습니다. 그는 나무 위를 향하여 선사에게 인사를 하고 "선사께서 이 고을에서 제일가는 분이라는 소문을 듣고 왔소. 부처님의 가르침을 들으러 왔소. 대체 불교의 대의가 무엇이오?"라고 큰 소리로 물었습니다. 스님은, "잘 오셨소. 악을 짓지 말고 선행을 하시오(諸惡莫作 衆善奉行). 스스로 그 마음을 맑게 하는 것, 이것이 부처님들의 가르침이오(自淨其意 是諸佛敎)"라고 간단히 게偈로 말했습니다. 백낙천은 납득이 되지 않아 "그것이라면 세 살 동자도 알고 있소"라고 되받아치니, "세 살 동자는 알고 있어도 80세 노인이라도 행하기는 어렵지"라고 응수했습니다. 이러한 고사가 '칠불통계게七佛通戒偈'가 되어 불교의 가장 기본적 가르침으로 널리 알려져 있습니다.

유마는 불생·불멸의 뜻을 바로 불선과 선법으로 답하며 정념의 의미를 환기시킨 것입니다.

문수는 다시 묻습니다. "지금 선과 불선이라고 말씀했지만 그 선과 불선은 대체 어디서 생깁니까?"라고.

지금부터의 문답은 문수와 유마의 대결 가운데 백미라고 합니다.

유마: "몸을 근본으로 하오."
문수: "몸은 무엇을 근본으로 합니까?"
유마: "욕탐(欲貪, 욕망과 애착)을 근본으로 하오."
문수: "욕탐은 무엇을 근본으로 합니까?"
유마: "허망분별을 근본으로 하오."
문수: "허망분별은 무엇을 근본으로 합니까?"
유마: "잘못된 생각[74]을 근본으로 하오."
문수: "잘못된 생각은 무엇을 근본으로 합니까?"
유마: "무주無住[75]를 근본으로 하오."
문수: "무주는 무엇을 근본으로 합니까?"
유마: "무주는 바로 근본이 없소. 문수사리여, 무주의 근본에서 일체법이 일어나는 것이오."

인간은 몸이라는 것이 있기 때문에 선악이 생긴다는 것입니다. 유마는 철학적인 대답을 하지 않습니다. 살아가는 것에 즉하여 대답을 하는 것이 재미있습니다.

그 몸은 대체 어떻게 해서 생겼습니까?

인간에게 본능(욕탐)이 있기 때문입니다.

그러면 그 본능은 어디서 나온 것입니까?

허망분별에서 나온 것입니다. 있지도 않은 것을 있다고 하는 생각에서 욕망이라는 것이 자꾸만 성해 가는 것입니다.

그러면 그 허망분별은 어디서 나옵니까?

그것은 전도몽상에서 생기는 것입니다. 인간의 판단이란 언제라도 뒤바뀌는 것입니다. 따라서 있지도 않은 것을 있다고 생각합니다.

그 판단은 어째서 뒤바뀌는 것입니까?

'무주', 결국 이 인생은 어디에도 좋아할 곳이 못 된다는 것을 알기 때문에 뒤바뀐다는 것입니다. 그래서 이것을 '부주不住'라고도 합니다. 어떠한 곳도 그대로 머물 데가 없다고 하여, 인생은 '뿌리가 없는 풀(根無草)'이라고도 하는 것입니다. 그것이 인생의 모습입니다. 인생은 부주·무주라고 하는 데서부터 시작하는 것입니다.

이때, 문수는 이러한 분위기에서 무주라는 것은 대체 어떻게 해서 일어나는가를 다시 묻습니다. 거기서 곧바로 '무주가 근본인데 근본에 본이 또한 있겠소?'라고 되묻습니다. 무주가 인생의 근본인데 근본에 근본이 있을 리가 없지요.

필자는 가끔 우주에 떠 있는 둥근 지구를 생각해 봅니다. 물론 다른 별들도 무수히 많습니다. 지구에는 우리 중생이 삽니다. 하루를 24시간으로 정해 놓고 쳇바퀴 돌듯이 살아갑니다. 세월에 따라 나이를 세고, 확률적으로 나타난 죽음의 나이로 자신이 언제 죽는가를 생각해 보기도 합니다. 언젠가 자신은 '여기서' 사라지겠지 생각하며 죽음에 대해 간혹 우울해 하기도 합니다. 그런데 우스운 것은 우리가 딛는 단단한 대지가 허공에 떠 있다는 것이지요. 대지만이 아니라 물도 그렇고, 물에 사는 물고기도 떠 있고, 모든 것은 지구가 떠 있으니 떠 있는 것이지요. 근본 바닥이 없는 셈입니다. '중생 모두는 둥둥 떠 있구나! 완벽하게 뿌리를 내리는 바닥이 없구나! 현존하는 우리의 모습도 구름처럼 나타났다 사라지고, 또 다른 형태로 나타나는구나!' 이렇게 생각해 봅니다. 절에서는 돌아가신 영가를 천도薦度할 때 이렇게 법문합니다. "생은 어디서 온 것이며 죽음은 어디로 가는 것인가. 생이란 한 조각 뜬구름이 생기는 것이고, 죽음 역시 한 조각 구름이 사라지는 것이다. 뜬구름 자체가 본래 실체가 없는 것이니 생과 사의 오고감이 역시 이와 같다(生從何處來 死向何處去 生也一片浮雲起 死也一片浮雲滅 浮雲自體本無實 生死去來亦如然)." 삶과 죽음을 뜬구름에 비유한 것과 같이, 지금 유마가 말하는 '무주', 즉 '근본이 없다'는 말도 이를 의미한다고 생각합니다.

유마와 문수의 이러한 훌륭한 대화를 천상에서 천녀가 듣고 있었습니다. 너무나 멋진 옷자락을 하늘대며 모습을 나타냈습니다. 천녀와 사리불의 문답은 이렇습니다.

3. 천녀의 산화散華

그때 유마의 방에 한 사람의 천녀가 있었다. 여러 훌륭한 사람들을 보기도 하고, 설하는 법을 듣기도 하면서, 몸을 나타내어 하늘의 꽃을 여러 보살·대제자들 위에 뿌렸다. 꽃은 여러 보살이 있는 곳에서는 곧바로 모두 떨어져 버렸다. 그렇지만 대제자들이 있는 곳에서는 그들에게 붙어서 떨어지지 않았다. 대제자들 모두가 신통력으로 꽃을 떼어내려고 했지만 떨어지지 않았다.[76]

천녀가 하늘의 꽃을 비처럼 뿌렸다는 것은 그녀의 감동을 나타낸 것입니다. 이 꽃은 보살의 몸 위에 떨어졌을 때는 몸에 달라붙지 않았지만, 대제자, 즉 부처님의 제자들 가운데서도 자신이 잘났다고 생각하는 자들의 몸에는 붙어 버린 것입니다. 그중 가장 당황해하는 것은 사리불입니다. 떼어내려고 애를 쓰고 있는데 천녀가 말합니다.

"스님은 무엇 때문에 꽃을 떨어뜨리려 합니까."
"이 꽃은 여법하지 못하오. 그래서 떼어내려고 하지요."

꽃은 수행승에게는 어울리지 않으니 떼어내려고 한다는 것입니다. 그랬더니 천녀가 말합니다.

스님은 이 꽃을 여법하지 않다고 말씀해서는 안 되지요. 꽃은 스님에게 붙었다고 생각하지 않는데, 스님 쪽이 어울리지 않다고 생각하기 때문에 붙어 있는 것입니다. 만약 불법을 공부하는 분이 분별을 하게 되면 이것이 여법하지 않다고 해야 할 것입니다. 만약 분별하지 않는다면 여법한 것입니다. 스님은 꽃은 출가자에게 어울리지 않는다는 분별을 하고 있습니다. 여법하지 않은 것은 꽃이 아니고 스님이지 않겠습니까?

보살은 모든 분별의 생각을 끊고 있습니다. 꽃이 어울린다든가, 어울리지 않는다든가 하는 성가신 일은 생각하지 않기 때문에 꽃은 저절로 떨어지는 것입니다. 그런데 붙어서 두렵다, 두렵다고 생각하면 꽃은 그 자리에 붙습니다. 제자(사리불)는 생사(번뇌)를 두려워하기 때문에 색色·성聲·향香·미味·촉觸이 붙어 버리는 것입니다. 두려움을 완전히 떼어내 버리면 어떠한 욕망이라는 것이 있어도 몸에 들러붙는 일은 없는 것입니다. 미혹함을 단절한다고 해도 아직 미혹이 남아 있는 것입니다. 그러한 냄새가 완전히 없어졌다면 꽃은 들러붙지 않는 것이지요.

사리불은 자신의 몸에 냄새(생사의 번뇌)가 남아 있다고 생각해 보지 않았습니다. 이미 깨달음을 얻었기 때문에 미혹이 남아 있을 리가 없다고 생각했습니다. 그러나 천녀에게 말을 들으니 아직 남아 있음을 알았고, 그 증거로 몸에 꽃이 들러붙은 것을 보았습니다.

사리불은 천녀의 말을 듣고 그녀를 우러러 보았습니다. 천녀가 이렇게 말할 수 있는 것은 아마 오랫동안 유마의 방에 있었기 때문이라고 생각했던 것입니다.

사리불: "천녀는 이 방에 머무른 지 오래되었나요?"
천녀: "제가 이 방에 머문 것은 기년耆年77의 해탈과 같습니다."
사리불: "여기에 오랫동안 머물렀는지요?"
천녀: "장로의 해탈 역시 어느 정도 오래되었나요?"

사리불이 천녀에게 유마의 방에 얼마나 오래 머물렀는가 물어보니, 천녀는 사리불이 해탈한 것과 같다고 대답했습니다. 다시 사리불이 얼마나 오래 머물렀는가를 물으니, 천녀는 장로께서 해탈한 것은 얼마나 오래되었는가? 라고 되물었습니다.

사리불은 가만히 있었습니다. 천녀가 말하기를, "어째서 지혜로운 장로께서 가만히 계시는지요?" 사리불은 답하여 말하기를 "해탈은 말로는 표현될 수 없소. 때문에 나는 말하는 바를 알지 못하오." 해탈, 즉 깨달음이라는 것은 문자나 말로는 설명될 수 없기 때문에 가만히 있다고 말한 것입니다. 천녀는 다시 말했습니다.

언설·문자는 모두 해탈의 상이 됩니다. 해탈은 안에도 밖에도 없고, 안과 밖의 사이에도 있지 않습니다. 문자도 역시 안에도 밖에도 없고, 안과 밖의 사이에도 있지 않습니다. 이 때문에 문자를 떠나 해탈을 설하는 것은 없습니다. 그 이유는 일체의 제법은 이 해탈의 상이기 때문입니다.

다시 살펴보자면 '말은 모두 깨달음의 상이 아니겠습니까? 해탈은 안에도 없고 밖에도 없고 가운데에도 없다고 합니다. 문자도 또한 안에도 밖에도 없고 그 중간에도 없는 것입니다. 사리불이여. 문자를 떠나 해탈을 설하는 일은 없습니다. 왜냐하면 이 세상에 있는 모든 것이 깨달음의 모습이기 때문입니다'라고 천녀가 말한 것입니다.

사리불은 천녀가 꼼짝 못하게 하자 어쩔 수 없이 둘러대는 듯한 말을 했습니다.

"부처님은 음욕(婬)·화냄(怒)·무지(痴)를 여의는 것이 해탈이라고 말씀하시지 않았습니까?"

"부처님은 증상만인[78]을 위해 탐욕과 화냄과 어리석음을 여의는 것이 해탈이라고 설하셨을 뿐입니다. 만약 증상만이 없으면 부처님은 음婬·노怒·치痴는 본래 그대로 해탈이라고 하셨습니다."
 사리불은 놀라워했습니다. 또한 깊이 감동했습니다. 생각지도 않고 말했습니다.
 "천녀여, 그대는 참으로 훌륭하오. 그대는 도대체 어떤 경지에 이르렀고, 무엇을 깨달아 그렇게 말씀하시는가요?"
 천녀는 답했습니다.

저는 얻은 것도 없고 깨달은 것도 없습니다. 때문에 이같이 말할 수 있습니다. 만약 얻은 것이 있고 깨달은 것이 있다면 바로 불법에 있어서 증상만이 됩니다.

'깨달음도 없고 얻은 것도 없다, 때문에 이렇게 말할 수 있다'라고 합니다. 이것은 보통의 대답이 아닙니다. 깨달은 것이 있고 얻은 것이 있기 때문에 이러한 경지에 들은 것에 틀림없습니다.
 거기서 사리불이 다시 물었습니다.
 "그대는 삼승三乘 가운데 어디에 뜻을 두었는가요?"
 그대는 성문·연각·보살 중 어느 쪽의 입장인가를 물은 것입니다.
 천녀가 답했습니다.

성문의 가르침으로 중생을 교화하면 저는 성문이 됩니다. 인연의 도리로 사람을 교화할 때는 저는 벽지불입니다. 대비의 법으로 중생을 교화할 때는 저는 대승이 됩니다. 상대에 따라 성문이 되고 연각이 되기도 하고 보살이 되기도 합니다. 구별은 본래 없고, 상대에 따라 다를 뿐이라는 것입니다. 저는 이 방에 12년간 머물렀지만 언제나 불가사의한 제불의 가르침만을 들어왔습니다. 이 방에는 언제나 미증유의 여덟 가지 법[79]이 나타나 있습니다.

4. 여덟 가지 기적

유마의 방에서의 여덟 가지의 미증유란 무엇일까요. 첫째는 이렇습니다.

이 방은 언제나 금색의 광명으로 빛나고 주야로 다르지 않습니다. 해와 달이 비추어서 밝음을 만드는 것이 아닙니다. 이것이 첫 번째 미증유로 얻기가 쉽지 않습니다.

방이 언제나 금색광명으로 빛나고 있으며 주야로 변함이 없다는 것은, 보통 집에는 없는 밝음, 빛남이 있다는 것이지요. 인도에서는 금색을 고귀한 색으로 봅니다. 그러한 빛이 방안에 가득하다는 것입니다.

이 방에 들어가는 자는 가지가지의 추악한 번뇌가 사라집니다. 이것이 두 번째의 미증유로서 얻기 어려운 것입니다.

이것은, 이 유마의 방에 들어가는 것만으로 싫고, 밉고, 좋고 등의 끊임없이 이어지는 생각(想)들을 모두 잊어버리게 된다는 것입니다. 여러 가지 문제를 해결해 보려고 유마의 방에 갑니다. 그렇지만 방에 들어가기만 하면 모든 것을 잊어버리고 마냥 좋아하게 됩니다. 이것은 가서 설명을 듣고 그것으로 안심하는 것을 말하는 것이 아닙니다. 설명을 듣지 않아도, 위로받지 않아도, 기분이 좋아지게 된다는 것입니다.

이 방에는 제석천[80] · 범천 · 사천왕 · 다른 곳(他方)의 보살 등이 모이는 것이 끊임없습니다. 이것이 세 번째 미증유로서 얻기 어려운 것입니다.

이것은 제석천 및 다른 천신들이나 보살의 혼이 이 방에 가득 찼다는 것입니다. 언제라도 진실을 구하고자 하는 자들이 많이 모여 있다는 것입니다.

이 방에서는 언제나 여섯 가지의 완성에 의한 불퇴전의 법을 설합니다. 이것이 네 번째의 미증유로서 얻기 어려운 것입니다.

여섯 가지의 완성은 보시·지계·인욕·정진·선정·지혜를 말합니다. 유마의 방에 가면 보시를 하고 싶어집니다. 예를 들면, 늘 찡그리고 불만에 찬 얼굴을 한 남자가 빙그레 웃게 됩니다. 그것은 화안和顔을 보시하는 것입니다. 언제나 웃는 얼굴을 한 사람들은 상대도 역시 웃게 만듭니다. 아주 좋은 보시입니다. 상대를 편안하게 해 주기 때문입니다. 유마의 방에 들어온 자들은 자연히 화안을 하게 된다는 의미가 됩니다. 지계란 본래 청정한 생활을 뜻합니다. 자신은 엄격하게 규칙을 지키지만, 모나지 않아 타인에게 폐를 끼치지 않고 융화하는 것입니다. 이러한 것이 유마의 방에 들어가면 자연히 이루어진다는 것입니다. 인욕의 덕이 이 방에 있으면 자연히 구족하게 되고, 정진은 한번 결정한 일을 끝까지 해내는 것입니다. 선정은 마음을 고요히 하는 것, 말하자면 마음을 내려놓는 것을 말합니다. 마지막은 지혜입니다. 앞에서 언급한 다섯 가지가 이루어지면 자연히 지혜가 생기는 것입니다. 지혜가 생기는 자는, 앞의 다섯 가지 행이 자연스럽게 이루어집니다. 이 여섯 가지의 덕목은 서로 연결이 되어 성취됩니다.

이러한 여섯 가지의 덕을 닦고 조금도 물러서지 않는 것을 '육바라밀 불퇴전'이라고 합니다. 이것이 있으면 어떠한 이야기가 나오더라도 무언가 생각하게 되고 감동을 느끼게 됩니다. 보통 사람들이 모이면 하찮은 세간의 이야기로 끝내게 됩니다. 그렇지만 이야기를 하는 도중 가끔 반짝거리는 것, 빛나는 것이 있습니다. 그것은 어딘가 육바라밀과 연결되어 있기 때문입니다. 시시한 이야기같지만, 맛이 있고, 깊이가 있으며, 그로부터 일주일이나 일 개월, 즐겁게 지낼 수 있는 분위기가 이 유마의 방에 오면 이루어지는 것입니다.

이 방에는 여러 천인과 인간이 최상의 음악을 연주하여 현鉉에서 한없는 부처님의 가르침을 성취하는 소리를 냅니다. 이것이 다섯 번째의 미증유로서 얻기 어려운 것입니다.

쉽게 말하면, 그 집에 가면 방의 분위기가 좋고 이야기하는 태도도 좋고, 식사도 훌륭하며, 그러한 가운데 예술이 있습니다. 무엇인가 약간 다른 데가 있는 것입니다. 그것을 좀 더 살펴보자면, 생활 가운데 리듬이 있으며, 아름답게 살아가려는 강한 의지가 그 가운데 흐르고 있는 것입니다. 하루하루에 예술이라는 것이 없으면 안 된다고 생각합니다. 말씨나 복장 가운데에도, 식사 중에도, 몸의 동작 가운데에도, 예술이라는 것이 있어야 한다고 생각합니다. 그것이 유마의 방에는 있는 것입니다.

이 방에는 네 가지의 커다란 창고가 있고 수많은 보배가 가득하여, 그것으로 빈궁한 자를 돕고 가난한 자를 구제하지만, 얼마든지 구해도 다하는 일이 없습니다. 이것이 여섯 번째의 미증유로서 얻기 어려운 것입니다.

이것은, 그곳에 가기만 하면 무엇인가를 얻는다는 것입니다. 다른 집에 가서 얻기 어려운 것을 얻는다는 것입니다. 요즈음은 가정에 사람들을 초대해서 함께 식사를 하는 일이 드물다고 합니다. 여러 가지 이유가 있겠지만, 밖에서 만나면 간편하기 때문이겠지요. 그리고 대부분은 하찮은 이야기를 나누다가 헤어집니다. 이것을 교제라고도 합니다. 그러나 간혹 집으로 정중히 초대해서 식사를 하고 서로 다정한 이야기를 주고받다 보면 분위기가 더욱 화기애애해집니다. 헤어질 때 작은 선물을 주고받기도 합니다. 손님을 절대 빈손으로 보내지 않는 문화에서 비롯된 것입니다. 작은 선물을 준비해서 주고받는 것은 그 분위기가 오래 남습니다. 물론 빈궁한 자에게 도움을 줄 수 있다면 금상첨화겠지요. 하지만 집에서의 작은 모임을 통해, 모인 사람들에게 짧은 시간이라도 위안과 편안함, 깊은 정을 나눌 수 있으면 이것도 구제에 해당됩니다.

이 방에는 석가모니불·아미타불·아촉불·보덕·보염·보월·보엄·난승·사자향·일체이성一切利成[81] 등, 이 같은 시방의 무량한 제불들은 훌륭한 자(上人)들이 염念할 때에 바로 모두 와서 제불의 감추어진 간요肝要의 가르침을 자상하게 설하고, 설법이 끝나면 본래의 자리로 돌아갑니다. 이것이 일곱 번째의 미증유로서 얻기 어려운 것입니다.

이 방에는 어떠한 위대한 사람이라도 선뜻 온다는 것입니다. 그리고 부담 없이 여러 가지에 대해 자상하게 이야기합니다. 이런 집에 오면 탁월하고 훌륭한 생각을 하게 됩니다. 화가가 오거나, 조각가가 오거나, 목사가 오거나, 또한 선승이 와서 여러 가지 화제로 활기가 넘치게 되면, 인생에서 이보다 즐거운 일은 없다는 것입니다.

이 방에는 모든 천인의 아름다움으로 장엄된 궁전이나, 모든 부처님의 정토가 모두 드러나 있습니다. 이것이 여덟 번째의 미증유로서 얻기 어려운 것입니다.

이것은 아름답게 장식된 천인들의 궁전, 부처님들이 계시는 정토가 나타나 청결하고 깨끗한 느낌이 난다는 것입니다.

이렇게 여덟 가지 특징을 갖추어진 것이 유마의 방입니다. 이러한 것을 천녀가 또한 선명하게 말하여, 사리불은 기가 막혔습니다. 여자로 있는 것이 애석하다는 생각이 들었습니다. 사리불은 "그대는 무엇 때문에 여자의 몸을 바꾸지 않는가?"라고 말했습니다.[82] 뛰어난 재능을 가지고 있고, 어떤 것도 모르는 것이 없는 자가 여자로서 그대로 있다는 것이 안타까웠습니다. 그랬더니 천녀가 말합니다.

저는 12년이나 되었는데 결국 불가득이었습니다. 그러니 왜 바꾸겠습니까?

천녀는 12년이나 여자로 지냈지만, 자신에게 여자라는 상은 없었다는 것입니다. '제자께서는 저를 여자, 여자라고 하지만 제 속에는 여자 같은 것을 찾아볼 수가 없는데, 없는 것을 대체 어떻게 바꾸라는 것인가'를 말한 것입니다.

여기서 천녀가 말하는 것은 세간에서의 남자들이 '여자니까 별수 없어!'라고 하는 의미에서의 여자라는 상을 자신에게서 찾아봤지만 전혀 없다는 것입니다.

예를 들어, 푸념하면서 투덜대고 강한 불만을 나타내는 등의 여성의 모난 행동은 천녀 자신에게는 없다는 것입니다. 강한 에고의 집념조차도 찾아볼 수 없고 다만 산뜻하고 상쾌한 모습 그대로 있다는 것입니다. 천녀는 그래서 '여인의 상이 없는데 바꾸는 것이 가능할까'라고 담담하게 말할 뿐입니다.

여인이 남자로 변하는 것을 '변성남자變成男子'라고 합니다. 이것은 『묘법연화경』의 「제바달다품」에 나옵니다. 문수보살과 지적智積보살이 문답하는 내용입니다.

문수가 "저는 바다 속에서 오직 언제나 『묘법연화경』을 널리 설합니다"라고 말하니, 지적은 "이 경은 심심미묘하여 모든 경 가운데에 보배이며, 세상에 희유希有합니다. 만약 중생이 정진을 열심히 해서 이 경을 따라 행하여 속히 부처가 될 수 있겠습니까?"라고 물으니, 문수는,

있습니다. 사갈라 용왕의 딸인데 나이는 8살입니다. 찰나에 보리심을 발하여 불퇴전不退轉을 얻었지요.

라고 했습니다. 8살 용녀가 앗! 하는 사이에 깨달음을 얻었다고 하는 것입니다. 용녀는 용왕의 딸을 의미합니다. 용을 나-가라고 합니다. 인도에는 '나-가족'이라는 종족이 있습니다. 이 이야기를 그 용족의 일화라고 하는 사람도 있습니다. 아마 인도 남쪽 해안에 살고 있는 종족이겠지요. 인도 북방 문화권에 살고 있는 사람들은 그들을 미개한 야만인이라고 생각했습니다. 하지만 그들 용족은 『법화경』의 가르침을 행하였고, 용족 왕의 8세 된 딸이 가장 먼저 깨달음을 얻었다고 말합니다. 그것을 듣고 있던 사리불이 용녀를 향하여 말합니다.

그대는 얼마 되지 않아 무상도無上道를 얻었다고 하는데, 믿기가 어렵네. 왜냐하면 여자의 몸은 더러워서(垢穢) 법기法器가 되지 못하네. 어떻게 무상보리를 얻었는가. 불도는 저 멀리 있네. 무량겁을 지나도록 부지런히 수행을 쌓고, 여러 행을 닦은 연후에 이루어지지. 또한 여인의 몸으로는 다섯 가지 장애가 있지. … 어떻게 여자의 몸으로 속히 성불을 했는가?

이때, 용녀는 가격을 매길 수 없는 고가의 보배구슬을 부처님께 올렸습니다. 부처님이 그것을 받으니, 용녀는 사리불에게 말했습니다.

"저는 보주를 바쳤습니다. 세존께서 받으신 이 일이 빠릅니까, 그렇지 않습니까?"

"심히 빠르네."

"그대께서 신력神力으로써 저의 성불을 보시오. 이보다도 빠를 것입니다."

이렇게 말하고 용녀는 바로 남자로 변신變身하고 보살의 행을 갖추어 남방무구세계로 가서 부처가 된 것입니다.

이것은 여자가 남자로 바뀌었다는 것이 아닙니다. 여자이지만 여자가 아니고, 남자이지만 남자가 아닌 것을 뜻합니다. 어제까지의 자신과는 다른 인간이 되었다고 해도 수긍한다면 좋다고 생각합니다. 여자로 태어나서, 여자이기 때문에 이래서 좋고 저래서 좋다, 라고 생각한다면 모든 것이 그것에 걸리게 됩니다. 이는 부처가 되는 데 큰 장애가 됩니다. 부처의 세계는 집착이 없는 세계이기 때문에 한번은 여자가 아닌 것으로 변하지 않으면 안 됩니다.

천녀의 말은 계속됩니다.[83]

> 천녀: "예를 들면 마술사(幻師)가 환녀幻女를 만들어 냈을 때, 사람이 그 환녀에게 어째서 너는 여자에서 남자로 변하지 않는가? 라고 묻는 듯한 것입니다. 이 사람은 바르게 물은 것입니까?"

사리불: "그렇지는 않소. 허깨비(幻)는 고정된 상이 아니기 때문에 바꾼다는 것도 없소."

천녀: "그것과 같이, 이 세상에 존재하고 있는 것은 고정된 상이라고는 없기 때문에, 그것을 변화시킨다고 하는 것은 있을 수 없는 것입니다."

천녀는 남성·여성을 초월한 인간 본래의 모습(본성)으로 사는 것입니다. 때문에 여자가 남자로 변할 필요가 없는 것입니다. 인간은 남자도 여자도 아닌 본래의 성품을 갖고 있지 않으면 안 됩니다. 그 바탕 위에서 여성은 여성, 남성은 남성이어야 합니다. 이 본래의 모습으로 살아가는 천녀는 무엇으로도 자신의 모습을 바꿀 필요는 없는 것입니다.

그때, 천녀는 신통력으로써 사리불을 천녀의 모습으로 바꾸고 자신은 사리불의 모습으로 변하게 합니다.

천녀: "어째서 빨리 여자의 몸을 바꾸지 않습니까?"
사리불: "나는 어째서 바뀌었는지를 알지 못하오. 그런데 여자로 변해 버렸소."

그래서 천녀가 말합니다.

사리불이여, 만약 여자의 몸을 바꾼다면 바로 모든 여자도 또한 그렇게 바꿀 수가 있겠지요. 사리불께서 여자가 아닌데 여자의 몸으로 나타난 것과 같이, 모든 여인도 또한 그것과 같습니다. 여자의 몸으로 나타난다고 해도 여자가 아닌 것입니다. 이 때문에 부처님은 '일체의 제법은 남자도 아니고 여자도 아니다'라고 설하셨습니다.

그리고 천녀는 신통력으로써 사리불을 다시 본래의 모습으로 바꾸고, 또다시 물었습니다.

천녀: "여신女身의 색상色相은 지금 어디에 갔습니까?"
사리불: "여신女身의 색상은 있지도 않고 없지도 않소."

있다고 하면 분명 여자의 모습, 여자의 성질이 있습니다. 그러나 없다고 하면 그러한 것은 없습니다. 남자도 여자도 없는 자리, 거기서 다시 '여자'라고 하는 곳으로 되돌아오지 않으면 안 됩니다.

그렇지 않고서는 성가신 일이 많이 일어납니다. 타고난 성性을 자신의 본성으로 생각하고 집착하고 고집하여, 서로 마찰이 생기기 때문입니다. 세간에서는 '너는 여자야', '나는 남자야'라고 분별을 세웁니다. 그리고 그 분별은 벽이 되며, 끝내 그 벽을 무너뜨리지 못하고 성별의 틀에 갇히고 맙니다. 그래서 남자·여자를 초월한 성의 바탕 위에서 남자·여자로 살아가야 비로소 서로 자유로운 관계가 되는 것입니다. 부처님은 일찍이 이러한 깨달음을 강조하셨습니다.

천녀: "이 세상에 존재하는 것은 모두 이와 같습니다. '있다고도 할 수 없고, 없다고도 할 수 없다'고 부처님께서 말씀하신 것입니다."

있다고도 없다고도 말할 수 없는 곳(空), 남자라고도 여자라고도 할 수 없는 자리에서 남자·여자를 말하며, 부처라고도 범부라고도 할 수 없는 자리에서 부처·범부를 말하는 것입니다. 석가모니는 분명 인간입니다. 그러나 인간이지만 부처님입니다. 부처도 범부도 아닌 곳(공)에서 부처의 모습(색)으로 나타나신 것입니다. 말하자면 상대적 분별이 없는 세계, 즉 공의 세계에서 나타난 분별의 세계, 이를 이름하여 남자·여자, 유·무, 범부·부처라고 구별 짓는 것입니다.

『벽암록』 55칙 '도오점원조위 道吾漸源弔慰'라는 공안이 있습니다.[84]

도오 원지(道吾圓智, 769~835) 스님이 점원 중흥漸源仲興을 데리고 어느 집에 조문을 갔다. 점원이 관을 두드리며 "살았는가요, 죽었는가요?"라고 물었다. 도오가 말했다. "살았다고 말할 수 없고, 죽었다고 말할 수도 없네." 점원이 물었다. "왜 말하지 못합니까?" 도오가 말했다. "말하지 못해, 말하지 못해." 돌아오는 도중에 점원이 말했다. "화상께서는 빨리 저에게 말해 주십시오. 말해 주지 않으면 화상을 칠 겁니다." 도오가 말했다. "때리겠다면 맞겠지만 말해 줄 것은 없어." 점원은 바로 쳤다.

도오가 천화遷化한 후, 점원은 석상 경저(石霜慶諸, 807~888)에게 가서 이 이야기를 꺼냈다. 석상이 말했다. "살았다고 말하지도 못하고, 죽었다고도 말하지 못하지." 점원이 물었다. "어째서 말 못합니까?" 석상이 말했다. "말하지 못해, 말하지 못해." 점원은 이 말끝에 알아차렸다.

점원이 어느 날, 가래를 들고 법당에 올라 동에서 서로, 서에서 동으로 이리저리 돌아다녔다. 석상이 물었다. "뭐 하는 거냐?" 점원이 대답했다. "돌아가신 스승의 영골을 찾는 중입니다." 석상이 말했다. "넓고 넓은 대해의 흰 물결이 하늘까지 용솟음치고 있는 이러한 시방十方의 공간 어디서 스승의 영골을 찾겠는가." 점원이 말했다. "거기에 온 힘을 쏟았구나." 태원의 부孚가 말했다. "스승의 영골이 아직 남아 있네."

이 공안에서 생과 사는 '불생불멸'의 진리임을 나타내고 있습니다. 점원이 생과 사의 상대계를 탈득脫得하지 못한 사이에 스승 도오가 입적한 것입니다. 점원은 동참同參인 석상 처소로 가서 이 이야기를 했고, 그도 역시 '말 못한다'고 답했지요. 이때 점원은 도오의 말을 알아차린 것입니다. 어느 날, 점원이 가래를 들고 스승의 영골(舍利)을 찾고 있으니, 석상은 어디에도 없다고 했습니다. 후일 설두는 여기에 "아이고, 아이고!"라고 착어를 붙입니다. 우주에 편만한 영골을 이것이라고 내놓지 못하니 슬픈 것이 아닐까요. 석상의 말에 점원은 "거기에 내 일생을 바쳤구나" 하고 뉘우친 것입니다. 나중에 태원의 부상좌가 "스승의 영골, 여기 있네"라고 하였습니다. 여기저기 천지에 영골이 가득하다는 것입니다. 불생불멸의 영골에 대한 공안입니다. 생사불이의 세계에서 나타난 생과 사, 중생은 '본래'를 보지 못하고 '생'이니 '사'니 하며 분별 짓는 것입니다. 이러한 불생불멸의 공의 세계를 불멸佛滅 이후 400년이 지나 성립한 『유마경』에서 설하고 있음을 보면, 공사상은 불교 교의의 근간이며, 불교는 이를 확실히 깨닫기 위한 '수행'을 하는 종교임을 알 수 있습니다.

사리불이 천녀에게 묻습니다.

"그대는 죽어서 어디에 태어나는가?" 사리불은 자신의 가장 약한 곳을 보였습니다. 죽어서 이번이 몇 번째로 태어났는가를 묻는 것입니다. 만약 사리불이 진정 깨달음을 얻었다면 이런 질문을 하지 않았겠지요. 사리불의 이 질문은, 인간이 죽어서 어떻게 될까, 라는 집념이 아직 남아 있음을 보인 것입니다. 이것에 대해 천녀는 선명한 대답을 합니다.

불화佛化로 생기는 것[85]처럼, 나도 그와 같지요.

여래에 의해 만들어진 것들처럼[86] 자신도 곳곳에서 모습을 변하여 나타난다고 하는 것입니다. 이 한마디에서 천녀가 모든 시대에 모든 곳에서 모습을 드러내는 수호령·수호신과 같은 것임을 알 수 있습니다. 이 천녀는 언제나 유마의 방에서 유마를 유마답게 하는 작용을 하고 있는 것이지요.

'불화로 생기는 것같이, 나도 그와 같다'라고 하는 것처럼, 이 천녀는 태어나거나 죽거나 하는 존재가 아닙니다. 천녀만이 아닙니다. 중생도 또한 실로 그런 것이라고 말합니다.

"중생도 역시 그렇습니다. 생生·몰沒 같은 것이 없습니다."

이 세상에 태어난 것은 모두 그대로다. 죽든 태어나든 본래로 말하면 없는 것이다, 라고 천녀는 말한 것입니다. 사리불은 천녀에게 묻습니다.

그대는 언제 아뇩다라삼먁삼보리(無上菩提)를 얻었는가?

사리불의 물음에 천녀는 대답했습니다.

천녀: "만약 사리불께서 범부의 몸으로 돌아온다면, 저는 무상보리를 이루지요."

사리불: "내가 범부가 된다는 것은 있을 수 없지요."

천녀: "제가 무상보리를 얻는다는 것도 있을 수 없습니다. 왜냐하면, 깨달음(菩提)은 주처住處가 없습니다.[87] 따라서

깨달음을 얻은 자도 있지 않습니다."

이 말은 깨달음을 얻겠다는 것은, 자신이 미혹하다는 것을 의미한다는 것입니다. 깨달음을 이렇게 저렇게 해서 성취하는 것이라고 하면, 언제까지도 깨달을 수가 없습니다. 안심이 될 수 있기 때문에 깨닫고자 한다면, 그것이 도리어 장애가 되어 안심이 될 수 없습니다. 근거(주처)라고 하는 것이 도리어 장애가 된다는 것을 천녀는 말하는 것입니다. 거기서 사리불이 반문했습니다.

과거에도 부처님이 있었소. 현재에도 부처님은 있소. 미래에도 부처님은 나타날 것이오. 그런 수많은 부처님은 대체 무엇을 깨달으셨소?

아뇩다라삼먁삼보리(무상정등각)를 얻지 못하면 부처가 될 수 없습니다. 더구나 과거에 부처님이 있었고, 현재에도 부처님이 있고, 미래에도 부처님이 있다고 한다면, 아뇩다라삼먁삼보리를 얻었다는 것이 됩니다. 그것은 어떠한 것인지 사리불이 물은 것입니다. 그랬더니 천녀가 멋지게 대답합니다.

세속의 문자나 수數로써 표현한 것입니다. 과거·현재·미래라고 말하지만 깨달음에는 과거도 현재도 미래도 있지 않습니다.

깨달음을 과거·현재·미래로 나누어 생각한다면 분명 알지 못한다는 것입니다. 영원이라는 것을 생각하며 이 문제를 취급해야 합니다. 과거에 부처님이 있다든가, 미래에도 부처님이 나온다든가 하는 시제時制로 그것을 생각한다면 가장 중요한 것을 놓칩니다. 좀 더 눈을 크게 뜨고 넓게 보지 않으면 깨달음이라는 것은 알지 못한다는 것입니다.

인생에 있어서 인간을 이해하는 것도 50년은 걸립니다. 부처를 이해하는 데는 더욱 걸리겠지요. 자신의 한평생이 걸릴지도 모릅니다. 그러나 일생이라는 것은 하루일지도 모릅니다. 흔히 인생을 일장춘몽一場春夢이라고 하여 한바탕의 꿈으로 비유합니다. 과거와 현재와 미래라고 하는 절목을 모조리 걷어치운 세계를 영원의 상相이라고 합니다. 영원의 상 아래에 좌선을 하고, 깨달음을 생각하고, 불교라는 것을 생각하고, 공부도 생각하지 않으면 안 됩니다. 이것이 천녀가 말하고자 하는 것입니다.

"사리불이시여, 당신은 아까부터 깨달음, 깨달음이라고 하시지만 아라한(최상의 성자의 경지)이 되셨습니까?"
사리불이 답했습니다. "무소득으로[88] 얻었소."
천녀는 말했습니다. "제불·보살도 또한 그와 같습니다. 무소득으로 얻으셨습니다."

'완전히 얻을 바가 없기 때문에 깨달음을 얻은 것이다. 그대처럼 문구文句만으로는 언제까지도 깨달음 같은 것은 알지 못한다'고 합니다. 사리불이 아라한을 얻은 것은 무소득이기 때문이라고 합니다. 말로서만이 아닌, 진정으로 깨달았기 때문에 자신이 말하는 것을 곧바로 아는 것이라고 말하는 것입니다.

그 어떤 것도 없기 때문에(공) 어디든지 들어갈 수 있습니다. 조금이라도 무엇인가 있다면 그것이 걸림이 되어 안으로 들어가지 못합니다. 사진을 찍을 때, 필터를 붙이면 정직하게 그 색이 나옵니다. 필터가 없으면 보이는 대로 찍히게 됩니다. 이런 경우 프로 사진가는 그다지 필터를 사용하지 않는다고 합니다. 눈앞의 필터를 거두면 보이는 대로 찍히게 됩니다. 싫은 인간이라고 생각하고 보면 모두 싫어집니다. 좋다고 생각하면 전부 좋아 보입니다. 필터가 될 만한 것을 모조리 거둔 뒤에 가장 중요한 것을 붙잡는 것이 중요하다는 것입니다.

거기서 유마가 사리불에게 말합니다.

이 천녀는 이미 92억의 부처님을 공양하였고, 이제 보살의 신통으로 유희하고, 원을 달성하고, 어떤 것도 생겨나는 것이 없는 인식을 얻고,[89] 불퇴전不退轉의 경지에 머물러 있는 것이오. 다만 본원本願을 갖추었기에[90] 마음대로 모습을 나타내 중생을 교화하고 있는 것입니다.

천녀는 대단하게도 92억의 부처님을 받들었고, 이제 자유자재로 어떤 세계라도 나아가는 존재가 된 것입니다. 그것은 본원이 있었기 때문이고, 이 세상에 출현하여 중생을 교화하고 있다는 것입니다. 이런 존재는 오늘날에도 우리 주변에 많이 있다고 생각합니다. 언뜻 보면 보통 사람 같이 보이지만, 실은 중생을 구하기 위해 이 세상에 나온 것 같은 사람이 있습니다.

불도품 제8

1. 보살의 길

문수사리가 다시 유마에게 물었습니다.
"보살은 어떻게 해야 불도를 통달합니까?"
이에 대해 유마는 답했습니다.
"보살이 비도非道를 행하면 이것이 불도에 통달하는 것이오."

비도를 행한다는 것은 부모를 죽이고, 아라한(성자)을 죽이고, 부처님 몸에 피를 내고, 승가의 화합을 깨트리는 다섯 가지 죄(五逆罪)를 범하는 것을 뜻합니다. 이 죄를 지으면 무간지옥으로 바로 떨어진다고 합니다. 무간지옥은 여덟 가지의 뜨거운 지옥 중 제8 아비지옥을 가리키는데, 꽉 끼여 숨도 못 쉬는 고통이 계속되는 지옥입니다. 비도의 과보입니다. 문수가 다시 유마에게 물었습니다.

"어떻게 하는 것이 보살이 비도를 행하는 것입니까?"
"지옥 속에 있으면서 고통이나 노여움, 죄의 더러움에서 벗어나는 것이 보살이 비도를 행하는 것이오."

보살은 지옥 속에 있어도 지옥에 있지 않은 것이 됩니다. 다른 사람이 곤란을 당할 때 바로 돕는 것이 보살입니다. 어떠한 탐욕적인 행위를 한다고 해도 결코 물들거나 집착하지 않고, 노여움이 있어도 결코 중생에 대해 노여워하는 일이 없으며, 자신의 분노로 인해 타인에게 해를 입히지 않는 자가 보살입니다. 노여움은 모든 선심善心을 태워 버립니다. 이성이나 지성으로도 감당하지 못합니다. 『대장엄경론』에 이런 말이 있습니다.

몸은 마른 장작과 같다. 노여움은 불과 같다. 아직 다른 것을 태우지 않았는데 먼저 자기 몸을 태운다.

다른 것을 태우기도 전에 먼저 자신의 신체를 태워 버리고 마는 어리석음이 바로 노여움입니다. 화를 버럭 내어 남에게 해로움을 가하기도 전에, 자신을 먼저 새까맣게 태워 버리는 것이 노여움입니다. 언제나 인욕해야지 하면서도, 생각보다 먼저 노여움이 고개를 쳐듭니다. 그러나 보살은 절대의 인욕으로 노여워하지 않습니다. 이는 마음을 비우기 때문입니다. 유마는 계속해서 비도의 행을 말합니다.

> 파계를 행하는 모습을 보이면서도 깨끗한 계(淨戒)에 안주하고 있소.

계율을 지키지 않는 것처럼 보이지만, 중요한 것은 절대적으로 지키는 것입니다. 소위 막식막행을 하는 것같이 보이는데 계율에 어긋남이 없이 근엄하며, 선·후배에 대해 겸손한 모습을 잃지 않는 것이 보살입니다. 게으른 사람들 속에 섞여 있어도 꾸준히 공덕을 닦고, 산란한 마음으로 복잡하지만 결코 산란에 휘말리지 않고 태연합니다. 우치한 행동을 하는 것처럼 보여도 세간·출세간의 지혜에 통달하는 것이 보살의 비도행이라고 합니다. 또한

> 가르침을 듣고 수행승의 길로 들어서는 것 같지만, 또한 사람들에게 들은 적이 없는 법을 설하오.

성문聲聞은 가르침을 듣고 깨달음을 얻는 자입니다. 부처님의 제자는 전부 성문입니다. 부처님의 가르침의 소리를 듣고 깨달은 것입니다. 그런데 대승불교시대가 되면 가르침을 받는 것만으로는 안 된다고 합니다. 간혹 사람들은 가르침을 듣고 인생관이 바뀌었다거나 밝은 인생의 행로를 찾았다고 하여 만면에 웃음이 가득합니다. 일찍이 들어 본 적이 없는 법을 들은 것입니다. 이것이 중요합니다.

사람은 교육을 통해 점점 이성적으로 변해갑니다. 승가도 마찬가지입니다. 제도에 의해 승단의 규칙을 익히고 스승을 섬기며, 이후 공부가 어느 정도 되면 스승과의 대화를 통해 자신의 공부를 점검하거나 새로운 공부의 길로 나섭니다.

그 길에서 수많은 사람을 만나 대화를 하고 가르침을 듣게 되어도 인생살이에 큰 변화가 없다가, 어느 순간 마음에 감동이 일거나 숙연해질 때가 있습니다. 또는 집으로 돌아갔을 때, 그 대화나 가르침이 되새김질될 때가 있습니다. '들은 적이 없는 법'을 설하는 것을 들은 것이지요. 그 말은 가슴속에 깊이 파고들어 자신의 좌우명이 되기도 합니다. 제가 아는 어느 스님은 출가 전에 좋은 직장을 다니고 있었습니다. 어느 날 사람들이 많이 모인 법회에 우연히 들어가 이름도 모르는 노스님의 법문을 듣게 되었고, 단번에 큰 감흥이 일어나, '불법이 이런 것이구나!'를 깨닫게 되었다고 합니다. 그 후 계속해서 법문을 듣다가 신심이 불끈 솟아 마침내 직장을 그만두고 출가했다고 들었습니다. 큰스님의 법문의 울림은 출가 후에도 수행승의 길에 광명이 되어 공부하는 데 큰 도움이 되었다고 합니다.

그 사람이 아니면 할 수 없는 말이, '들은 적이 없는 말'입니다. 남이 해 놓은 말을 흉내 내는 것이 아니라, 깊은 수행에서 얻어진 깨침에서 우러나는, 그 사람만이 할 수 있는 말을 유마는 비도의 행이라고 했습니다.

홀로 깨닫는 수행자(辟支佛)의 도에 든 것같이 보이지만, 대비를 성취하여 중생을 교화하오.

홀로 공부하여 깨달은 자를 독각獨覺(벽지불)이라고 합니다. 예로, 대자연을 바라보고 대자연의 법칙이라는 것을 발견하여, 그것으로 깨달음을 얻은 자입니다. 이러한 사람은 사람의 일에 흥미를 품지 못하고 대자연과 하나가 되는 것에만 마음이 기울어 있습니다. 그렇다고 하더라도 자기 주변의 사람에 대해서라도 큰 애정을 가지고 그들을 구해야겠다는 삶을 산다면, 그것은 불도에 부응하는 것입니다.

불교의 신심으로 사는 사람에는 두 가지 타입이 있습니다. 하나는 자신의 일만을 생각하는 사람입니다. 홀로 좌선하거나 염불하며, 미디어 매체를 통해 법문을 들으면서 언제나 자신의 문제만을 해결하려는 분이지요. 다른 하나는 자신의 문제를 구명하는 것에는 신경 쓰지 않고, 이웃을 행복하게 하는 일에만 노력하는 분입니다. 하지만 가장 이상적인 것은 스스로 자신의 존재를 구명하고, 더불어 주변 사람을 행복하게 하는 일입니다. 이 양쪽이 갖추어져야 비로소 불도라고 할 수 있습니다.

빈궁한 사람들 사이에 들어가는 것을 보이지만 보배로운 손이 있어서 그 공덕이 다하는 일이 없소.

가난한 사람으로 삶을 살아가는 것 같지만 조금도 가난하지 않습니다. 무한한 가능성을 드러내는 보배의 손을 가지고 있기 때문입니다.

"받을 물건이 없는데 양손으로 받는다"라는 말이 있습니다. '받을 물건이 없다'는 말은, 말 그대로 받을 그릇도 하나 없다는 것입니다. 아주 가난하다는 것을 나타내는 것이지요. 그런데 타인이 무엇을 가져다주면 두 손으로 받는 것입니다. 다만 그것뿐입니다. 양손을 쑤~욱 내밀어 받는 것입니다. 그것은 합장하여 받는 것과 마찬가지입니다. 텅 비어 있기 때문에 얼마든지 넣을 수 있습니다.

분명 무일물無一物이기 때문에 무진장無盡藏이라는 세계가 나옵니다. 자신 속에 아무것도 없으면 어떠한 것도 모조리 자신 속에 넣을 수 있습니다. 무엇인가 속에 가득하게 있으면 그 이상 어떤 것도 넣지 못합니다. 깨달음의 공부도 이와 마찬가지입니다.

선사들은 늘 말씀합니다. "불교의 가르침을 들을 때에는 자신의 속을 완전히 비우라"고. 학인이 공부하러 오면 선사는 먼저 무슨 공부를 했다는 아만과 교만이 남아 있는지를 살핍니다. 조금이라도 안다고 말을 해대면 죽비로 내리칩니다.

중국 당唐대의 임제 선사(臨濟義玄, ?~867)는 큰 소리로 '할!'이라고 놀라게 만들고, 덕산 선사(德山宣鑑, 780~865)는 몽둥이로 내려쳐서 아픔 속에서 완전히 머리를 비게 만들었습니다. 자신이 공부를 많이 했다는 생각, 대단한 것을 많이 알고 있다는 생각을 몽땅 비워 버리지 않으면 자신 속에 있는 지혜(반야, 正智)가 발현되지 않는다는 것입니다.

신체가 부자유한 사람이지만 여러 가지 상호를 갖추어 있고 더구나 스스로를 아름답게 장엄하오.

부자유한 모습을 하고 있지만 삶은 대단히 훌륭합니다. 무엇이라고 말할 수 없는 아름다운 모습을 하고 있습니다.

보통 신체가 부자유스러우면(장애를 갖고 있으면) 자신을 싫어하게 되고, 늘 그 싫어하는 생각에 빠져 있는 사이에 나이를 먹고 비관하다가 죽어 버리는 경우가 있습니다. 그러나 세상에는 그렇지 않은 사람이 많이 있습니다. 몸은 부자유스럽지만 무엇이라고 말할 수 없는 만족감으로 생활합니다. 휠체어를 타고 이웃을 돕기도 하고, 국가대표 스포츠 선수가 되어 자신의 나라를 세계에 알리기도 합니다. 그림을 잘 그려 사람들을 감흥시키기도 하고, 학생들을 가르치는 교수가 되기도 합니다. 태연한 모습으로 열심히 사는 모습을 보여 자신을 안쓰러워하는 부모를 위로하기도 합니다. 부자유스러운 삶일지라도, 부처님의 생명이라는 것을 붙잡고 있는 삶이 된 것입니다.

늙고 병들어 보여도 일찍이 병의 근원을 끊고 죽음의 두려움

을 초월하오.

병이나 불행한 것을 만나도 죽음의 두려움을 느끼지 않는다면 그것은 불도에 부응하는 것입니다.

마조 도일(馬祖道一, 709~788) 선사가 병환 중에 있었다.
원주가 묻기를 "화상, 몸은 좀 어떠신지요?"라고 하였다.
대사가 말하기를, "일면불日面佛 월면불月面佛."

마조 선사는 중국의 선종, 남종선의 기틀을 세운 분입니다. '평상심이 도'라고 강조하며 일상 가운데서 선의 정신을 발견하는 태도가 철저했습니다. 문헌에서는 이 문답이 입적 전의 것이라고 합니다. 선사에게는 기라성 같은 제자가 수두룩했지요. 백장회해(百丈懷海, 677~744), 조주의 스승인 남전 보원南泉普願, 방 거사 등이 있으며, 회하에는 나중에 각 종파가 생깁니다. 한국선의 토대가 되는 '구산선문九山禪門'에도 그의 계파의 제자들이 선두에 있습니다.

마조가 병상에 있을 때 원주院主가 병의 상태를 묻자, 마조는 죽음에 직면한 인간존재의 모습을 간단히 '일면불日面佛 월면불月面佛'로 보였습니다. 해는 장수의 부처이고 달은 단명의 부처라는 보리류지(菩提流支, 생몰연대 미상)의 『불설불명경』의 전거典據를 빌려 양방의 부처를 든 것입니다. 수명은 사람마다 달라 오

불도품 제8

래 산다고 해서 반드시 좋아할 일도 아니고, 짧게 산다고 해서 슬퍼할 일도 아닙니다. 이런 부처도 있고 저런 부처도 있음을 보인 것이 마조의 설법입니다. 말하자면 마조는 몸 상태를 물은 원주에게 병에 구애됨이 없이 언제나 뜨는 해와 달처럼 언제나 그대로 여여함을 보인 것입니다.

자산가로 보이지만 언제나 무상을 관하고 실로 탐하는 데가 없소.

경에는 자생資生이라고 했습니다. 이는 경제적인 여유를 뜻합니다. 생활에 무엇 하나 부족함이 없는 재산을 가졌지만 무상으로 보는 것입니다. 형태가 있는 것은 언젠가 없어져 버리는 것이기 때문에, 그것을 의미 있게 사용하지만 탐욕심을 갖지 않는다는 것입니다.

돈이 있어도 그것을 제대로 쓸 수 있는 사람은 그리 많지 않습니다. 더구나 죽고 나면 자식들이 그 돈을 두고 서로 다투는 일도 있습니다. 생전에 돈을 쓰는 방법도 알지 못했고, 죽은 후에는 자식들이 그 돈을 두고 다투는 결과까지 낳고 만다면, 결국 돈이란 아무런 가치도 없이 되어 버리는 것이 아닐까요? 무상관이라는 것은 살아가는 데 있어 정말 중요한 것입니다.

입이 무겁고 둔한 모습을 나타내 보여도 변재를 성취하고 총지總持를 잃는 일이 없소.

우둔한 모습을 보이는 것 같지만, 실은 논리와 이치에 맞게 말하며, 더구나 상대방의 마음을 감동시키는 변재가 있고, 말의 요지가 분명하며, 또한 모든 것을 기억하여 잊는 일이 없다는 것입니다.

부처님의 제자로 마하-반특카(摩訶半特)와 쭈라-반특카(周利半特)라는 형제가 있었습니다. 형은 대단히 머리가 좋은데 동생은 전혀 그렇지 못했습니다. 이 두 사람의 어머니는 왕사성의 부호의 딸이었습니다. 고용인과 밀통하여 도망하게 되었고, 카스트 밖의 계급으로 떨어졌습니다. 큰 길에서 형을 낳아 마하-반특카(大路), 좁은 길에서 낳은 동생은 쭈라-반특카(小路)라고 각각 이름을 지었습니다.

동생 쭈-라 반특카는 머리가 나빠 가르침을 조금도 기억하지 못했고, 화가 난 형은 동생을 교단에서 쫓아냈습니다. 부처님이 문 밖에서 울고 있는 사람을 발견하고 왜 우는지 물었습니다. "저는 가르침을 기억하지 못해 형이 교단에서 쫓아냈습니다"라고 하니, 데리고 들어와 하얀 천을 건네주고, 비구가 모였을 때 강당 입구에 앉아 신발 닦는 일을 시켰습니다.

그리고 '먼지를 털고 때를 닦는다'라고 소리를 내 되풀이하라고 시키셨습니다. 사실 쭈라-반특카는 머리가 나쁘지 않은데, 지금으로 말하면 예민한 신경증으로, 말하려고 하면 입이 움직이지 않고, 뻔히 알고 있는데도 입에서 말이 나오지 않았던 것입니다. 부처님은 이러한 증상을 아시고, 머리를 들지 말고, 사람의 얼굴을 보지 말며, 단지 많은 사람을 돕는 일에 열중하도록 시켰습니다. 그래서 사람들이 나올 때면, "쭈라-반특카, 고마워요"라고 말하게 되었습니다. 그러던 중 마음이 점점 누그러져 편안하게 되었고 어느 날, 돌연히 자연스럽게 말문이 트이게 되었습니다.

마침, 왕사성의 장자가 부처님의 제자를 전부 불러 공양을 올리는 날이었습니다. 대중은 쭈라-반특가가 우둔하다고 생각하고 그를 공양하는 인원에 포함하지 않았습니다. 부처님이 이를 아시고 "쭈라-반특카가 하찮은 사람인가, 한 번 불러 확인해 보는 게 좋겠다"라고 말씀하셨습니다. 부처님은 그가 깨달았다는 것을 아신 것입니다. 그래서 쭈라-반특카도 함께 갑니다. "그대가 오늘 설교하시오"라고 말하니, 일어나서 거침없이 차분히 말합니다. 태도도 좋고 말솜씨도 좋고 내용도 너무나 훌륭하여서 대소동이 일어났습니다.

말도 제대로 잘 못하는 우둔한 사람을 부처님께서 지켜보시고 이끌어주신 덕분으로 자신의 재능을 발견하게 된 것입니다.

2. 깨달음은 미혹의 길에서 피어나는 꽃

유마가 문수사리보살에게 묻습니다. "무엇이 여래의 종자가 되오?" 문수는 말하기를 "몸이 종자가 되고, 무명·유애[91]가 종자가 되고, 탐·진·치가 종자가 되고…." 또한

간단히 정리하면, 62견[92] 및 모든 번뇌는 모두 부처님이 되는 종자입니다.[93]

유마는 "미혹이 부처의 종자이다. 미혹이 있기 때문에 깨달음이 있다. 깨달음은 미혹의 길에서 핀 꽃이다"라고 하였습니다. 미혹이 있기 때문에 꽃이 핀다는 것입니다. 이를 『유마경』에서는 되풀이하여 설명합니다. 누구에게나 결점이 있으며, 그 결점이 도리어 그 사람을 부처로 되게 한다는 것이 대승불교입니다. 그 '미혹'을 발견하도록 하는 것이 『유마경』의 입장입니다.

경전에, 부처님이 밟는 자리마다 연꽃이 피었다고 합니다. 발로 밟는다는 의미는 가장 더러운 곳을 밟는다는 뜻도 됩니다. 밟는 자리마다 하얀 연꽃이 피어납니다. 부처님의 탄생도를 보면, 부처님은 이 세상에 태어나 일곱 발자국을 걸으실 때 그 발자국마다 연꽃이 피어오르고, 성불하실 때 앉은 자리가 연꽃으로 변하였다고 합니다. 연꽃은 더러운 진흙에서 핍니다. 사바세계의 뭇 중생을 편안하게 하기 위해 세상에 태어나신 분이기에 피어난 연꽃은 부처님을 상징하는 것이 되며, 완전한 성불을 중생에게 보인 부처님을 상징하여 좌대가 연꽃으로 변한 것입니다. 중생을 교화하는 보살 역시 연화 위에 앉거나 서 있습니다. 연꽃은

예토穢土에 닿아(卽) 있고, 부처와 보살은 중생을 떠나 있지 않음을 연꽃으로 보인 것입니다.

　실수와 실패, 번뇌는 그 인간이 훌륭하게 되는 실마리(始原)라는 것을 이『유마경』은 강조하고 있는 것입니다.

　만약 무위를 보고 깨달음을 달득達得한 자는 이미 위없는 깨달음을 구할 마음이 없습니다. 비유하면 고원의 육지에서는 연꽃이 피지 않고 습진 진흙탕에서 피는 것과 같습니다. 이와 같이 무위인 것을 보고 깨달음에 이른 자는 결국 부처가 될 만한 특성을 가지고 있지 않으며, 번뇌의 진흙 속에 있는 중생이 부처가 될 만한 특성이 나타납니다.

　이 세계가 아름답다거나 더럽다거나 하는 분별을 떠난 세계가 무위입니다. 인간을 보아도 자연을 보아도 어떠한 구별을 하지 않은 경지에 들어, 거기에 안심하고 정착하는 것을 '무위를 보고 정위定位에 든 자'라고 합니다. 그러한 사람은 깨달음을 향하는 마음이 생기지 않는다는 것입니다. 인생이 무엇이라고 나름대로 알고 있는 듯한 얼굴을 하는 사람은 깨달음이라는 것조차 알지도 못하고 알려고 하지도 않습니다.

　20대는 인간에 대해서, 인생에 대해서 모두 알 것 같은 얼굴을 하고 있습니다. 안다기보다 관심조차 갖고 있지 않습니다. 그러다 50대가 되면 '아아, 알고 있어요'라고, 의젓하게 수긍하는 모습을 보이기도 합니다. 이러한 사람은 깨달음을 가장 멀리합니다.

50대, 60대가 되어도, 더더욱 인생도 인간도 알지 못하겠다고 탄식하는 사람은, 그 '알지 못한다'라고 하는 데로 들어갑니다. 무엇이든 어떤 것이든 알고 있다고 생각하는 사람은 결코 이러한 마음이 나지 않습니다. 이미 마음에 알고 있다는 고만高慢이 꽉 차 있기 때문입니다.

50세가 좀 지난 부인이, 자신은 무엇이든 알고 있다는 듯이, '남자라는 것은…', '인생이란 건…', '인간이란…'이라고 하면서, 상대를 가르치는 듯한 얼굴을 하며 자신이 살아온 길을 약간은 뽐내는 분이 있었습니다. 결혼하고, 아이를 낳고, 아무런 일 없이 행복하게 지내고 있음을 자랑삼아 말하기도 했습니다. 하지만 인생이나 인간을 아는 것과, 소고기 가격을 아는 것과는 근본적인 차이가 있습니다. 그런 사람은 아이들이 변하게 되면 당황하고, 죽음에 이르게 되면 어쩔 줄 모릅니다. 인생에 대해 아무것도 아는 것이 없음을 그때가 되어야 비로소 알게 되는 것입니다. 인생, 인간을 알지 못한다고 깊게 생각하는 사람은, 모른다는 열쇠를 이미 가지고 있기 때문에 아뇩다라삼먁삼보리, 깨달음이라는 세계로 쑤~욱 들어갈 수 있습니다.

선가禪家의 화두에는 '참된 나라는 것은?', '무엇이 나를 이렇게 하게 하는가?', '생과 사가 불이不二라고 했는데 죽음에 이를 때 그 길을 알겠는가?' 등이 있습니다. 이처럼 선어록에는 곳곳에 이러한 질문을 던지고 깨우치게 하는 일이 허다하게 전개되고 있습니다.

백장 회해(百丈懷海, 749~814)[94] 선사에게 어느 승려가 물었다.
"부처는 누구입니까?"
선사는 반문했다.
"너는 누구냐?"

어떤 비구니가 내세에 비구가 되려면 어떻게 해야 하느냐고 용담 선사(龍潭崇信, 9세기 전반)[95]에게 물었다. 이에 선사는 이렇게 반문했다.
"그대는 비구니가 된 지 얼마나 되는가?"
"제 말씀은 제가 언제 비구가 될 날이 있을까 하고 여쭈어 보는 것입니다."
"그대는 지금 무엇이오?"
"이승에서 제가 비구니라는 것을 모르는 사람이 어디 있겠습니까?"
"누가 그대를 아는가?"

어느 스님이 위산 선사(僞山靈祐, 771~853)에게 물었다.
"도가 무엇입니까?"
"무심이 바로 도이네."

"저는 이해가 안 갑니다."

"그대가 할 일은 이해 못하는 바로 그 사람을 이해하는 일이네."

"이해를 못하는 그 사람이 누굽니까?"

"다름 아닌 바로 자네일세."

경청(鏡淸道怤, 868~937)은 설봉 의존(雪峯義存, 822~908)의 법을 이었습니다. 어렸을 때에는 현사 사비의 처소에 있었습니다. 향상일로向上一路(깨침)의 공부가 되지 않아 현사에게 "제가 여기에 와서 뼈 빠지게 열심히 공부를 한 것 같은데, 아직 어떠한 실마리도 얻지 못했습니다. 대체 선은 어디로 들어가야 좋겠습니까?"라고 물었습니다. 현사는 "저 계곡의 물소리가 들리는가?"라고 물었습니다. "예, 잘 들립니다." "그럼, 거기서부터 들어가게." 경청은 여기서 깨달음의 기연機緣을 얻었다고 합니다.[96]

'어떻게 생사를 벗어날 수 있겠는가'라고 치열하게 수행승들에게 묻는 화두가 있습니다.

도솔 열 화상이 삼관三關[97]을 세우고 학인에게 물었다. "발초참현[98]은 다만 견성을 목적으로 한다. 지금 그대의 본성은 어디에 있는가? 자성을 확실히 깨달으면 비로소 생사를 벗어난다. 안광眼光이 떨어질 때[99] 어떻게 벗어나는가? 생사를 벗어나면 바로 가는 곳을 안다. 사대四大가 분리될 때 어느 곳으로

가는가?"¹⁰⁰

이와 같이 공안집의 화두는, 인간에 대한 무지를 알고, 인간의 본성을 확철대오確徹大悟할 수 있는 길을 제시합니다. 참선자들은 이러한 화두를 들고 본래의 실상(무아)을 체득하는 것입니다.

모든 번뇌는 여래의 종자가 됨을 알아야 하오. 비유컨대 거대한 바다로 들어가지 않으면 무가無價의 보주를 얻을 수 없듯이, 이와 같이 번뇌의 대해에 들지 않으면 일체지一切智의 보배를 얻지 못하오.

대해의 저 밑바닥까지 가지 않으면 무가無價의 보배를 얻지 못하는 것처럼, 번뇌의 큰 바다 속으로 들어가지 않는다면 '일체지'라는 보배를 얻을 수가 없습니다. 여인에게 다섯 가지 장애라는 것이 있습니다. 필자는 이것을 『법화경』「신해품」에 설해져 있는 '기欺·태怠·진瞋·한恨·원怨' 등 다섯 가지라고 생각합니다. '기'라는 것은 믿어야 하는 것을 믿지 않는 것입니다. 가장 중요한 것을 믿지 않는 것입니다. 작은 것은 믿는데 큰 것은 믿지 않습니다. 부처님의 생명으로 살아가는 것을 믿지 않는 것입니다. 생명은 뭇 생명과 등일等一합니다. 자신을 지탱해주는 생명에게 자신도 그 생명을 역시 도와주어야 합니다. 말하자면 우리는 크고 작은 부처님들의 생명으로 살고 있음을 믿어야 하는 것입니다. '태'는 게으름입니다. '진'은 화입니다. 집념이 견고하여 타인의 말에 절대 수긍하지 않으며 자신의 주장이 강합니다. '한'은 원망, 원한입니다. '원怨'은 죽어서까지 원망하는 것입니다. 이 다섯 가지 장애가 있어서 여인이 부처가 될 수 없다는 것입니다.

중국 당대 선승 조주 선사(趙州從諗, 778~897)의 처소에 노파가 찾아왔습니다. 노파는 "다섯 가지 장애가 있는(五障)의 몸, 어떻게 해야 면할 수 있겠습니까?"라고 물으니, 선사는 "원컨대 세상 사람들이 모두 천상에 태어나기를, 이 노파는 영원히 고해(지옥)에 빠지기를"이라고 말해 주었습니다. 말하자면 노파 자신 이외의 모든 것은 천상에 태어나기를, 대신 노파 자신은 영원히 고해에 잠길 것을 원하라는 것입니다. 만약 노파가 조주의 이 말을 알아채지 못한다면 노파는 영원히 고해에 있을 것입니다.

이 노파는 타인의 일에 대해서는 관심이 없으며, 자신만은 천상에 가야 한다는 고집과 집념에 덮여 있었습니다. 그것을 조주는 뒤엎은 것입니다. '나는 고해에 빠져도 내 주변에 있는 사람은 하늘에 태어나는 방법은 없겠는가'라고 하면 오장五障을 면한다는 것이지요. 완전히 번뇌에 빠져 버린다면 지혜의 보배를 얻어 오장을 벗어나게 된다는 것입니다.

바로 이것이 문수보살이 말한 '진흙 속에 있는 중생이 부처가 될 만한 특성이 나타난다'는 것이 됩니다.

모든 번뇌가 여래가 될 수 있는 원인이 된다는 문수의 말에 대가섭은 감탄합니다. 그리고 깊이 탄식하는 것입니다. 대가섭은 지금까지 자신만의 깨달음을 위해 열중했을 뿐, 모든 중생을 구해야 한다는 비원이 없었음을 깨달은 것입니다. 무간지옥에 떨어질 정도의 비도非道를 행한 사람은 불법을 깨칠 수 있지만, 소승의 무리는 영원히 참된 보리심을 일으킬 수 없음을 알았습니다. 비유하면 뿌리가 썩어 흙이 되는 것과 같습니다. 이같이 갖가지 번뇌나 세간의 관계를 끊은 성문들은 중생을 이익되게 할 수 없고, 더 이상의 불법을 깨달으려고 하지 않는다는 것입니다.

그러므로 문수사리여, 범부는 불법을 행하려고 하지만 성문에게는 불법을 행하려고 하는 마음이 없습니다. 왜냐하면 범부는 불법을 듣고 능히 무상도심[101]을 일으켜 삼보三寶를 끊지 않습니다. 하지만 성문은 몸이 다할 때까지 불법·힘·무외無畏 등[102]을 들어도 영원히 무상도심을 내지 못합니다.

그때, 대중 가운데 보현색신普現色身이라는 보살이 있었는데, 그가 유마에게 말합니다. "거사여, 부모·처자·친척·권속·이민吏民·지식인 등은 모두 누구입니까? 노비·하인·코끼리·말·탈것 등은 모두 어디에 있습니까?" 유마는 42게송으로 답합니다.[103]

지도(智度, 반야바라밀다)는 어머니이고, 방편은 아버지이오.

왜냐하면 모든 스승은 여기에서 태어나기 때문이라오. 법희法喜는 나의 처이며, 자비의 마음은 나의 딸이며, 착하고 성실한 마음은 나의 아들이며, 집은 공적하고 청정하다오. 제자들은 번뇌이며, 모두 내가 생각하는 대로 제어할 수 있다오.

유마는 이처럼 불교의 가르침을 한 집안에 비유하여 설명합니다. 집은 무상無相하고 공적하며 청정합니다. 그 집에 사는 부모, 처, 딸, 아들, 제자들은 도피안이며, 방편이며, 법열의 환희이며, 자비심이며, 성실하고 착한 마음이며 번뇌라고 했습니다.

계속해서, 유마는 게송으로 37조도품이 스승이고, 이것에 의해 바른 깨달음을 얻을 수 있다고 설합니다. 육도의 법은 친구이며, 사섭법은 기녀이며, 독송과 설법을 혼합하여 이것으로 음악을 삼았다고 합니다. 다라니는 법의 동산으로, 이 동산에는 바른 깨달음의 묘한 꽃이 만발하고 해탈의 지혜가 열매로 맺히고, 법의 동산에는 연못이 있고, 그 연못에는 선정처럼 고요한 물이 가득 채워져 있고, 그 연못에는 일곱 가지 청정한 꽃이 피고, 그 연못 가운데는 더러움이 없는 사람이 목욕을 하고 있다고 합니다.

또한 불가사의한 힘을 가진 코끼리와 말이 대승의 수레를 메고 달리고, 그 대승의 수레를 끄는 마음은 하나이니, 여덟 가지 바른길(八正道)을 유희한다는 것입니다. 팔정도란 ①정견(正見, 사제四諦의 도리를 바로 보는 것), ②정사유(正思惟, 사제의 이치를 바로 사유하는 것), ③정어(正語, 바른 말), ④정업(正業, 바르게 생활하는 것), ⑤정명(正命, 신·구·의 삼업을 청정하게 하여 생활하는 것), ⑥정정진(正精進, 수행에 힘쓰는 것), ⑦정념(正念, 삿된 망상이 없는 것), ⑧정정(正定, 미혹함이 없는 삼매의 경지에 드는 것) 등입니다. 이 팔정도는 소승불교의 실천덕목이지만, 대승의 마음으로 이끄는 대승의 수레는 이 팔정도를 자유자재로 유희한다고 합니다.

이 대승에 속한 사람들의 모습은 장엄하여, 부끄러워하고 참회하는 윗옷을 입고, 깊은 마음은 화만이 되며, 부富는 일곱 가지의 보배를 갖추었다고 합니다.

일곱 가지 마음의 보배란 ①신(信, 정법을 믿는 것), ②계(戒, 계율을 지키는 것), ③문(聞, 정법을 잘 듣는 것,) ④참(慚, 자기를 부끄러워하는 것), ⑤괴(愧, 타인에 대한 부끄러움을 가지는 것), ⑥사(捨, 모든 것에 집착하지 않는 것), ⑦혜(慧, 진리를 바르게 이해하는 것) 등입니다. 또한

대승의 사람들은 언행이 일치하고, 자신뿐만 아니라 타인 또한 깨달음으로 이끌고, 선정을 닦으면서 청정한 생활을 합니다. 감로의 밥을 먹고, 해탈의 물을 마시고, 목욕으로 마음을 깨끗이 하고, 계의 향유를 몸에 바르고, 네 가지의 마구니를 항복시키고 승리의 깃발을 도량에 세웁니다.

네 가지 마구니란, 사람을 어지럽히는 요인을 네 가지로 분류한 것으로, ①번뇌마(煩惱魔, 신심을 어지럽히는 탐욕 등의 번뇌), ②

음마(陰魔, 가지가지의 고통을 일으키는 오온), ③사마(死魔, 죽음), ④ 타화자재천마(他化自在天魔, 사람의 선행을 방해하는 욕계의 제6천, 즉 타화자재천의 마왕) 등입니다.

이처럼 불도수행의 장애가 되는 것은 모두 마구니의 업입니다. 『대반야경』의 「마사품魔事品」이나 『수능엄경』, 『천태소지관天台小止觀』 등은 마구니에 대해 상세히 설명해 놓은 대표적인 경론입니다. 이 네 가지 마구니는 수행뿐만 아니라 일상생활을 하는 데도 큰 장애가 됩니다. 천마天魔는 비행이 자재하고, 신체에서 방광하고, 때로는 불보살의 모습으로 나투어 수행자를 어지럽히는 일도 있습니다. 이러한 밖으로부터의 마구니는 처리하기가 쉽지만 안에서 일어나는 마구니는 실로 두려운 존재입니다.

그것은 우리 마음속에 생기는 번뇌입니다. 우리의 신체를 구성하는 오온五蘊이 영겁으로 존재한다고 생각하는 것도 안에서 일어나는 마구니이며, 오온으로 인한 어지러움도, 죽음에 대한 두려움도 역시 그렇습니다. 오온은 모두 공하고, 신체는 무상하고, 죽음은 한순간에 지나지 않는다고 관하고 고요히 삼매에 들면, 내면의 마구니를 물리칠 수 있습니다.

『반야심경』의 맨 첫 줄에 "관자재보살觀自在菩薩 행심반야바라밀다시行深般若波羅蜜多時 조견오온개공照見五蘊皆空 도일체고액度一切苦厄"이라는 내용은 『심경』의 요체입니다. 오온이 전부 공하다고 관할 때 자재한 보살이 됩니다. 이것이 인생에 대한 견해입니다. '마음 밖에 마구니의 장애가 없고 무심이 되면, 마구니를 항복시킨다'라는 말이 있듯이 마장은 마음 밖에 있는 것이 아니고 마음속에 있습니다.

우리가 무심의 경지가 될 때 악마(번뇌)는 사라집니다. 특히 선가禪家에서는 무심의 생활을 수행의 요체로 합니다. 무심은 공입니다. '일체개공'을 생활화하는 것입니다.

『마조록』에 무심을 일상생활로 하는 마조(馬祖道一, 709~788) 선사와 교의敎義의 대가인 태안사 주지와의 일화가 있습니다. 간단히 요약하면 이렇습니다.

홍주 태안사 주지는 강사講師였는데, 평소에 참선만을 하는 개원사 마조 선사를 비방했습니다. 어느 날 밤 삼경三更에 저승사자가 와서 문을 두드리니, 주지가 누구냐고 물었습니다.

"귀신세계의 사자인데 주지를 데리러 왔다."

"내 나이 예순일곱인데 40년간 경론만을 강하여 대중들을 공부시켰으나 내 자신의 수행은 미처 못하였으니 하룻밤 하루 낮만 말미를 주어 수행하게 해주시오."

"아직껏 수행을 못했다면서 이제와 수행을 한들 무슨 소용이 있겠소.…듣지 못했는가. 금강장보살이 해탈월보살에게 말하기를, '자신이 바른 행을 닦은 뒤에야 남에게 바른 행을 닦게 할 수 있다'고 한 것을. 더러운 생사심으로 입만을 놀리고 따지기만 하여, 진정한 불법을 전하지 못하였구려. 저 세계의 왕이 화가 나서, 그대를 데리고 오라 했소. 빨리 갑시다. 만일 늦으면 저 왕께서 우리를 꾸짖을 것이오."

그러나 이어서 둘째 사자가 말했습니다.

"저 왕께서 이미 이 사실을 아실 테니 이 자에게 수행하게 해 준 들 무방하지 않겠소?"

그러자 첫째 사자가 말했습니다.

"그렇다면 딱 하루만 수행하도록 놓아주겠지만, 왕이 이를 허락하지 않으면 잠시 뒤에 다시 오겠소."

그러고는 그들은 사라졌습니다. 사자가 간 뒤 어떤 방법으로 수행을 해야 할지 대책이 서지 않았습니다. 그래서 주지는 황급히 개원사로 달려갔습니다. 마조 스님께 앞의 일을 자세히 말씀드리고, "죽음이 닥쳤는데 어찌해야 하겠습니까? 바라옵건대 스님이 저를 구제해 주시오"라고 애원했습니다. 마조 스님은 그를 곁에 서 있게 했습니다. 다음날 사자가 태안사로 가서 주지를 찾았으나 찾지 못하고, 다시 개원사에 와서 찾았으나 찾지 못했습니다. 이때 스님과 주지는 사자를 보았으나 사자는 스님과 주지를 보지 못했습니다.

마조 스님은 바로 무심의 경계에서 주지를 그 속으로 감추었으니, 사자에게는 당연히 보이지 않았던 것입니다. 주지는 수행을 해도 알음알이의 교만심과 아만이 있었기에 대승의 공空·무無라는 참된 도행을 닦지 못한 것입니다.

대승보살은 여러 가지 방편으로 중생에게 나투어 보입니다. 모든 부처님이나 보살도 되고, 악마가 되기도 하여, 선방편의 지혜로써 뜻한 바대로 자유자재로 몸을 변화시킬 수 있습니다. 또한 중생에게 노·병·사를 가르치고,[104] 또한 천지가 통연하여 공임을 가르치고 무상을 알게 합니다.

먼 옛날, 인도 사위성에 한 장자가 있었습니다. 그는 많은 재산을 소유하고 있었으나 자식이 없었습니다. 그리하여 장차 자신이 죽고 난 후에 재산을 물려줄 자식이 없어, 관에 기부하지 않으면 안 될 것을 두려워하였습니다. 그래서 불교에 귀의하여 자식을 얻으려고 부처님께 서원했습니다. 마침내 아내가 임신을 하여 남자아이를 낳았습니다. 이 아이가 청년이 되어 아내를 맞이했습니다. 어느 날 부부가 숲속으로 산보를 하던 중, 선연하게 핀 무우수꽃이 눈에 띄었습니다. 새하얗고 소담스런 꽃잎 속에는 붉은 색의 꽃 수술이 보였습니다. 아내는 남편에게 이 꽃을 갖고 싶다고 했습니다. 남편이 나무에 올라 꽃을 따려는 순간, 가지가 꺾이는 바람에 떨어져 죽고 말았습니다. 이 일을 들은 부모는 슬프다 못해 병으로 쓰러졌고 사람들은 이를 애통해 했습니다. 그때 부처님은 아난과 함께 장자의 처소로 가서서 다음과 같이 말씀하셨습니다.

> 사람에게는 생사가 있고 일에는 성패가 있다. 때가 되어 목숨을 마치는 것은 피할 수 없다. 슬픈 생각을 거두고 마음 아파하지 말라.

사람에게 생사가 있듯이, 일에도 좋을 때가 있고 나쁠 때가 있습니다. 때가 되면 사람의 목숨은 끝납니다. 죽음을 아무리 슬퍼한다고 해도 어쩔 수 없는 일입니다. 부처님은 계속해서 타이르셨습니다.

이 아들은 하늘로부터 당신의 집으로 온 것에 불과하며, 수명을 다하면 집을 버리지 않으면 안 된다. 이 아들은 하늘의 아들이 아니고 당신의 아들도 아니다. 아들은 인연에 의해 태어났고 인연에 의해 죽었을 뿐이다. 그것은 마치 나그네와 같은 것이다. 인간은 죽음을 피할 도리가 없다. 가는 자를 따라가려고 해서는 안 된다.

죽음을 슬퍼해서는 안 된다는 부처님의 말씀이, 범부에게는 비정하게 들릴지도 모릅니다. 더구나 인연에 의해 오고 간다는 것은 더욱 냉엄합니다. 그러나 인간이 죽었을 때 슬프다는 감정도, 무상법이라는 비인간적인 이 법 앞에서는 모두 무無와 동일한 것입니다. 무상법에서 보면 인간의 생사는 무상無常, 공입니다. 부처님은 무상법에 대한 이와 같은 깨달음을 가르쳐주신 것입니다.

이 같은 진실을 꿰뚫는 눈을 가지게 되면, 모든 괴로움을 자신의 한몸에 짊어지고 세상의 슬픔을 한 가슴으로 안아 중생의 모든 고통을 대신하겠다는 대비심이 솟아오릅니다. 그것이 바로 보살입니다.

보살은 무한한 중생을 감화시키고 불도로 향하게 하려는 대단한 애정을 가지고 있습니다. 이렇게 하기 위해 기예技藝, 예술, 마술 등의 모든 기량을 지니고 있습니다. 이러한 능력으로 모든 중생을 행복하게 합니다.

어느 때는 달, 태양, 하늘, 범천세계의 주인공이 됩니다. 어느 때는 물이 되고, 바람이 되고, 불이 됩니다. 삼라만상 모두의 주인공이 됩니다. 중생을 에워싼 일체의 환경, 국토, 세계의 주인공이 됩니다. 주인공은 또한 어떠한 역경 가운데에서도 자유롭고 무애합니다. 모든 것에 섞여 있지 않으면 안 됩니다. 모든 것이 그대로 보일 때는 주인공이 못 됩니다. 모두가 하나로 되었을 때 비로소 주인공이 됩니다.

중국 선종의 임제(臨濟義玄, ?~867) 선사는 이러한 주인공을 '무위진인無位眞人'이라고 했습니다. 어떠한 등급이나 위계, 권위 등에 의지하지 않는 것, 어떤 위상이나 차별도 갖지 않는 본래의 입장을 의미하는 것으로 무자타, 무주객인 절대 위치를 의미합니다. '무위진인'은 바로 보살입니다. 유마의 게송은 계속됩니다.

불꽃 속에 연꽃이 핀다. 이것은 희유한 일이라네.[105]

불꽃 속에서 연꽃이 핀다는 것은 있을 수 없는 일이지요. 그러나 유마는 연꽃입니다. 지옥에서 고통받는 중생을 구제한다는 것이 바로 이와 같은 것입니다. 오욕 가운데 선을 행할 수 있으며, 오탁 가운데서도 청정히 살 수 있다는 것은 희유한 일이지만 거사는 그렇게 할 수 있습니다.

어느 때는 음녀가 되어 모든 호색가를 유인하고 먼저 애욕의 갈고리로 끌어당긴 다음, 나중에 불도에 들게 한다.

유마는 자유자재로 몸을 나투어 중생을 구하는 것을 보입니다. 음녀를 호색가로 끌어들인 다음에는 불도로 향하게 만드는 것입니다. 이와 반대로 남자가 미녀를 끌어당긴 다음 불도로 이끄는 이야기가 『마등녀경摩鄧女經』에 있습니다.

아난이 걸식하고 있던 중에 갈증을 느껴 우물가로 갔습니다. 마침 여인이 물을 긷고 있었으므로 아난은 여인에게 물을 구걸하였습니다. 여인은 그를 본 순간, 출중한 모습과 청정하고 인자한 눈매에 한눈에 반했습니다. 아난에게 물을 준 다음, 그의 뒤를 따라갔습니다. 아난이 살고 있는 집을 안 다음, 자기 어머니에게 말했습니다.
"저는 우물가에서 한 사문沙門을 보았습니다. 저는 그 사문에게 시집을 가고 싶어요."
어머니는 아난이 살고 있다는 곳을 찾아가 보고 아난이 출가자임을 알았습니다. 그녀는 딸에게 말했습니다.
"아난은 부처님을 시봉하는 남자이기 때문에 너의 남편이 될 수 없다."

딸은 식음을 전폐하고 울기만 했습니다. 어머니는 아난을 식사에 초대하고 공양을 올렸습니다. 딸은 크게 기뻐했습니다. 어머니는 아난에게,

"제 딸을 아내로 맞이해 주시지 않겠습니까?"

"저는 계율을 지키는 출가 승려이므로 아내로 맞이할 수 없습니다."

"제 딸은 당신을 남편으로 삼지 않으면 죽어 버린다고 합니다."

"저의 스승은 부처님이십니다. 여인을 만나는 것을 허락하시지 않습니다."

어머니는 이 말을 딸에게 전했습니다. 딸은 울면서 어머니에게 부탁했습니다.

"문을 닫고 아난을 이 집에서 나가지 못하도록 해주세요. 해가 지면 저는 들어가 그의 아내가 되겠어요."

어머니는 문을 닫고 마법의 힘으로 아난을 붙잡아 놓았습니다. 해가 저물자, 딸은 남자로 변장하고 그가 있는 방으로 갔습니다. 아난은 단연코 침상에 들지 않았습니다. 어머니는 정원에서 불을 피우며 그에게 말했습니다.

"그대가 내 딸의 남편이 되지 않는다면 불속에 던져 버리겠소."

아난은 괴로워하면서 부처님을 생각했습니다. 이미 부처님

은 아난의 정황을 보시고 계셨던 것입니다. 부처님은 그를 구해 내어 승방으로 돌아가게 했습니다. 그가 떠나가는 것을 보고 딸은 울면서 쓰러졌습니다.

다음날부터 딸은 아난을 찾으러 다녔습니다. 그가 탁발하는 뒤를 따라다니며 그의 발을 보고 얼굴을 보았습니다. 아난은 부끄러워하며 어떻게든 피해 보려고 해도, 딸은 그의 뒤를 쫓아다녔습니다. 아난은 부처님에게,

"그녀가 제 뒤를 따라와서 어떻게 할 도리가 없습니다."

부처님은 그녀를 불러들여 말씀하셨습니다.

"그대가 아난에게 매달리는 것은 도대체 무엇을 구하려고 하는 것인가?"

"저는 그의 아내가 되고 싶습니다."

"아난은 삭발을 했다. 그대도 삭발한다면 아난의 아내가 되어도 좋다."

그녀는 머리카락을 자를 것을 결심하고 어머니에게 말했습니다. 어머니는,

"나는 너를 기르면서 너의 머릿결이 한없이 사랑스러워 정성껏 다듬어 주었다. 어째서 머리카락을 자르면서까지 사문의 아내가 되고 싶으냐. 이 나라에는 대부호가 있다. 나는 너를 그런 사람에게 시집보내고 싶다."

"저는 죽어도 아난의 아내가 되고 싶어요."

어쩔 수 없이 어머니는 딸의 머리를 잘랐습니다. 그녀는 부처

님의 처소로 가서 자신이 머리를 잘랐으므로 아난의 아내가
되겠다고 했습니다. 부처님이 말씀하셨습니다.
"그대는 아난의 무엇을 사랑하는가?"
"저는 아난의 목소리를 좋아합니다. 아난의 걸음걸이를 좋아
합니다."
"눈에는 눈물, 코에는 콧물, 입에는 침, 귀에는 더러움, 몸에
는 똥오줌 등 부정한 것이 있을 뿐이다. 더구나 남녀의 교합
으로 악로惡露가 흐르고 그 악로에서 아이가 태어나고 아이
는 또한 죽지 않으면 안 된다."
비로소 그녀는 자신의 부정한 생각을 크게 바꾸고 마음을 바
르게 한 뒤 불도를 깨달았습니다. 그녀는 자신의 어리석음으
로 아난을 따라다닌 것을 후회했습니다. 그녀의 마음이 열리
고 비로소 깜깜한 밤에 등불을 얻은 것 같았습니다.

유마의 게송은 계속됩니다. 유마는 인간이 지닌 슬픔의 정체
를 간파하고 있었습니다. 인간은 슬픈 업을 짊어지고 아득한 먼
길에서 떠나온 것임을 알고 있는 유마가 인간의 깊은 참된 모습
을 범음梵音으로, 42게송으로 노래했습니다.

입불이법문품 제9

1. 모든 보살의 입불이문관

불교의 깨달음에 드는 문을 불이법문不二法門이라고 합니다. 둘이지만 둘이 아닌 것을 불이不二라고 하는 것입니다. 깨달음과 미혹함, 생과 사, 죄와 복, 선과 악 등 대립된 둘은 전부 불이가 됩니다. 이것에 대해 유마가 보살들에게 묻습니다. "불이법문에 든다고 하는 것은 어떤 것입니까? 각각 생각하는 대로 말씀해 보시오."

「불도품」에서는 유마 자신이 말하고 싶은 것을 게송으로 말했는데, 여기에서는 대승보살들의 법문을 듣는 형식으로 구성되어 있습니다.

'불이'란 하나입니다. 대립하는 개념, 즉 둘을 하나로 보는 것이 유마의 견해입니다. 우리는 사물의 현상을 바라볼 때, 분석하고 분별하고 구별하는 의식이 자연스럽게 작용합니다. 이러한 의식을 지성이라고 합니다. 인간의 지성이 고도로 발달하여 오늘날과 같은 문화와 문명을 확립시키기도 했습니다. 그러나 각자의 지성에 대한 집착과 고집으로 첨예하게 대립하게 된 세계는 끝내 끔찍한 분쟁으로까지 치닫는 결과를 낳기도 하였습니다.

그러나 불교에서는 이를 분별 혹은 지해知解로 분류하며, 이 분별의 작용을 성립시키는 또 하나의 영역을 무분별無分別의 세계라고 합니다. 무분별의 세계 가운데 분별의 작용 영역이 있다고 보는 것입니다. 분별의 세계에서는 생과 멸이 상반된 개념이지만 무분별의 세계에서는 이 둘이 하나가 됩니다.

30인의 보살이 차례로 불이에 대한 자신의 견해를 설명해 가는데, 맨 처음 말한 보살은 법자재보살입니다. 보살은 "생과 멸은 두 개의 대립입니다. 그렇지만 법은 본래부터 불생不生이기 때문에 지금 멸하는 것도 없습니다"라고 합니다. 이것은 '생사일여生死一如'라고 하는 것입니다. 본래 생기는 것이 없기 때문에 멸하는 것도 없다는 것입니다.

생과 멸에 대해서 『능가경』에 흥미 있는 이야기가 있습니다.

능가왕이 부처님께 물었습니다.
"세존이시여, 사람이 죽어 다음 세상에 태어나기 전, 그 사이 마음은 어디에 있습니까?"
부처님께서 답하셨습니다.

"왕이여, 식물의 종자에서 싹이 날 때, 종자가 먼저 멸하고 그 다음 싹이 나는 것입니까, 아니면 싹이 난 다음 종자가 멸하는 것입니까, 종자가 멸한 순간에 싹이 나는 것입니까?"
"종자가 멸한 그 순간에 싹이 납니다."
"싹이 날 때와 종자가 멸할 때도 같습니다. 거기에는 전후가 없습니다. 그것과 마찬가지로 앞의 마음이 멸할 때, 동시에 뒤의 마음이 생기는 것입니다."

분별의 세계에서 볼 때, 종자가 멸하고 싹이 돋는 것처럼 보이지만, 진실의 세계에서 보면 생과 멸은 전후가 없으며, 생과 멸의 같은 현상을 한쪽에서는 생이라 하고 다른 한쪽에서는 멸이라고 하는 것입니다.

사람이 방에 있다가 나갔을 때, 방에 있는 사람은 '나갔다'고 하고, 방 밖에 있는 사람은 '나왔다'고 하는 것처럼, 그 사람으로서는 나가고 들어오는 것이 없는 것과 같은 이치입니다. 생멸이 불이이듯이 거래去來도 불이인 것입니다.

덕수보살은 "(범부는) 아我와 아소我所(나의 것)를 둘로 보지만, 나라는 것이 있다고 보면 나의 것이 있는 것입니다. 아가 있지 않으면 아소도 없습니다. 이것이 불이법문입니다"라고 말합니다. 아를 주관, 아소를 객관으로 보면 주·객이 둘로 나누어지지만 주관이 없으면 객관도 없는 것입니다. 주객불이를 깨닫는 것이 '불이법문'에 든다는 것입니다.

덕정보살은 "더러움과 깨끗함은 두 개가 대립한 것입니다. 더러움의 실성實性을 보면 깨끗함의 특질도 존재하지 않고 적멸의 특성에 따르고 있습니다"라고 합니다. 더러움과 깨끗함은 '미추일여美醜一如'라는 것입니다.

『대무량수경』의 네 번째 원에는 "원하옵건대 제가 부처를 이루고자 하는데, 나라에 인人·천天, 호好·추醜가 있으면 정각을 취하지 않겠습니다"라는 원이 있습니다. 아름답다고 생각하고, 추하다고 생각하는 것도 사람의 마음 따라 다릅니다. 어떤 사람은 아름답다고 보지만, 다른 사람은 추하다고 보기도 합니다. 이러한 미추의 근본에 있는 것, 즉 '필경정畢竟淨'을 보지 않으면 안 되는 것입니다. 필경정의 세계를 무심이라고 선가에서는 말합니다. 무심의 경지는 더러움과 깨끗함이 없는 불이법문의 세계입니다. 덕정보살이 말하는 것도 그런 것이라고 생각합니다.

다음으로 선숙善宿보살이 답합니다. 동動과 염念은 불이라고 했습니다. '동'이란 마음이 대상에 의해 움직이는 것, '염'이란 마음속에서 일어나는 분별작용을 뜻합니다. 대상의 자극에 의해 마음에 파장이 생깁니다. 그래서 대상에 집착하고 분별을 일으킵니다. 마음에 파장을 일으키는 것이 대상이기 때문에 대상에 집착하지 않으면 마음의 파장은 일지 않습니다. 마음이 움직이지 않으면 분별하는 것이 없어지고, 무분별의 경지에 있게 됩니다. 그래서 부동이면 무념이라고 하며, 무념이면 무분별이 되고, 이것에 통달하는 자를 '불이법문'에 든다고 합니다.

인간은 사유하고 분별하는 데서 도리어 스스로를 늪 속으로 가둡니다. 불가에서 처음 출가하는 자에게 가장 먼저 경책하는 말이 '입차문내入此門內 막존지해莫存知解'입니다. 출가하는 자는, 제일 먼저 자신이 알고 있다는 그 알음알이를 전부 없애라는 것입니다. 또한 출가하기 전 배운 학문에 대해서도 절대 인정하지 않습니다. 이력서의 내용이 아무리 현란하다 해도 무시합니다. 도행道行을 닦는 데 써먹을 일이 없기 때문입니다. 사찰로 출가한 날부터 수행(공부)하라고 합니다. 이 공부는 철저히 '무심'의 공부일 뿐입니다.

계속해서 보살들은 '불이법문'에 드는 것에 대해 말합니다. 선안보살은 '일상一相과 무상無相'의 불이, 묘비보살은 '보살심과 성문심'의 불이, 불사보살은 '선과 불선'의 불이, 사자보살은 '죄와 복'의 불이, 사자의보살은 '유루와 무루'의 불이, 정해보살은 '유위와 무위'의 불이, 나라연보살은 '세간과 출세간'의 불이, 선의보살은 '생사와 열반'의 불이, 현견보살은 '진盡과 부진不盡'의 불이, 보수보살은 '아와 무아'의 불이, 뇌천보살은 '명과 무명'의 불이, 희견보살은 '색과 색공'의 불이, 명상보살은 '사대와 허공'의 불이, 묘의보살은 '육근과 육경'의 불이, 무진의보살은 '보시와 회향일체지'의 불이, 심혜보살은 '공과 무상과 무작無作의 삼삼매三三昧'에 있어서의 불이, 적근보살은 '삼보'의 불이, 심무애보살은 '신身과 멸신滅身'의 불이, 상선보살은 '신·구·의 삼업'의 불이, 복전보살은 '죄행과 복행과 부동행'의 불이, 화엄보살은

'관념과 관념의 대상'의 불이, 덕장보살은 '취取와 사捨'의 불이, 월상보살은 '암闇과 명明'의 불이, 보인수보살은 '열반과 세간'의 불이, 주정왕보살은 '정도와 삿된 도'의 불이, 낙실보살은 '거짓과 진실'의 불이를 설합니다.

이 중 선의善意보살의 입불이법문의 내용은, 대승경전의 주요 내용이 될 뿐만이 아니라 선가에서는 선문답의 내용으로 자주 보입니다. 선의보살은 '생사와 열반'의 불이를 이렇게 말합니다.

생사와 열반은 둘이 되지만 생사의 실성을 보면 생사가 없습니다. 속박도 없고 풀려난 것도 없습니다. 생기는 것도 없고 없어지는 것도 없으므로, 이같이 알게 되면 불이법문에 듭니다.

생사의 본성을 규명해 보면, 본래 생사는 없는 것이며, 생사의 미혹함이 없게 되면 속박도 없고, 풀려난 것도 없고, 생도 없고, 멸도 없어 그대로 하나가 된다고 합니다. 생사는 우리 눈에 분명히 태어나고 죽는 것, 즉 둘로 보입니다. 그러니까 태어나고 죽는 그것 자체는 있습니다. 생사라고 하는 것은 존재를 시간적으로 본 것이고, 존재란 생사를 공간적으로 본 것입니다. 생사는 존재의 시간적 측면이며 그것은 전변해 가는 것입니다. 영원을 사는 자에게 생사는 무상無常의 한 측면이고 변화의 연속입니다. 촛불은 불을 켜면 있는 것이지만 끄면 없는 것입니다. 그러나 초는 영원히 존재하고 있습니다. '나'는 여기에 있지만, '나'를 보지 못하는 사람은 '나'를 없다고 하고, '나'를 보는 사람은 '나'를 있다고 합니다. 이처럼 '나'는 있는데 시간과 공간을 두고 유무로 판단합니다.

중국 선종, 보리달마의 법을 이은 혜가(6세기 중엽) 선사에게 어느 날 승찬(541~606)이 법을 구하러 찾아왔습니다. "스님, 해탈하고 싶습니다. 어떻게 하면 좋습니까?"라고 물었습니다. 선사는 한마디로 "누가 그대를 묶었는가?"라고 되물었습니다. 그때까지 구도에만 매달렸던 승찬은 대광명을 만난 듯 마음이 환해졌습니다.

설봉 의존(雪峯義存, 922~908) 선사에게, 어느 승이 물었습니다. "생사의 고해를 건너려고 하는데 배가 없습니다. 어떻게 하면 좋습니까?" 답하기를 "풀 한 포기도 빌리지 말게." 배는커녕 풀 한 포기에도 의존해서는 안 된다는 의미입니다. 생사가 그대로 열반임을 알지 못하고 승은 질문했던 것입니다. 설봉의 경계로는 생사에서 열반으로, 존재에서 비존재로 건너게 하는 데는 배도, 풀도 필요 없는 것입니다.

다음, 동산 양개(洞山良价, 807~869) 선사에게 어느 승이 물었습니다. "추위와 더위가 닥쳤을 때는 어떻게 피할까요?" 동산이 말했습니다. "왜 춥지도 덥지도 않은 곳으로 가지 않는가?" 승이 말했습니다. "어디가 춥지도 덥지도 않은 곳입니까?" 동산이 말했습니다. "추울 때는 추위가 사리[106]를 죽이도록 내버려두고, 더울 때는 더위가 사리를 죽이도록 내버려두어라." 춥고 덥고 하는 공간에서 자신을 그냥 내버려두라는 말입니다. '나'가 없이 추위와 더위만이 있는 것입니다. '나'가 있을 때 생과 사가 있지만 '나'가 없을 때는 생과 사도 없다는 것을 보이는 것입니다.

이러한 몇 가지 선문답에서 보듯이 생·사와 열반은 불이의 관계에 있는 것입니다. "태어날 때는 태어나는 것이고, 죽을 때는 죽는 것"일 뿐 달리 분별하지 않습니다.

'입불이법문'에 있는 보살의 눈으로 보면 생·사도 열반도 꿈과 같은 것이며, 때문에 생·멸하는 것도 거去·래來하는 것도 없습니다. 생사는 그대로 열반입니다. 생·사를 떠나 열반을 구한다는 것은 미혹한 일이며, 생·사 가운데서 열반으로 사는 것이 바로 보살입니다.

덕장보살은 취取·사捨가 불이함을 아는 것이 '입불이법문'이라고 했습니다.

> 얻을 바 있음(有所得)의 모습은 둘이 됩니다. 만약 얻을 바가 없으면 취하고 버리는(取捨) 것이 없습니다. 취사가 없음을 불이법문에 든다고 합니다.

얻을 바 있음의 마음이란 보시를 하고 보답을 기다리는 마음입니다. 이같이 유소득의 마음이면 취·사가 있습니다. 대상이 무엇이든 자신이 갖고 싶으면 갖고, 버리고 싶으면 버리는 것이

취·사의 행위입니다. 취·사, 어떠한 경우에도 무소득의 입장이면 그것이 바로 '불이법문'에 드는 것입니다.

2. 유마의 묵연默然

이와 같이 보살들은 저마다 불이에 대해 말했지만 아직 충분하지 않다는 것을 느낍니다. 그래서 보살들은 마지막으로 문수보살에게 질문했습니다. "보살이 불이법문에 드는 것은 어떤 것입니까?" 문수는 다음과 같이 답했습니다.

> 일체 법에 대하여 언설도 없고, 보임(示)도 없고, 앎(識)도 없으며, 갖가지 문답을 떠난 것, 이것이 불이법문에 드는 것이라고 생각합니다.

일체의 법에는 언설도 없고, 드러남도 없고, 알 것도 없고, 모든 문답에서 떠나 있는 것을 '불이법문'에 든다고 말했습니다. 다른 보살들은 둘로 대립하는 것이 불이라는 점을 열심히 설명한 데 반하여, 문수는 모든 진리는 말로도 설명할 수 없고, 말에 의해 알 수 없고, 모든 문답을 떠난 것이 '불이법문'이라고 말했습니다. 모든 분별을 떠난 자리, 지성에 의해서도 파악될 수 없는 것, 개념으로는 도저히 들(入) 수가 없는 것이 '불이법문'이라고 말한 것입니다.

이같이 대답한 문수는 이번에 유마에게 질문했습니다. "지금까지 우리는 각자 자신이 생각한 것을 말했습니다. 이번에는 어진 자께서 불이법문에 드는 것에 대해 말씀해 주십시오."

그러나 유마는 그때 묵연默然으로 말이 없었습니다. '일체 법은 말로도 안 되고 설명으로도 안 된다'라고 설명한 문수는 당황했습니다. 도저히 생각하지도 못했던 행동을 유마가 보인 것입니다. 그 행동은 침묵이었습니다. 문수는 감탄합니다.

참으로 훌륭하십니다. 문자나 어언語言도 존재하지 않는다!
이것이 진실로 불이법문에 드는 것입니다!

진실로 '불이법문'에 드는 데는 문자·언설이 필요 없음을 깨달은 것입니다. 여기에 있었던 보살 오천 명은 전부 '불이법문'에 들어, 무생법인無生法忍이라는 최고의 깨달음을 얻었습니다.

이 유마의 침묵을 후세 사람들은 '유마의 일묵一黙, 그 메아리 우레와 같다'라고 찬탄했습니다. 유마의 '입불이법문'의 훌륭함을 감탄한 것이지요. 말이란 개념에 의해 추상화된 것입니다. 문수보살은 다른 보살보다 한 수 위였습니다. 문수는 말로 설해지는 것은 진실한 것이 아니라고 갈파했지만 그러나 그도 역시 결국 말해 버린 것입니다.

말로 설명되지 않는 것을 알게 하기 위해서는 말에 의해 말을 부정할 수밖에 없다는 것이 『대승기신론』에서의 '언설의 극치,

즉 말로서 말을 한다'는 것입니다. 문수의 경계는 바로 『대승기신론』에서 설한 것과 상응합니다.

그런데 유마는 한마디도 설명하지 않았습니다. 그러나 그 침묵이 주는 울림은 천둥 번개와도 같은 것이었습니다. 그 자리에 있던 오천 명의 보살들의 마음을 뒤흔들어 놓았기 때문입니다. 모든 개념과 그 개념에서 온 망상과 집착의 허물을 완전히 벗겨버린 것입니다. 순간 문수의 입에서는 감흥의 소리, 기쁨의 소리, 찬탄의 소리가 흘러나왔습니다.

유마의 이러한 일묵을 침묵의 의미로만 간단히 이해해서 안 된다는 것을 세계적인 석학인 선학자 스즈키 다이세츠(鈴木大拙, 1870~1966)는 다음과 같이 말합니다.

> 유마의 일묵—黙을 묵묵黙黙으로만 이해해서는 안 된다. 이 일묵은 불언불설不言不說이 아니라 응연부동凝然不動이다. 묵을 언설상에서 보려고 하는 것은 얕은 생각이다. 인도류印度流인 묵으로 유마를 보지 않으면 안 된다. 묵 가운데로 유마는 뛰어든 것이다. 뼈를 아버지에게 돌리고 살을 어머니에게 돌린 연후에 본래의 몸을 나투어, 부모를 위해 진실의 법, 불이의 법문을 설한 나타那吒[107] 태자, 그 사람이 유마에게 절하지 않으면 안 된다. … 이 때문에 문수는 이 일묵에서 이 체를 간파하지 않으면 안 된다. 유마의 묵은 '유마 거좌據坐'이다. … 보통 유마의 일묵을 번개와 같다고 사람들은 말하는데, 그렇게

생각한다면 유마와 상견하기가 어렵다.[108]

묵默은 소리를 내는 이야기가 아니다. 그의 묵은 부동不動의 동이며 동의 부동이다. … 유마의 묵이 그의 체라고 보면, 『유마경』의 시종始從을 이해한다. 유마의 묵에서 천지생성의 활活 무대가 출현한다. 왕환이상往還二相의 회향이 순환의 실마리가 아닌 행실行實이다. 이것은 단지 되반복의 의미가 아닌 무한한 새로운 천지창조이다.[109]

유마의 묵연을 위와 같이 설명하면서, 스즈키는 유마의 일묵을 '거좌據坐'라고 했습니다. 거좌라는 말의 배경은 이렇습니다.

황벽이 일찍이 백장 선사에게 갔을 때, 이렇게 물었다. "예부터 전해 내려온 종승宗乘(선의 極意)은 어떤 것입니까?" 백장은 자리에 앉았다(據坐).

유마에 대한 새로운 견해입니다. 묵과 유마는 동일한 행이며, 문수 앞에는 다만 묵만이 있는 것입니다. 불이법문은 '지금, 여기에, 이대로, 이렇게 앉을 뿐'이라는 것을 유마는 몸으로 보인 것입니다. 바로 운문의 '체로금풍(體露金風, 가을바람에 드러난 앙상한 나뭇가지)'[110]을 나타냈습니다. 이를 스즈키는 '나무아미타불의 체를 보인다'라고 했습니다. 말하자면 부처의 법신을 드러냈다는 것입니다.

유마가 침묵하고 있는 것이 어째서 진실로 불이법문에 든 것일까요? 이에 대한 설명은 없습니다. 다만 문수가 감탄한 것이 유마의 침묵의 가치를 드높였다고 생각합니다. 그런데 만약 문수가 감탄하지 않았더라면 유마의 침묵이 살아났을까 어쨌을까, 생각해 봅니다.

『벽암록』 84칙에 '유마, 불이법문'이라는 공안이 있습니다.[111] 앞부분은 생략합니다.

> 문수사리가 유마힐에게 물었다. "우리는 각자 할 말을 마쳤습니다. 인자께서 말씀해 보시오. 보살이 불이법문에 드는 것은 어떤 것입니까?" 설두가 말했다. "유마는 무엇이라고 말했는가?" 다시 말했다. "간파했다."

문수가 유마에게 묻고 난 후, 설두가 말한 것은 문수에게 물은 것입니다. 그리고 스스로 다시 말했습니다. "간파했다." 이번에는 유마를 향해 말한 것입니다.

선종에서는 이와 유사한 형태의 문답이 간혹 있습니다. 금과 옥조로 삼는 구(經句)를 뒤집어, 공부하는 납자衲子를 깨우치게 하고, 또한 제자가 스승을 저울질해 보기도 하는 것입니다. 이러한 예를 『무문관』 6칙 '세존염화世尊拈花'라는 공안에서 볼 수 있습니다.[112]

본칙: 세존께서 옛날 영산회상에서 꽃을 들어 대중에게 보이셨다. 이때 대중은 모두 가만히 있었다. 오직 가섭 존자만이 환하게 웃었다. 세존께서 말씀하셨다. "나에게 정법안장正法眼藏 실상무상實相無相 미묘법문微妙法門이 있다. 불립문자不立文字 교외별전敎外別傳을 마하가섭에게 부촉하노라."

평評: … 만일 당시에 대중 모두가 웃었다면 정법안장은 어떻게 전해졌을 것이며, 가섭이 웃지 않았다면 정법안장이 어떻게 전해졌을까. 만약 정법안장이 전수될 수 있는 것이라고 한다면, 금색 얼굴의 노자[113]가 사람들을 속인 것이다. 만약 전수될 수 없는 것이라고 한다면, 어째서 가섭만을 홀로 인정했는가.

본칙을 평한 것은 무문 혜개(無門慧開, 1183~1260)입니다. 세존의 불도는 '정법안장 열반묘심 실상무상 미묘법문'입니다. 이는 문자로 나타내거나 설법으로 전할 수 없지만 누구든 알고 깨달을 수 있는 것입니다. 이를 부처님은 팔만의 인천人天과 대중에게 설법하신 것입니다.

정법안장은 본래 자기이며 천성 그 자체입니다. 정법은 절대 평등한 차별적 현상을 뜻합니다. 정법안은 이 사실을 꿰뚫어보는 마음의 눈입니다. 이를 누구에게나 깊게 감추어져 있다고 하여 '정법안장'이라고 합니다. 열반묘심은 미혹이 완전히 소멸된 마음을 뜻하며, '실상무상'은 존재하는 모든 것들이 가지가지의 모습을 가지고 있으나 그대로 무상無相이라는 의미입니다. 정법안장에 대해서는 대장경大藏經에 쓰여 있지도 않고 우리의 관념이나 인식 가운데도 들어 있지 않습니다. 그래서 '불립문자 교외별전'입니다. 무문은 정법안장의 전수에 대해 불평과 항의를 합니다. 이것이 평의 내용입니다.『벽암록』2칙에 '백장야호百丈野狐'라는 공안이 있습니다.[114]

본칙의 전체적인 내용을 간추려봅니다.

백장 화상이 설법할 때 어떤 노인이 듣고 있었는데, 어느 날 대중이 돌아간 뒤에도 그는 남았다. 백장이 누구냐고 물으니 자신은 오백 생 동안 여우의 몸으로 있었는데 그 이유는, 학인이 '대수행자도 인과에 떨어지는가?'라고 물어 '인과에 떨어지지 않는다(不落因果)'고 대답한 것으로, 그로 인해 그렇게 되었다고 하였다. 그러니 화상께서 한 말씀을 내려(一轉語) 여우의 몸을 벗게 해달라고 하였다. 화상은 노인에게 대수행자도 인과에 떨어지느냐고 묻게 하고, 화상은 "인과에 어둡지 않다(不昧因果)"고 답했다. 그러자 노인은 예의를 갖추어 "저는 이제 여우의 몸을 벗었습니다. 몸을 뒷산에 둘 테니 망승亡僧의 사례에 따라 해 주십시오"라고 말했다.

공양 후, 대중을 거느리고 뒷산 바위 아래 죽은 여우 한 마리를 주장자로 끄집어내어 화장했다. 화상은 저녁에 상당하여 앞에 있었던 인연에 대해 말했다. 황벽이 바로 물었다.

"고인은 말 한마디 잘못해서 오백 생 동안 여우의 몸이 되었습니다. 만약 잘못 말하지 않았다면 어떻게 되었겠습니까?" 선사는 말했다. "가까이 오라, 그대에게 말해 주겠다." 황벽이 가까이 가서 바로 선사의 뺨을 한 대 쳤다. 선사는 손뼉을 치며 웃으면서 말했다. "언제나 호인[115]의 수염은 붉다고 생각했는데, 여기에 붉은 수염의 호인이 있었네."
이에 대해 무문이 "'인과에 떨어지지 않는다'고 했는데 어째서 여우 몸으로 떨어졌을까. '인과에 어둡지 않다'고 했는데 어떻게 여우의 몸을 벗어날 수 있었을까"라고 평했다.

유마의 침묵도 그중 하나입니다. 어언語言으로 설명하기에는 부족하지만, 선가의 어록에서는 이 침묵을 꿰뚫어보고 다시 반전返轉시켜 되묻습니다. 침묵에서 침묵으로 끝나는 것이 아니라 이를 공안으로 삼아 수행을 하게 만드는 것입니다. 어찌 보면 유마의 묵연도, 설두와 마찬가지로 우리에게 던지는 또 하나의 공안이라고 봅니다. 그래서 공안집에는 유마의 묵이 반복해서 나오는 것 같습니다.
『벽암록』 65칙에는 '외도문불外道問佛'이라는 공안이 있습니다. 다음과 같습니다.[116]

외도가 부처님께 여쭈었다. "유언有言으로도 묻지 않고 무언無言으로도 묻지 않겠습니다." 세존은 잠시 침묵(良久)했다.

외도는 찬탄하여 말했다. "세존의 대자대비로 저는 미혹한 구름이 거두어져 깨달음에 들게 되었습니다." 외도가 간 후, 아난이 부처님께 여쭈었다. "외도는 무엇을 증득했기에 깨달음에 들게 되었다고 말합니까?" 부처님이 말씀하셨다. "그것은 좋은 말이 채찍의 그림자만 보아도 달려가는 것과 같다."

이 공안은, 세존의 침묵을 통해 외도가 무엇을 깨달았는지가 핵심입니다. 이처럼 진리의 세계, 공의 세계는 언설의 유·무를 떠나 있으며, 이를 세존이 침묵으로 드러냈음은 바로 공의 체를 보인 것이라고 봅니다. 이원대립의 세계가 하나로, 즉 공의 당체를 보인 것입니다.

| 권 하 |

향적불품 제10

1. 무엇을 먹게 할까

유마와 문수의 문답이 언제 끝날지도 모르는 가운데 정오가 가까워졌습니다. 사리불이 다시 염려가 되었습니다.[117] '때(日時)가 되었는데 수많은 보살에게 무엇을 먹게 할까?' 때라는 것은 12시 정오를 가리킵니다. 승단의 율律은 12시 전에 식사를 한 번 하는 것으로 끝납니다. 12시에서 1분만 지나도 먹어서는 안 됩니다. 12시가 가까워 오는데 먹지 못하면 그날 하루는 먹을 수 없습니다. 그래서 사리불은 염려하는 것입니다. 이런 풍습은 부처님 당시 승단의 식사문화입니다. 음식물에는 세 가지가 있습니다. 첫째는 박식搏食. 이것은 밥을 쥐고 먹는 것인데 보통의 식사입니다. 주먹밥 등 손으로 집는 형태입니다. 한국에서는 수저라는 도구가 있어서 음식물을 들지만, 인도나 동남아시아 등 다른 나라에서는 손으로 음식물을 집습니다. 둘째는 법희식法喜食.

가르침을 듣고 마음으로 감동하고 기뻐하는 것을 식사에 비유한 것입니다. 셋째는 선열식禪悅食. 좌선을 해서 천지와 하나가 되는 상태를 말합니다. 법회식과 선열식은 인간 최고의 식사가 됩니다. 이 세 가지 식사는 불가에서 법회를 열어 다 같이 경전을 독송하거나, 큰스님의 법문을 듣거나, 불교를 깊게 신행하는 거사의 말씀을 듣는 법회 등에 참석하여 기쁨을 얻는 정신의 식사입니다. 법회에는 수많은 사람이 참석하여 식사 시간에도 경청하고, 끝난 후에는 기쁜 마음으로 돌아갑니다. 생각해 보면 그것은 법회·선열 두 가지가 모두 이루어지는 식사의 세계라고 봅니다.

사리불의 마음을 알고 유마가 이렇게 말합니다.

부처님은 여덟 가지 해탈을 말씀하셨는데, 그대는 그것을 행해야 하지 않겠소. 그런데 어째서 밥을 먹겠다는 생각에서 가르침을 들으려 하오. 만약 먹고자 한다면 잠시 기다리시오. 그대에게 미증유의 식사를 하게 할 것이오.

부처님은 집착을 여의는 여덟 가지 방법을 설하셨습니다. 여덟 가지 해탈은 마음을 조용히 하고 선정으로 통일하여 탐욕을 버리는 경지 등 여덟 가지를 뜻합니다. 모든 탐함을 버려야 할 터인데 식사를 해야 한다는 생각을 하고 있으니, 참으로 어처구니가 없는 일이라고 유마는 생각한 것입니다. 그래서 유마는 사리불에게 어째서 식사에 대한 욕망을 억누르지 못하는가, 라고 질책하는 것입니다. 그렇지만 식사를 하게 할 테니 잠시 기다려 달라, 지금까지 먹어본 적이 없는 식사를 하도록 하겠다는 것입니다.

그리고 유마는 깊은 삼매에 들어 신통력으로써 위로 42만 항하사 불국토를 지나 중향국衆香國의 향적불香積佛의 세계를 보입니다. 이 나라는 향기로 가득차 있고, 바람은 시방十方의 무량한 세계로 두루 흐르고 있었습니다. 그 나라에는 성문, 벽지불이 없고 다만 청정한 대보살들만이 살고, 부처님은 이러한 보살들에게 끊임없이 설법을 하십니다.

그때 부처님은 보살들과 함께 공양을 하고 계셨습니다. 그 곁에는 여러 천자가 있는데 모두 향엄이라고 부릅니다. 천자들은 보살심을 내어 부처님과 보살들에게 공양을 바치고 있었습니다. 이러한 중향국에서의 식사 모습을 보고 있던 유마는 대중들에게 물었습니다. "여러분 가운데 누가 저 부처님의 밥을 얻어 올 수 있겠소?" 보살들은 위신력을 가지고 있는 문수보살에게 미루고 모두 가만히 있었습니다. 유마가 말했습니다. "이렇게 많은 대중들이 계시는데 누구도 가지 않겠다고 하니 부끄럽지도 않소?" 그랬더니 문수는 유마에게 "부처님께서 말씀하신 것처럼 공부가 덜된 자들일지라도 가벼이 여기지 말라고 하셨습니다"라고 말했습니다.

그래서 유마는 앉은 채로 많은 대중 앞에서 한 사람의 보살을 만들어 냈습니다. 상호가 빛나고 위덕이 수승한 것이 그 회중의 어느 누구도 따르지 못할 정도로 위엄이 있었습니다.

유마가 그에게 말했습니다. "그대가 저 위로 42만 항하사 불국토를 지나면 그곳에 중향국이 있다. 그곳에 계시는 부처님은 향적이라고 한다. 부처님은 그 나라의 보살들과 함께 공양 중이시다. 그대는 그곳에 가서 내가 말하는 대로 전하라. '유마는 세존의 발밑에 계수하옵니다. 기거하심은 어떠신지요? 세존께서 잡수시다 남은 것을 얻어 사바세계에서 불사를 베풀어, 작은 법을 원하는 자들에게 대도를 널리 펼 수 있도록 하여 여래의 명성이 널리 퍼지게끔 하고 싶습니다'라고 말이다."

그 화신化身보살[118]은 대중들이 지켜보는 가운데서 상방세계로 올라갔습니다. 마침내 중향국에 도착하여 부처님께 예배하고 유마가 말한 그대로 인사를 전했습니다. 중향국의 보살들은 이 화신보살을 보고 부처님께 여쭈었습니다. "이 사람은 지금 어디서 왔습니까? 사바에서 왔다고 하지만 대체 사바세계라고 하는 곳이 어디에 있습니까? 작은 법을 원한다는 것은 무슨 연유입니까?" 부처님께서 답했습니다.

> 하방으로 42만 항하사의 무한한 불토를 지나면 한 세계가 있는데, 그 세계를 사바라고 한다. 그곳에는 석가모니라는 부처님이 있다. 지금 오탁악세에 있으면서 작은 법을 원하는 중생을 위해 불도의 가르침을 설하고 계신다. 거기에는 한 보살이 있는데 유마라고 한다. 그 유마가 불가사의해탈에 주하여 많

은 보살을 위해 불법을 설하고 있다. 그곳에서 화신보살을 만들어 보내, 내 이름을 찬양하고 이 향지국을 찬탄하고 있다.
중향국의 보살들이 부처님께 여쭈었습니다. "그 유마라고 하는 사람은 어떻게 해서 이런 훌륭한 덕력과 무외의 힘을 갖춘 보살을 만들 수 있습니까?" 부처님께서 대답하시기를 "그 유마라고 하는 보살은 대단한 힘을 가졌다. 시방세계에 자기가 만든 보살을 파견하여 불사를 행하게 하고 중생을 구제한다."
향적여래는 향기가 그윽한 발우에 향기 나는 밥을 가득 채워 화신보살에게 주었습니다. 그때 구백만의 보살이 함께 소리를 내어 말했습니다. "우리 또한 사바세계로 가서 석가모니에게 공양하고 유마 및 다른 보살들을 만나고 싶습니다."
부처님은 사바세계에 가고 싶다고 하는 중향국의 보살들에게 주의를 주면서 허락했습니다.
"그렇다면 가시오. 다만 그대들의 신체에서 나는 향기로 사바세계의 중생을 현혹하지 마시오. 또한 그대들 원래의 모습을 버리시오. 지나치게 훌륭한 모습을 하고 있으면 저들이 열등감을 느끼게 되오. 또한 그대들은 사바세계로 가서 그곳 중생들을 가벼이 여긴다거나 그들에게 장애가 되어서는 안 되오. 그 이유는 사바의 국토는 어떠한 국토라고 해도 전부 허공과 같은 것이오. 사바세계에 계시는 부처님은 소법(작은 행복)을 구하는 자를 교화하시기 때문에 청정한 국토에 살지 않을 뿐이오."

화신보살은 부처님으로부터 발우에 밥을 받아 가지고 구백만의 보살들과 함께 중향국에서 홀연히 자취를 감추고 순식간에 유마의 집으로 돌아왔습니다. 유마가 구백만의 보살들이 앉을 의자를 신통력으로 준비하자 중향국의 보살들은 그 의자에 앉았습니다.

화신보살이 유마에게 발우에 가득 채운 향반香飯을 바치니, 이 밥의 향기가 삼천대천세계에 가득했습니다. 베-샤리성에 있던 바라문과 재가신자들이 그 향기에 몸도 마음도 매우 상쾌해지는 것을 느끼고 일찍이 없었던 일이라고 모두 감탄했습니다.[119]

향반이란 청정한 밥이란 의미로, 흔히 부처님께 올리는 밥을 말합니다. 중향국 보살들의 몸에는 향기가 가득하고 밥 또한 그 향기가 그윽했습니다. 본래 인도에는 몸에서 나는 냄새를 없애기 위해 향기 나는 나무에서 향료를 뽑아 신체에 바르기도 하고 의복이나 방에 뿌리는 풍습이 있습니다. 불교에서는 이 습관을 받아들여 부처님께 공양하는 방법으로서 소향燒香, 도향塗香 등을 행하고 있습니다. 향화香華를 올린다고 하는 것은 향기가 나는 꽃을 불전에 올린다는 말입니다. 예불을 올릴 때도 오분향, 즉 계향·정향·혜향·해탈향·해탈지견향을 올린다고 하듯이, 부처님께 올리는 모든 것에는 향기가 난다고 하여 향香 자를 붙입니다.

　우리나라에서 불전에 올리는 공양물은 대개 향과 꽃, 과일, 쌀 등입니다. 그러나 시대가 변함에 따라 요사이는 약도 올리고 사탕, 쥬스도 올립니다. 일본에 가보면 불전에 술도 올리는 것을 볼 수 있습니다. 중생심으로 무엇이든 부처님께 공양 올리고 싶다는 일념인 것 같습니다. 경에 나타난 불전의 공양이 주로 향기 나는 꽃과 향인데, 그 외 다른 것들은 각 나라의 풍습과 융화를 한 것으로 볼 수 있겠습니다.

　외래종교인 불교가 이 땅에 유입되면서 자연스럽게 조화를 이룬 것으로, 불교와 우리 토착성과의 조화로 이해할 수도 있습니다. 사찰 내 법당의 건축양식이 전통궁궐의 모습이라든지, 출가 승려의 복장이 고유 한복양식인 것도 조화의 한 측면으로 이해됩니다. 기독교의 가장 큰 문제점은 나라마다의 고유한 토착성을 용인하지 않는 데 있다고 봅니다. 조상을 인정하지 않고 제사의식을 도외시함으로써 가정 내의 갈등이 야기되는 경우를 어렵지 않게 볼 수 있습니다.

　유마의 신통력은 대단했습니다. 한 사람의 보살을 만들어 머나먼 중향국으로 눈 깜짝할 사이에 보내고 향반을 받아 다시 집으로 돌아오게 했습니다. 화신보살은 혼자가 아니라 구백만의 보살과 함께 왔는데, 유마는 그들 모두를 장엄하게 만든 넓고 큰 의자에 앉혔습니다. 구백만이라면 우리나라 소도시 몇 개를 합친 인구입니다. 그런데 『유마경』이 작성된 당시에 구백만이라면 엄청난 숫자라고 생각합니다. 아마 인도인에게 있어서 8이나 9라는 숫자는 0에 가장 가까운 숫자로서 무한을 의미하는 것으로 생각됩니다.

　이렇게 굉장한 수의 보살들이 유마의 방에 들어선 것입니다. 중향국의 보살들은 사바세계를 알지 못했습니다. 향기만이 가득한 깨끗한 곳에 살고 있는 그들은 오탁으로 더럽혀지고 욕망으로 가득 찬 사바세계를 본 적이 없었습니다. 그래서 그들이 사바세계를 보고 싶어 하는 것은 당연합니다. 중향국의 보살들이 천녀 같은 모습으로 사바세계로 내려온다면 당연히 이를 경계할 것을 아신 부처님은 미리 중향국의 보살들에게 주의를 주셨습니다.

　그 보살들은 42만 항하사 불국토를 지나왔습니다. 굉장히 먼 거리였지만 걸린 시간은 '순간'이었습니다. 수많은 보살이 또한 순식간에 유마의 작은 방으로 다 들어갔습니다. 어떻게 이런 일이 벌어질 수 있는 것인지 우리들의 일반적 상식으로는 도저히 이해가 되지 않습니다. 그러나 인도적 사고에 의하면 무한한 공간이 겨자씨 속으로 들어갈 수도 있습니다. 유마는 또한 보살을 만들어 심부름을 시키기도 했습니다. 우리의 짧고 단순한 지식으로는 신비한 일이지만 유마로서는 불가사의한 일이 아닙니다. 이러한 불가사의한 사고를 현실로 가능하게 할 수 있다는 점에서 유마는 현상만을 보는 우리와 차이가 있는 것입니다. 지금 세상은 인공지능(AI)을 만들어 인간이 생각해야 할 많은 것을 AI가

처리하게끔 하고 있습니다. 머지않아 AI가 인간의 지성을 뛰어넘을 것이라고 추측합니다.『유마경』이 편집된 시대, 즉 1세기에 이미 유마에 의해 이러한 일이 전개되는 것을 보면, 인간의 지혜는 참으로 경이로움을 알 수 있습니다.

2. 향기가 나는 식사

중향국의 보살들이 유마의 방으로 들어간 다음, 상수의 장자격인 월개月蓋가 팔만 사천 인을 데리고 유마의 방으로 들어왔습니다. 많은 보살이 들어와 있고 그들이 앉아 있는 의자가 대단히 높고 광대한 것을 보고 모두 놀라워하며 기뻐했습니다. 월개는 중향국의 보살들과 사리불 등의 대제자들에게 먼저 절하고 방 한쪽으로 물러났습니다. 또 다시 지신地神이나 허공신虛空神, 욕계, 색계의 모든 천신도 향반의 향기를 맡고 방으로 들어왔습니다.

유마가 성문들에게 말했습니다. "여러분, 감로의 맛이 나는 여래의 밥을 드십시오. 이 밥에는 대비의 향기가 스며들어 있습니다. 그러니 조금이라도 나쁜 생각을 가지신다면 소화가 되지 않을 것입니다." 다른 성문들은 이런 생각을 했습니다. '밥이 이렇게 적은데 어떻게 많은 사람이 먹을 수 있을까?' 그랬더니 화신 보살이 말했습니다.

성문의 작은 덕, 작은 지혜로서 여래의 무량한 복덕과 지혜를 재어서는 안 됩니다. 사해四海[120]가 마르는 일은 있을지 모르나 이 밥은 무궁무진합니다. 모든 사람이 먹을 수 있도록, 양은 수미산만큼 많으며 그것은 일 겁이 지나도 다하지 않습니다. 그 이유는 다함이 없는 계, 마음의 통일, 지혜·해탈, 자신은 해탈했다고 확실히 아는 공덕을 갖춘 이가 먹고 남은 것으로, 끝내 다하는 것은 있을 수 없기 때문입니다.

화신보살은 가지고 온 밥이 공덕이 무량한 여래께서 드시고 남은 것이라고 하며, 작은 복을 갖춘 자들에게 밥을 보고 적다는 생각을 하지 말라고 주의를 주는 것입니다. 유마의 방에 있던 많은 보살과 불제자들이 배불리 먹었지만 그 향반은 줄어들지 않았습니다. 그 향반을 먹은 사람들은 신심이 쾌적하고 안락하기가 마치 '일체락장엄국—切樂莊嚴國'이라는 즐거움으로 가득한 나라의 보살과 같았습니다. 이 향반을 먹은 사람들의 몸에서는 모공으로부터 묘한 향기가 풍겨 나왔습니다. 그것은 마치 '중향국의 수목에서 풍겨 나오는 향기'와 같았다고 합니다.

이 이야기는 성서 가운데 일곱 개의 빵과 물고기를 찢어 사천 명을 만족시키고 나머지 일곱의 바구니에 가득 채웠다고 하는 일화와 유사합니다. 유물론자라면 어떻게 이렇게 믿을 수 없는 이야기가 있느냐고 하겠지요. 적은 양의 빵을 찢어서 나누게 되면 금방 없어지는 것이 당연한데 어떻게 사천 명씩이나 나누어 먹일 수 있느냐고 생각하지요. 현실적으로 인간에게 중요한 것은 가르침보다는 빵인 것입니다. 먹는다는 것은 인간의 가장 큰 문제이지요.

「마태복음」에는 "내가 말하는 것은 빵이 아님을 깨달아야 하네"라고 쓰여 있습니다. "나는 생명의 빵이고, 나에게 온 자는 굶주리지 않고, 나를 믿는 자는 언제까지도 목마르는 일이 없다. 그러니 그대들은 나를 보고 믿어야 한다"라는 말도 나옵니다. 결국 자신은 생명의 근원이고, 빵이 아니라 얼마든지 먹어도 없어지지 않는 생명의 근원이라는 것입니다. 그런데 이를 알지 못하는 인간이 어째서 이리도 많을까라는 예수의 한탄이 내포되어 있음을 알 수 있습니다.

이처럼, 동서의 유사한 이야기를 읽으면, 식사는 종교생활과 아주 깊은 관련이 있음을 알 수 있습니다. 식사로 인한 만족은 영혼의 안식과 연관이 있습니다. 밥의 향기는 인간의 영혼의 향기, 가르침의 향기와 연결되어 있습니다. 가르침의 향기가 근간이 되는 것입니다. 아무리 먹어도 다하지 않는다는 점에서, 구지俱胝(생몰연대 미상) 화상의 이야기가 생각납니다.

『벽암록』19칙에 '구지지두선俱胝指頭禪'이 있습니다.[121] 구지 화상은 『관음경』의 '구지불모대준제보살'을 읽으며 삼매수행을 했습니다. 이 화상의 처소로 실제實際라는 비구니가 삿갓도 벗지 않고 석장을 쥔 채로, 구지가 앉아 좌선하고 있는 의자 주변을 세 번 돌고 "화상께서 한마디로 '선'을 보여준다면 저는 삿갓을 벗겠습니다"라고 말했습니다. 세 번이나 같은 질문을 했는데 화상은 단 한마디도 하지 못했습니다. 실제가 바로 암자를 나오려고 하는데, 구지가 "해도 저물었는데 오늘 밤은 여기서 묵으시지요"라고 말하니, 비구니는 "지금 바로 답할 수 없는데 내일이라고 될 수 있을까"라고 말하고 나가 버렸습니다. 거기서 눈이 뜨여 분심憤心이 일어나, 날이 밝으면 다시 행각行脚[122]에 나서기로 했습니다. 그때 호법신이 나타나 "그대는 내일 수행하러 떠나기로 했지만 하루만 기다리면 육신 대보살이 오니, 그분에게 법요를 들으시오"라고 했습니다. 그러고 나서 천룡(생몰연대 미상) 화상이 온 것입니다. 구지는 천룡에게 자신이 비참하게 깨진 일을 말하니, "그것은 아무것도 아니네. 그대는 비구니가 말한 대로 나에게 물어보게"라고 했습니다. 구지는 비구니가 말한 대로 "선을 한마디로 일러 보시오"라고 하니, 천룡은 순간 손가락 하나를 내세울 뿐이었습니다. 그 손가락은 압도적인 박력으로 구지를 제압해 버렸습니다. 그때 구지는 깨달았던 것입니다. 공안 본칙의 "구지 화상은 어떠한 질문에도 손가락 하나를 치켜세울 뿐이다"는, 구지 화상이 한평생 사람들을 지도한 방법을 말하는 것입니다. 그의 선은 '손가락 선(指頭禪)'이라고 불렸습니다. 화상은 임종을 맞이할 때, "나는 천룡 화상에게서 얻은 손가락 선을 한평생 써먹었어도 아직 다하지 않았다"라고 말하고 다시 손가락 하나를 세우고 숨을 거두었다고 합니다.[123] 구지 화상의 지두선은 바로 화상의 생명이고 정신세계입니다. 그것은 다만 손가락을 내세우는 데 있는 것이 아니라 생명 발현의 상징이기도 합니다. 말하자면 무자아의 자아를 손가락으로 내세워 보인 것입니다.

3. 유화인욕의 향기

유마가 향적국에서 온 보살들에게 묻습니다. "향적불은 어떻게 가르침을 설하십니까?" 그 나라 보살은 이렇게 답했습니다.

> 우리 국토의 여래는 문자로써 설하는 일은 없습니다. 다만 중향衆香으로써 여러 천인·인천들이 계율을 지킬 수 있도록 합니다. 각각의 보살은 향기가 나는 나무 아래 앉아 묘한 향기를 맡고, 바로 '일체덕장一切德藏'이라는 삼매[124]를 얻습니다. 이 삼매를 얻은 자에게는 보살의 모든 공덕이 각각 갖추어집니다.

향기로써 교화한다는 것은 『법화경』에도 설해져 있습니다. '보살의 삼궤三軌'가 그것입니다. '여래의 방에 들어가, 여래의 옷을 입고, 여래의 자리에 앉는다.' 여래의 방이라는 것은 대자비의 일이고, 여래의 옷이라는 것은 유화인욕柔和忍辱이며, 여래의 자리는 모든 존재는 공이라는 깨달음으로, 범문梵文에서는 '유화인욕의 향기'라고 말합니다. 이것은 무어라 말할 수 없는 인간의 솔직함이며, 다른 말로는 '유화질직柔和質直'이라고 합니다. 유화롭고 꾸밈이 없으며 거짓이 전혀 없는 것입니다. 우아한 품위를 갖춘 용기라고도 할 수 있습니다.

향기로 가르침을 내린다는 것은 그 사람의 생명이 되어 가르치는 것입니다. 어려운 것은 말하지 않으며 말도 상냥하게 하는, 맑고 경외할 만한 사람입니다. 부처님은 그러한 분이라고 생각합니다. 향적불은 이러한 모습의 부처님이었습니다. 깊이 좌선하는 사람은 유화인욕의 향기, 즉 우아한 용기와 결단력과 고운 결을 갖추고 있어 인간의 내밀한 곳까지 들어가 배려할 수 있는 힘이 있다고 생각합니다. 부처님의 모습에서 이러한 향기를 볼 수 있습니다. 이번에는 반대로 저 땅의 보살이 보살에게 묻습니다. "세존 석가모니께서는 무엇으로써 법을 설하시는지"를. 유마는 이렇게 답합니다.[125]

> 이 나라 중생은 고집이 세(剛强) 감화가 잘 안 되기 때문에 부처님은 저들을 위해 완강한 말씀으로 설하여 그들을 억제하십니다.

이 나라 사람들은 고집이 세고 근성이 비뚤어져 있고 평계를 잘 댄다, 이러한 자들을 올바르게 가르치지 않으면 안 되기 때문에 부처님은 강렬한 말로 가르치신다. 지옥·아귀·축생이라든가, 팔난八難이든가, 십악十惡을 범한다든가, 계를 지켜야 한다든가, 투기심과 질투가 있다든가, 이러한 말들로 사람을 가르친다는 것입니다. 이 세상에 살아가는 인간들이 모두 고집스럽고, 원숭이 같은 마음을 가지고 있기 때문에 어쩔 수 없는 것입니다. 그것은 성질이 나쁜 코끼리와 말에게는 매로써 뼈에 사무치는 고통을 주어 다스리는 것처럼, 여러 고통을 느끼게 하는 말로 인간들을 가르치신다는 것입니다.

이 말을 듣고 중향국의 보살들은 경탄합니다. 부처님이 무량자재한 힘으로 그 같은 고집 센 사람들을 도탈(度脫, 해탈)시킨다는 것은 미증유한 일입니다. 또한 보살이 무량한 대자비로서 이 나라에 태어난 것은 훌륭한 일이라는 것입니다. 유마는 이를 수긍하여 이렇게 말했습니다.

진실로 당신들이 말하는 대로이다. 더구나 이 나라에 태어나면, 한 번 태어나는 것만으로 중향국에서 백천 겁 살아가기보다도 대단히 많은 중생을 행복하게 할 수 있는 것이다. 그것은 이 사바국토에는 다른 국토와는 달리 '열 가지 선법'이라는 것이 있기 때문이다.

베풀어 빈궁한 사람들을 구하고, 맑은 계를 지켜 계를 파하는 사람을 구하고, 인내에 의해 노여운 사람들을 구하고, 정진으로서 게으른 사람들을 구하고, 선정에 의해 마음이 산란한 사람들을 구하고, 지혜로서 어리석고 아둔한 사람들을 구하고, 난처에 빠지지 않은 법을 설하여 팔난에 있는 자를 구하고,

대승의 가르침으로 소승을 향하는 자를 구하고, 여러 가지 선근에 의해 무덕無德한 자를 구하고, 언제나 사람을 포용하는 네 가지 일(四攝法)에 의해 중생을 완성한다. 이것이 열 가지이다.

본래는 빈궁이든가, 계율을 파한다든가, 미워한다든가, 산란한 마음이라는 것은 조금도 좋은 것이 아닙니다. 하지만 도리어 그러한 것이 있기 때문에 보시하는 사람, 계를 지키는 사람, 정진하는 사람들이 나타나고, 그래서 이 세상에 살고 있어서 좋다는 기쁨이나 감동도 일어나는 것입니다. '사섭四攝'이란 '보시·애어愛語·이행利行·동사同事' 네 가지를 말합니다. 보시는 베푸는 것, 애어는 상냥한 말투, 이행은 사람들을 이롭게 하는 것, 동사는 상대의 입장이 되어 가까이하며 같은 일에 근념하면서 불도로 이끄는 것입니다. 이것을 들은 중향국의 보살이 묻습니다.[126]

보살은 어떤 법을 성취하여 이 세계에서 살아가게 되면 상처 없이 정토에 태어날 수 있습니까?

이것을 쉽게 말하면 '이 나라의 보살이 이 세상을 떠날 때 큰 괴로움 없이 간단히 정토에 태어나려면 어떠한 장점을 가지고 있어야 하는가'라고 묻는 것입니다. 유마는 그것에 대해 여덟 가지 법(八法)을 성취해야 한다고 답했습니다. 팔법은 이렇습니다.

첫째, "요익중생하되 그 보답을 바라지 않는다." 많은 사람을 복되게 하되 그 보답을 구하지 않는다는 것입니다. 다시 말해서 은혜의 보답에 관계없이 무심의 경지에 안주하는 것입니다.

둘째, "모든 중생을 대신해서 가지가지 고뇌를 받고, 지은 공덕은 모두 베푼다."

셋째, "중생과 평등한 마음을 갖고 겸손하고 하심하여 걸림이 없어야 한다." 자신을 모든 중생과 동등하다고 생각하며, 언제나 겸손하고 겸허한 태도로 살아가는 것입니다.

넷째, "많은 중생을 보기를 부처님같이, 어떠한 사람이라도 모두 부처님으로 보는 것이 중요하다."『법화경』21품에 '상불경보살常不輕菩薩'에 대한 이야기가 있습니다. 말하자면 어떠한 중생도 가벼이 여기지 않는다는 의미입니다. 뛰어난 지식인도, 미천한 사람도, 부자도, 가난한 사람도 모두 존중하고 업신여기지 않는 것입니다. 2, 30대 시절의 이야기이지만, 필자도 아주 나쁜 생각을 가지고 있었던 적이 있습니다. 사람을 차별하고, 가벼이 여기고, 무시하기도 했으며, 관계가 없는 경우에는 본 척도 하지 않았습니다. 어느 날 제가 존경하는 큰스님이『법화경』을 봉독하여 크게 신심을 내도록 하라고 권유하셨습니다. 말씀대로 이 경을 봉독하면서 경전의 설법에 감동하여 저의 과오를 돌아보게 되고, 참회하게 되었습니다. 특히 21품에서는 어떤 중생도, 미물까지도 불성을 가지고 있고, 그들은 언젠가 성불하니 항상 가벼이 여겨서는 안 된다는 부처님의 말씀에 경탄하고 잘못을 크게 뉘우쳤지요. 역시 불경을 늘 가까이해야 참된 인간성을 회복한 다는 선지식의 가르침에 수긍이 갔습니다. 이후로 저는 불자님들에게 반드시 한 가지 경을 선택하고 늘 독송하라고 권합니다. 부처님의 가피력은 물론이거니와, '유화인욕'의 자비로운 성품이 저절로 이루어지고, 나아가 불성이 발아發芽되기 시작하기 때문입니다. 금생에 성불이 안 되면 다음 생, 또 그다음 생, 언젠가 성불을 할 수 있다는 신심이 강건해질 것입니다.

다섯째, "아직 들어본 적이 없는 경經도 이를 듣고 의심하지 않으면 성문과 서로 다르지 않다." 자신이 들은 적이 없는 경을 들었다고 해도, 그것을 의심하지 말라고 하는 것입니다. 불교를 배우는 이들 중 대승경전과 소승경전에 차별을 두어 이것이 불설佛說이지, 저것은 불설이 아니라는 편견과 의심을 가지는 자가 있습니다. 또한 자신이 알고 있다는 불교 교의, 신행만을 고집하고 다른 것은 거짓이라고 비판을 하는 자도 있습니다. '응병여약應病與藥, 근기에 따라 부처님이 설법'하신다는 것을 믿지 않고 다만 의심하기만 합니다. 일단 '경'이라고 하는 것은 부처님의 설법이라고 믿고 소중히 여겨야 합니다. 『금강경』에서는 '어떤 경이라도 경이 있는 자리에는 여래가 있다'고 설합니다. 경을 바로 부처님으로 보는 것입니다. 그래서 경설을 의심하지 말라고 하는 것입니다.

여섯째, "그의 공양을 질투하지 말고 자신의 이로움에 교만하지 말고 그 가운데서 마음을 조복調伏해야 한다." 공양을 받고 그 공양을 소중히 여겨야 하며, 공양 받는 이로움으로 교만하거나 거만해서는 안 되며, 언제나 겸손해야 한다는 것입니다.

일곱째, "언제나 자신의 과오를 반성하고 그의 단점을 말하지 않는다." 사람의 단점을 비판하기보다 자신의 과오를 반성하는 것을 우선으로 하며 상대방의 허물을 말하지 않는 것입니다.

여덟째, "언제나 한결같은 마음으로 갖가지 공덕을 구한다." 열심히 거짓이 없는 성실한 마음으로 생활하는 것이 바로 공덕을 구하는 생활이 되며, 이러한 일상생활이 바로 공덕임을 믿고 일관되게 정진해 나가는 것입니다.

이같이 살아가면 보살은 모두 정토에 태어나는 것이라고 설하고 있습니다. 사바이기 때문에 강한 말로 가르치지 않으면 안 되지만, 인간은 이 여덟 가지 방법을 마음에 새겨 살아가게 되면 모두 부처가 될 수 있다는 것입니다.

이 여덟 가지 방법의 밑바탕에 있는 것은 '유화인욕의 향기'라고 한마디로 말할 수 있다고 생각합니다. 오랫동안 긴 드라마를 전개하여 중향국에서 밥을 가지고 와서 먹게 한 뒤, 이러한 도행道行의 마지막에 이르러, 이 밥을 먹은 자는 몸에 향기가 나고 불법을 알게 된다는 것입니다. 그것은 그 사람의 삶이 유화인욕의 향기에 감싸여 있다는 것입니다. 이는 누구에게나 '예'라고 말하며 수긍하는 마음으로 돌아가는 것이라고 간단히 말할 수 있습니다.

인간은 30세를 지나 40세가 되면 솔직한 대답이 나오지 않게 되는 것이 보통입니다. 어릴 때는 아버지나 어머니의 말씀에 언제나 "예"라고 대답합니다. 그런데 나이가 들면 어째서 쉽게 나오지 않게 되는 걸까요? 심리학에 의하면 자아를 자각하기 때문에 "예"라는 말을 잘 하지 않게 된다는 것인데, 이는 자기만의 개성이 발현되기 시작하기 때문이라고 합니다. 간단히 "예"라고 하면 될 일을, 거기에 자기의 주장과 변명을 보태게 되어, 결국 시비를 따지게 되고 맙니다. 가족과 인간사회의 분열이 이로 인해 시작됩니다. 서로의 주장만 있지, 수긍하여 받아들이는 마음이 사라져 버리는 것입니다. 타인에게 어떤 말을 들어도, 먼저 "예"라는 대답을 하게 되면, 스스로에게도 좋은 일이지만 타인과의 관계 또한 좋아지게 됩니다.

『무문관』 12칙에 '암환주인巖喚主人'이라는 공안이 있습니다.[127]

서암 사언(瑞巖師彦, 850?~910?)은 매일 자신에게 큰 소리로 "주인공아!"라고 부르고, 다시 "예"라고 대답합니다. "늘 깨어 있어야 하네." "예." "언제라도 사람들에게 속지 말아야 한다." "예" 하고 대답합니다. 여기서 주인공을 '나'라고 생각하면 안 됩니다. 절대 주체로서의 참인간입니다. 우리가 보통 '나'라고 생각하는 것은 단지 망상이고 잘못된 관념이고 착각이지 실체는 없습니다. 그래서 그것을 '무아'라고 합니다. 무아이므로 우주 전체가 '나'입니다. 서암 화상은 철저히 깨달을 때까지 매일매일 방심하지 않고 '주인공'에 몰입했고, 깨달은 후에도 평생 '주인공'에 참參했습니다. 서암 화상은 자신이 주인공과 멀어져 있지 않은가, 주인공을 놓치고 분별망상에 함몰되어 있지 않은가를 '주인공'을 부르면서 자각하는 것입니다. 심식心識에 그려진 망상분별이, 시작도 없는 아주 오랜 옛적부터 우리를 미혹하게 하여 육도윤회를 시키는 것에서, 해탈이 되도록 노력하는 것입니다. "예"라는 단순한 말에서 모든 것이 용해되고, 상대와 하나가 되고, 내가 나와 하나가 되는 것입니다. 화상이 부르는 '주인공'과 일상에서의 '예'는 그 의미가 다를지언정 자신을 내려놓는다는 점에서는 동일하다고 생각합니다.

보살행품 제11

1. 유마, 부처님 처소로 가다

장면은 부처님이 설법하시는 암라수 동산으로 바뀝니다. 토지가 갑자기 넓어지고 그곳에 모인 사람들이 모두 금색으로 변했습니다.

암라수 동산의 희유한 일에 대해서 아난이 부처님께 여쭈었습니다. "세존이시여, 무슨 인연으로 이같이 상서로운 일이 생겨 이 장소가 갑자기 넓어지고, 아름답게 장식되고, 모든 사람이 금색으로 빛납니까?" 이에 대해 부처님께서는 유마와 문수보살이 여러 대중들의 공경을 받으며 이 동산으로 오고 있으므로, 이 같은 상서로움이 나타난다고 답하셨습니다.

한편 유마는 문수보살에게 함께 부처님을 뵙고 예배, 공양을 드리자고 제안했습니다. 문수보살은 "좋습니다, 가십시다. 지금이 바로 그때입니다"라고 답했습니다. '지금 바로'라는 때는 인연이 상응하여 성숙한 때, 극점極點인 것입니다. 여기에서 말하는 '때'는 선가에서 말하는 '줄탁동시啐啄同時'를 뜻합니다.

'줄啐'은 알 속의 병아리가 껍질을 깨뜨리고 나오기 위해 안에서 콕콕 쪼는 것을 말하고, 이와 동시에 어미 닭이 밖에서 쪼아 주는 것을 '탁啄'이라 합니다. 그리고 병아리의 줄과 어미 닭의 탁이 한 점에서 일치했을 때, 껍질이 깨지고 병아리가 나오게 됩니다.

'줄탁동시'란 줄과 탁이 같은 시각, 같은 장소에서 발생하는 것을 말합니다. 줄과 탁의 시간이 어긋난다든가 어긋난 장소를 쪼았을 때, 병아리는 알 속에서 나올 수가 없습니다. 결국 줄과 탁이 상응하여 일체가 되어야 하는 것입니다. 선가에서는 수도승의 지난至難한 수행을 통해 깨달음의 기미가 무르익었을 때, 스승은 이를 알아채고 쪼아 주어 확철대오하도록 합니다. 또한 이를 '사자상승師資相承'이라고도 하는데, 스승이 깨달은 진리를 제자가 이었다는 뜻입니다. 이를 또한 백장 회해 선사는 '시절인연時節因緣'이라고 하였습니다. 경청 도부(鏡淸道怤, 868~937) 선사는 어느 날 시중示衆(대중스님들에게 법문)에서 "줄탁동시의 안목을 갖추고 줄탁동시의 작용이 있어야만 수행자라고 할 수 있다"라고 했습니다.

어느 승이 경청에게 말했습니다. "학인이 쫄 터이니 선사께서도 쪼아 주십시오." 경청이 "살아날 수 있을까?" 승이 말했

다. "살아나지 못한다면 사람들이 비웃겠지요." 경청이 말했다. "역시 형편없는 놈(草裏漢)이군!"¹²⁸

당시 경청의 회상에서는 '줄탁동시'의 기연을 중요하게 여겼던 것 같습니다. 경청의 "살아날 수 있을까?"는 깨고 나올 자신이 있느냐는 말입니다. 학인은 "살아날 수 없다면 사람들이 비웃겠지요"라고 대답하여 스승의 안목을 살폈습니다. 경청은 "너는 아직도 풀밭 속에 굴러다니고 있는 놈밖에는 안 되는군"이라고 했습니다.

형형하게 빛나는 푸른 눈(碧眼)과 행이 구족되어야만 진정한 수행자(衲子)입니다. 구도자는 모든 이들의 스승이 되어야 하기 때문입니다. 경청은 학인이 아직 미물에 불과함을 알고 한마디로 쏘아붙인 것입니다.

『유마경』의 드라마는 거의 완성되어 갑니다. 그런데 아직 부처님이 등장하시지 않았습니다. 지금까지는 유마·문수·사리불과 부처님의 다른 제자들만의 이야기가 전개되었습니다. 그래서 마지막으로 부처님이 등장하십니다. 부처님께서 지금까지 일어난 일이 거짓됨이 없음을 증명하기 위해 나타나시는 것입니다. 이를 '부처님의 증계證誡'라고 합니다. 이처럼 경전은 반드시 부처님의 증명으로 마쳐집니다.

유마는 신통력으로 여러 대중들과 그들이 앉았던 사자좌를 오른쪽 손바닥 위에 올려놓고 부처님 계신 곳으로 가서 땅에 내려놓았습니다. 유마는 부처님 발밑에 엎드려 절하고, 부처님 오른쪽으로 일곱 번을 돌고, 일심으로 합장하고 한쪽에 섰습니다. 보살이나 대제자들, 범천, 사천왕 등도 전부 유마와 같이 부처님을 일곱 번 돌며 합장하고 섰습니다. 부처님이 보살들에게 잘 왔노라고 하시자 그들은 각각 자리로 돌아갔습니다.

유마나 문수 등이 부처님 곁으로 오니, 향반을 먹었기 때문에 무엇이라고 말할 수 없는 좋은 향기가 났습니다. 거기서 아난은[129] "지금까지 맡아 본 적이 없는 이 향기는 어디서 나옵니까?"라고 부처님께 여쭈었습니다.[130] "그것은 보살의 모공에서 나온다"라고 하니, 사리불이 아난을 향해 "우리의 모공에도 역시 이 향이 나온다"라고 했습니다.

보살만이 아니라 내 모공에서도 그 향기가 나온다는 것입니다. 유마 덕분에 중향국의 향반을 먹었기 때문에 향기가 나는데, 그 은혜를 잊고 자신의 몸에서도 나온다고 강조하는 것입니다. 사리불의 이런 말은, 결국 우리를 보는 것 같습니다. 우리의 의식에도 은혜를 망각하고 자신만을 내세우는 일이 허다하게 있음을 되돌아볼 수 있습니다. 아무리 뛰어난 학자라고 해도 학문의 시작을 더듬어 보면 그 실마리는 모두 이전의 누군가로부터 배운 것입니다. 선생 또한 이전의 선생으로부터 배운 것입니다, 근원으로 올라가면 우주 법계의 부처님들이 우리를 살게 한다는 데에 이르게 됩니다. 이렇게 학자만이 아니라 현재 우리 자신이 편안하고 멋지게 잘 살고 있고, 나아가 타인으로부터 찬사를 받는 것도, 그렇게 되도록 주변의 모든 이들, 즉 부모, 스승, 윗대 선조의 도움이 알게 모르게 있었던 것입니다. 감사하다고 생각하지 않을 수 없습니다.

아난이 유마에게 묻습니다. "이 향기는 오래되었습니까?" 유마는 "밥이 소화가 다 될 때까지라오"라고 답했습니다. 아난이 다시 묻습니다. "이 밥은 언제 소화가 다 됩니까?" 이에 대해 유마의 답은 이렇습니다.

> 이 밥의 세력은 7일에 이르며, 그런 연후에 소화가 되오. 또한 가르침을 들은 수행승(聲聞人)이 깨달음을 얻었으나 바른 위치(正位)에 들지 않고 이 밥을 먹는다면 바른 위치에 들어간 후에야 소화가 되는 것이오. 또한 이미 바른 위치에 들어서 이 밥을 먹는 자는 마음의 해탈을 얻은 후에야 소화가 되지요. 만약 아직 대승의 뜻[131]을 일으키지 않고 이 밥을 먹는 자라면 발심하기에 이르러 소화가 되지요. 또한 이미 발심해서 이 밥을 먹는 자는 본래 어떤 것도 생기는 일(또한 사라지는 일)이 없다는 도리를 인식(無生忍)하고 난 다음에 소화가 되지요. 또한 이미 어떤 것도 생기는 것이 없다는 도리를 인식하고 이 밥을 먹는 자는 한 생애만 이 세상에 살고(一生補處) 부처가 되는 지위에 이른 후에 소화가 되지요. 비유하면 '상미 上味'라는 약을 복용하게 되면 몸의 여러 가지 독이 없어진 연후에 소화되는 것과 같소. 이 밥도 그처럼 모든 번뇌의 독을

사라지게 하고 없어진 연후에 소화가 되는 것입니다.

이 향반은 먹은 후 7일이 되어야 소화가 된다는 것입니다. 그리고 향기가 없어집니다. 예를 들면, 성문의 인간이 정위正位에 들지 않고 이 밥을 먹는다면 정위에 들은 후에 소화가 된다는 것입니다. 정위라는 것은 깨달은 경지입니다. 이미 그 위치에 든 자가 이 밥을 먹으면 마음이 해탈하여야 소화가 됩니다. 아직 대승의 뜻을 일으키지 않은 자는 이 밥을 먹고 대승의 뜻을 일으켜야 소화가 됩니다.

이처럼 가장 중요한 것은 마음의 해탈이 이루어지면 향반의 향기가 사라져 버린다는 것입니다. 그러면 겉에 드러난 '유화인욕'이라는 걸친 옷도 사라져 버립니다. 상냥하다는 것조차 사라집니다. 그리하여 어떤 사람인지 도무지 알 수 없어집니다. 상냥한 듯한데 엄하고, 엄하게 보이는 것 같지만 상냥하며, 남자같이 보이지만 여자같고, 여자처럼 보이지만 남자같은, 파악할 수 없는 상태, 그것을 '자연법이自然法爾'라고 합니다. 필자는 불교의 궁극은 '자연법이'라고 생각합니다. 인격이 훌륭한 사람은 대중과 더불어 있으면서도 잘 어울리며, 있는 듯 없는 듯한 존재감으로 사람들과 어울리는 사람을 '자연법이'에 든 사람이라고 할 수 있습니다. 앞에서 유마가 언급한, 정토에 태어날 수 있는 사람은 여덟 가지 법을 실천하는 이라고 했지만 이러한 사람이 바로 '자연법이'에 든 사람이라고 말할 수 있겠습니다. 바꾸어 말하면 자연법이에 든 자는 정토에서 사는 자라고 할 수 있습니다.
 이때 중향국에서 온 보살들이 말합니다.[132]

 우리는 처음 이 나라를 보고 하열한 생각을 했습니다. 지금은 스스로 뉘우치고 그 마음을 버렸습니다. 왜냐하면 모든 부처님의 방편은 불가사의하여 중생들을 거두기 위해 이에 상응한 불국토의 다른 모습을 보인 것입니다. 그렇습니다. 부처님, 원컨대 작은 법이라도 가르쳐 주십시오. 저 중향국으로 돌아가 응당 그것에 의해 여래를 생각하겠습니다.

 중향국에서 온 보살들이 부처님에게 말한 것입니다. 처음 이 사바세계에 왔을 때는 하찮은 나라라고 경멸하였다는 것입니다. 그러나 유마의 말씀을 듣고, 그곳이 여래의 부사의한 방편으로 이루어졌음을 알았다는 것입니다. 중생을 돕기 위해서는 여러 가지 방편이 필요합니다. 미혹도 있고, 사람을 속이는 일도 있고, 심지어 죽이기도 하는 일도 있는 세계가 여기에 나타나 있는데, 이를 알아채지 못한 자신이 부끄러워진 것입니다.
 이것은 부처님 가르침에는 여러 가지가 있다는 뜻입니다. 중생의 근기에 따라 설법하고 행도 보이시는 것입니다. 우리는 이에 따라 좌선도 하고 염불도 하고 계행을 청정히 지키고, 말씀을 믿고 그대로 수행하여 부처님의 말씀을 증득하는 것입니다.
 사람은 각각 살아가는 방식이 따로 있습니다. 어떤 것이 뛰어나고 어떤 것이 하열한 것인지 판단할 수 없습니다. 각자의 근기 따라 사는 방식은 다르지만, 궁극적으로 진실을 구하며 살아간다면 자신만이 올바르고 상대는 하열하다고 단정짓지 않습니다. 모두를 우대하고 환영하는 마음을 가지게 됩니다. 이를『유마경』에서 가르쳐주고 있습니다.

2. 진과 무진의 해탈 법문(盡無盡解脫法門)

중향국의 보살들은 자신들의 나라로 돌아가기 전에 무엇이나마 가르침 하나라도 말씀해 주신다면 그곳에서 그 법을 생각하고 여래를 생각하고 싶다고 말합니다. 그래서 부처님이 '진과 무진의 해탈 법문'을 하십니다.

> 부처님은 여러 보살들에게 말씀하셨다. '다하는 것(盡)과 다하지 않는 것(無盡)'이라는 해탈의 법문이 있다. 그대들은 그것을 배워야 한다. '다하는 것'은 무엇을 뜻하는가 하면 '유위법有爲法'이다. '다하지 않는 것'은 무엇이냐 하면 '무위법'이다. 보살은 유위를 없애버리지도 않고, 무위에도 머물지 않는다.

유위는 무상無常을 뜻합니다. '다하는 것'은 없어진다, 사라진다는 것입니다. 무위는 고요 적정한 열반을 뜻하고, 열반에는 생기고 머물고 없어지고(生·住·滅) 하는 것이 없기 때문에 '다하지 않는다'고 합니다. 보살은 이러한 열반에도 머물지도 않고, 생사윤회의 세계에서 살아가면서 이를 무상이라고 외면하지도 않는다는 것입니다. 말하자면 무상하다고 세상을 저버리지 않고 그렇다고 생멸이 없는 열반에도 들지 않는다는 것입니다. 즉 생사를 부정하지도 않고 열반도 긍정하지 않는 것, 이것이 해탈의 법문입니다.

'유위를 다하지 않는다'는 것은, 즉 대자大慈를 여의지 않고 대비大悲를 버리지 않고, 깊이 '모든 지혜로운 마음(智心)'을 일으켜 소홀히 대하지 않고, 사람들을 교화하되 끝까지 게을리 하여 싫어하는 일이 없다. 사람을 포용하는 네 가지 일(四攝法)을 늘 생각하고, 정법을 호지護持하는 데 신명을 아끼지 않고, 여러 가지 선근善根을 심는 데 피곤해하거나 싫어하는 일이 없다. 뜻은 언제나 방편과 회향에 두고, 법을 구하는 데 게을리 하지 않는다. 법을 설하는 데 인색하지 않고, 부지런히 모든 부처님을 공양하고, 달리 생사에 들어도 두려워함이 없다. 영예나 치욕을 받아도 기뻐하거나 우울해하지 않는다. 미학未學[133]인 사람을 가벼이 여기지 않고, 이미 배운 자를 공경하기를 부처님을 대하는 것과 같이 한다.

'생사'라는 것은 태어나고 죽는 것을 되반복하는 고뇌의 인생을 뜻합니다. 이를 유전윤회流轉輪廻의 인생이라고 합니다. 진리를 모르는 어리석음을 깨치지 못하면 죽어도 다시 같은 어리석음으로 인해 태어남을 반복합니다. 어리석음으로 인해 윤회하지 않으려면 이 세상을 살아가는 가운데 어리석음이 없어야 합니다.

인간은 싫어하는 것에는 생각이 깊어지고 집요해져 거기서 헤어나지 못합니다. 좋아하는 것도 역시 마찬가지입니다. 이렇기 때문에 죽어도 그 업식이 남아 같은 류類로 태어나게 되고, 이것을 생사유전이라고 합니다. 따라서 '유위를 다하지 않는' 부단한 수행을 통해 어리석음이 사라지도록 해야 합니다.

부처님의 말씀을 생동감 있게 전하는 경전 가운데 『증지부경전增支部經典』이라는 경이 있습니다. 내용 중 「천사품」에 다음과 같은 일이 쓰여 있습니다.

> 사바에서 악한 짓을 하고 죽어서 지옥에 떨어진 남자가 있었다. 옥졸이 그 남자의 양팔을 잡고 염라대왕 앞으로 데리고 갔다. 그리고 "이 남자는 악한 짓을 수없이 저질렀습니다. 그 과보로 지옥에 떨어졌습니다. 그렇기 때문에 이 인간을 벌해야 합니다"라고 말했다. 대왕이 말한다. "그대는 사바에 있으면서 천사를 보지 못했는가?"라고 물었다. "저는 보지 못했습니다." "그럼, 그대는 여자 혹은 남자로 80, 90이 되어 몸이 쇠하고, 지팡이에 의지하고, 힘없이 걷고, 초췌하고, 이가 빠

지고, 머리카락이 희어지고 빠지고, 주름지고, 몸에 흑백의 반점이 산재한 자를 보지 못했는가?" "그것은 보았습니다." "그대는 그때, '나 또한 연로하겠구나. 나이를 먹는 것은 결코 벗어날 길이 없겠구나. 그런데 몸으로 나쁜 행동, 나쁜 말, 마음으로 악한 생각만을 해 왔구나' 생각하며, 몸으로 좋은 일을 하고, 입으로 좋은 말을 하고, 마음으로 좋은 일을 생각해야 했는데, 그대는 왜 그러지 못했는가?"라고 대왕이 호통을 쳤다.

나이가 든 사람을 보았을 때, 젊은 사람은 "아아, 나이를 먹고 싶지 않아"라고 생각할 뿐, 자신이 나이를 먹고 있다는 것은 생각하지 않습니다. 그러나 인간의 몸은 25세를 지나면서 점점 쇠약해진다고 합니다. 30세 정도에도 아직 갈 길이 멀다고 생각하지만 잘 웃는 사람은 웃는 부분에 주름이 생기고, 찡그리는 사람은 찡그리는 부분에 주름이 잡힙니다. 점점 나이를 먹어가는 것이지요. 하지만 그것을 자신의 일이라고는 생각지 못하고 다른 사람의 일이라고만 생각합니다.

때문에 염라대왕은 '나이를 먹어 몸이 휘어져 비참하게 되는 자를 그대는 보지 않았는가. 그때 왜 그대는 그것을 자신의 일이라고 생각하지 못했는가. 그 사람이야말로 제1의 천사가 아니었는가' 하고 나무라는 것입니다.

그리고 또 묻습니다. "그대는 제2의 천사를 보지 못했는가?"

"보지 못했습니다." "그럼 아파서 괴롭고 중병이 들어 자신의 대소변을 가리지 못하고 누워서 타인에게 도움을 받고 타인에게 신세지는 자를 보지 못했는가?" "보았습니다"라고 답하자, "보았다면 그것이 바로 자신의 일이며, 병드는 것도 피할 수 없는데, 왜 좋은 일을 하려고 하지 않았는가? 그것이 제2의 천사다." 다시 대왕이 물었습니다. "그대는 제3의 천사를 보지 못했는가?" "보지 못했습니다"라고 답하자, "그대는 죽어서 하루, 이틀, 삼일, 몸이 부풀어지고 욕창이 생기고, 액체가 나오는 자를 보지 못했는가? 거기서 벗어날 수 없는데, 왜 좋은 일을 하지 않았는가? 그것이 제3의 천사다"라고 말합니다.

'제1, 제2, 제3의 천사가 우리들 주변에 많이 있다. 그러한 운명이 자신을 기다리고 있다는 것을 생각해도 그것에 두려워하지 말며, 나이를 먹는 것도 어쩔 수 없고, 병이 드는 것도 어쩔 수 없다. 그러나 할 수 있는 일은 해 보겠다'라고 생각하는 것, 그것이 "생사에 들어 있어도 두려울 것이 없다"라는 것입니다. 또한 유마는 말합니다.

미학未學을 가벼이 여기지 말고

아직 불교의 여러 가지를 배우지 못한 사람, 또한 불교를 잘 알지 못하는 사람, 이를 미학인未學人이라고 합니다. 그러나 이런 사람을 바보로 여기지 말아야 한다는 것입니다. 그러한 사람이야말로 소중히 여겨 잘 지도해 주어야 한다는 것이지요. 대체로 불교를 잘 안다고 하는 자는 시끄럽고 뒤숭숭합니다. 그것은 머리로만 알고 있기 때문이며, 정말로 알고 있다고 말할 수 없습니다. 불교는 몸으로 알아야 합니다. 머리로 아는 것이 불교를 성행하게 하는 근원이라고 한다면, 오늘날 불교는 더욱 성행해야 할 것입니다. 불교를 안다고 하지만 몸으로 알지 못합니다. 불교를 몸에 붙여 실천해야 합니다. 왜냐하면 머리로 생각하는 것과 몸으로 아는 것은 다르기 때문입니다. 불자는 스스로 불교를 머리로 아는지 몸으로 아는지 살펴보고 생각을 달리해야 할 것입니다. 미학인을 만나게 되면 불교로 잘 안내하여 신심이 굳건해지도록 보살펴야 합니다. 그것이 법보시이기도 합니다.

배운 자를 공경하기를 부처님같이

'배운 자'라는 것은 불교에 대해 참된 것을 가르쳐주는 사람, 바꾸어 말하면 스승입니다. 스승을 소중히 여기기를 부처님같이 하는 것입니다. 산중에 있는 강원(현 승가대학)에서는 경학을 할 때, 학인은 여법하도록 장삼과 가사를 걸칩니다. 가르치는 스승을 부처님처럼 여기기 때문입니다. 또한 필자가 일본 여행 중 사찰의 법회에 참석해서 큰스님의 법문을 들을 기회가 있었는데, 그때 일반 신도들이 작고 간단한 가사를 걸치고 정중히 듣는 것을 목격했습니다. 법회가 끝나자 신도들은 가사와 염주를 가방에 넣었습니다. 아주 경건한 모습이었습니다. 이 모두가 스승을 '부처님같이' 소중히 여기기 때문이라고 생각합니다. 큰스님뿐만 아니라 자신의 인생의 행로에 도움이 되었던 모든 분들이 모두 스승이 됩니다. 그들을 부처님같이 존경하는 것입니다.

어떠한 선정이라도 지옥같이 생각한다.

마음이 선정에 들어 있을 때를 지옥같이 생각한다는 것은, 안정되고 안심할 수 있는 상황이라 여길 때 오히려 위험이 도사리고 있다고 생각하는 것입니다. 좋은 사람들에 에워싸여 대접받을 때가 더욱 위험한 것입니다. 언제 본래 자리로 되돌아올지 모릅니다. 때문에 지옥처럼 생각하는 것이 좋다는 것입니다.

생사 가운데에 있어도 원관園觀같이 한다.[134]

생사의 괴로움 가운데 있어도 아름다운 꽃밭에 있는 것처럼 생각한다는 것입니다. 이것은 괴로움에 처해 있지만 마음을 내려놓고 '어, 이것! 재미있네!'라고 생각하는 것입니다. 다만 할 수 있는 일을 할 때, 괴로움은 저절로 피해집니다. 보통은 헤어날 수 없을 것 같은 괴로움이 차례차례 닥쳐오면 도무지 견딜 수 없다고 생각합니다. 그러나 그것만을 생각하면 오히려 여러 가지 괴로움이 잇달아 계속해서 일어납니다. 거기에 망상까지 덮쳐 더욱 힘들게 하지요. 괴로움이 일어나면 거기에 빠지지 말고 관망하며 흘러가도록 내버려둡니다. 그리고 아름다운 풍경이나 좋았던 일을 떠올리거나, 좋아하는 일을 열심히 하여 의식을 전환해 보는 것입니다. 그러다 보면 괴로움은 저절로 사라지거나 그 괴로움이 도리어 좋은 일로 바뀌거나 합니다. 이것이 '무진법문'입니다.

무진법문이라고 하는 것은 '공空을 닦지만 공은 증명되지 않는다'는 의미입니다. 공은 어디에도 구애됨이 없는 것이며, 깨달음의 경지에 들어서도 그것을 '깨달음'이라고 하지 않는다는 것입니다. 그것이 무진법문입니다.

이상의 이야기를 부처님은 말씀하셨습니다. 이를 중향국에서 온 보살이 듣고, 각각 감흥하고 기뻐하며 "석가모니불이시니까 이러한 선행 방편을 능히 하실 수 있습니다"라고 말합니다. 그러고 나서 홀연히 모습을 감추고 중향국으로 돌아갔습니다.

필자는 『유마경』에서 '석가모니 부처님이시니까 능히 하실 수 있다'라는 말을 특히 좋아합니다. 유마가 병이 들었을 때, "부처님은 어째서 문병하러 오시지 않는 것인가?"라고 생각하는 부분이 있습니다. 부처님을 생각하면 나약해지고 자연히 머리가 숙여진다는 것을, 이 『유마경』 여러 곳에서 볼 수 있습니다. 대화를 할 때마다 대담무쌍하게 상대를 꺾어 버리는 유마이지만 위대한 부처님을 생각하게 되면 갑자기 약해집니다. 유마의 부처님에 대한 신봉과 존경이 한몸에 서려 있기 때문입니다. 이러한 점에서 『유마경』은 필자의 마음을 감흥시킵니다.

　불교에서는 제자가 스승을 넘어서는 것을 대단히 중요시합니다. 그러나 넘어선 제자는 마지막까지 스승에게 머리를 숙입니다. 스승을 생각하면 눈물이 난다든가, 더구나 스승의 일을 생각하면 시봉이 미약해서 마음이 약해진다든가 하여 스승에 대한 숭고한 마음이 있습니다. 스승과 제자의 관계는 그렇게 해야만 마땅하다고 생각합니다. 『유마경』은 그것을 잊어서는 안 된다고 가르치는 것입니다.

　이제는 자신이 깨달았다고, 공부(修學)를 어지간히 했다고, 모든 이들이 존경하고 있다고 생각해서, 그동안 자신이 믿고 의지한 부처님을 외면하는 일도 간혹 있습니다. 세간살이도 마찬가지라고 생각합니다. 부모가 양육해서 훌륭한 아들이나 딸이 되었는데 그 자식은 자신의 힘으로 훌륭해졌다고 부모나 조상을 잊어버리는 경우가 있습니다. 더구나 무시하고 귀찮아합니다. 필자는 황벽 선사를 극히 존경합니다. 앞에서도 언급했지만, 깨달은 선사로서 수많은 제자를 지도하지만 언제나 부처님께 예불하기를 게을리 하지 않았습니다. 얼마나 예불을 했던지 이마에 혹이 나올 정도였다고 합니다. 관음보살의 보관寶冠을 보면 부처님의 좌상이 새겨져 있습니다. 보살이 중생을 거두지만 그 힘은 부처님의 힘임을 보이는 것입니다. 보살 자신이 중생을 거둔다고 생각하는 것이 아니라 부처님이 그렇게 하시게 한다는 것을 나타내 보인 것입니다. 이처럼 머리를 숙이고 스승을 받드는 것이 『유마경』 곳곳에 나옵니다. 그래서 『유마경』을 읽으면 신심이 납니다.

견아촉불품 제12

1. 여래를 보다

그때 세존께서 유마에게 물었습니다. "그대는 여래를 보고 싶다고 하지만 어떻게 여래를 보려고 하는가?"

그대는 일찍이 여래를 보고 싶다고 했는데, 대체 여래를 어떻게 보겠는가? 그랬더니 유마가 답했습니다.[135]

저는 자신의 몸의 실상을 관하는 것처럼 부처님을 보는 것도 그러합니다. 저는 여래를 관함에 있어서, 과거는 오지 않고, 미래는 갈 수 없고, 현재는 머물지 않습니다.

저는 이처럼 부처님을 봅니다. '부처님은 과거에 있지도 않으며 미래에 있는 것도 아니며 지금 있는 것도 아니다. 형태가 있는 것도 아니다. 이처럼 나는 본다. 본다는 것이 없이 본다'고 하는 것입니다. 이것은 부처님의 육신(色身)을 보지 않고 부처님의 뒤에 있는 본래상의 부처님(法身)을 본다는 것입니다.

불교의 전설에 의하면, 부처님은 깨달으신 후 8년 되던 해에, 도리천에 올라가셨습니다. 그곳은 제석천의 천궁입니다. 그곳에서 돌아가신 모친을 위해 3개월간 설법을 하셨습니다. 이것을 '도리천 설법'이라고 합니다. 아무리 기다려도 오시지 않자 목련이 빨리 내려오시도록 재촉하러 갔습니다. 부처님이 내려오신다고 해서 모두 기다렸습니다만, 어디로 내려오시는지를 그 누구도 알지 못했습니다.

연화색이라는 비구니가 신통력으로 관하니, 한 그루 큰 나무 위에서 석존이 내려오시는 것이었습니다. 연화색은 전륜성왕으로 변하여 맞이하러 갔습니다. 비구들은 비구니가 맨 앞에 있다고 분개했습니다.

그때 부처님께서는 "내가 도리천에서 내려왔을 때, 누가 가장 먼저 나를 보았다고 생각하는가?"라고 질문하셨습니다. 모두 "그것은 물론 연화색 비구니라고 생각합니다"라고 대답하자, 부처님께서는 "그렇지 않다. 수보리가 암실에서 가사를 꿰매면서 공을 관했다. 그 수보리가 나를 최초로 본 것이다"라고 말씀하셨습니다.

부처님의 모습을 통해 부처님을 보았다는 것은 진정으로 부처님을 본 것이 아니라는 것입니다. 멀리 암실에서 가사를 꿰매면서 공을 관하고 있는 수보리야말로 부처님을 보았다고 하는 것입니다. 공을 관한다는 것은 무슨 의미일까요? 부처님은 "법을 보는 자는 나를 본다"라고 말씀하셨습니다. 세상에 존재하는 모든 것은 실제적으로 공空이므로 이를 법이法爾라고 합니다. 말하자면 부처를 보는 자는 공을 보며, 공을 보는 자는 부처를 본다는 것이 됩니다. 부처 즉 공이며, 공 즉 부처입니다. 그래서 『금강경』에서는 '여시관如是觀(이와 같이 보라)'이라고 합니다.

 불자가 염불을 할 때 대개 소리를 크게 내서 부처님을 부릅니다. 또한 관세음보살 등 대승보살의 이름을 부르기도 합니다. 주로 자신의 소원을 부탁드리면서 부처님을 부릅니다. 그러나 실은 부처님을 칭념할 때는 모든 생각을 내려놓아야 합니다. 부처님, 즉 법신은 우주에 편만해 계시기 때문에, 부르는 자신은 부처님을 칭양하면서 부처님과 하나가 되는 공의 세계에 들어가 염불하게 되는 것이며, 이것이 바로 부처님을 보는 것이 됩니다. 두루 편만해 계시는 부처님은 바로 우주의 생명이며 빛입니다. 수많은 생명, 즉 부처님들이 가득하시므로 이를 화엄세계라고 합니다. 우리가 염불을 함으로써 그 속으로 들어가는 것입니다. 들어갈 수 있는 힘은 신심信心입니다. 이 힘이 치달아질 때 부처님들이 계시는 우주로 들어가며, 부처님의 가피력으로 자신이 하고자 하는 일이 바르고 지혜롭게 완성되어 나가는 것입니다. 이는 부처님과 내가 하나가 되어 공의 세계, 즉 반야(지혜)의 세계에 놓이기 때문입니다. 불자가 신심을 내어 정진한다는 것은 공의 세계를 체득하기 위함입니다. 부처님의 품속으로 들어가 둘이 아닌 하나가 되는 것이기 때문에 정진의 수업이 필요합니다. 수보리는 정진으로 공관空觀을 하여 부처님을 만나 뵈었고, 부처님은 이를 아신 것입니다.

부처님의 모습만을 보는 사람은 거기에 집착하기 때문에 진실한 것이 보이지 않습니다. 부처님을 보면서 부처님의 가르침을 생각하고 가르침의 핵심인 공을 이해하고 체득해야 진정 부처님을 보는 것입니다. 존경한다든가 믿는다든가 하는 사람이 있으면 그 곁에 가고 싶고 얼굴을 보고 싶은 것은 인지상정입니다. 그 모습을 보는 것을 통해 자신의 집착을 해소하는 것입니다. 부처님 모습을 보기를 기다리는 연화색 비구니보다 수보리처럼 부처님 모습의 너머에 있는, 본래의 부처님을 보지 않으면 안 됩니다. 싫은 사람이 와도 싫은 사람의 뒤에 있는 부처님을 보아야 하고, 좋아하는 사람이 오면 좋아하는 사람의 뒤에 있는 부처님을 보지 않으면 안 됩니다.

필자는 사람을 볼 때 이렇게 보려고 노력합니다. 쉽게 되지는 않습니다. 육안으로 보는 이미지에 금방 미혹됩니다. 그래서 싫고 미운 자는 되도록 보지 않으려고 합니다. 싫고 미운 감성을 버리기 위해서입니다. 버리는 것이 어느 정도 되면 그의 뒤에 있는 부처님을 보게 되고 그를 긍정적으로 수긍하게도 됩니다. 또한 한 사람의 뒤에는 그를 낳은 부모, 또 그 부모를 낳은 부모들로 계속 이어져 있습니다. 그리하여 그 근원에는 부처님이 계십니다. 싫은 사람이라고 해도 그런 사람을 자신의 앞에 데리고 온 부처님이 계시는 것입니다. 그것을 생각해야 합니다. 좋든 나쁘든 우리가 만나는 사람의 뒤에는 부처님이 계십니다. 아니 천지 사방에 부처님이 계시고 만나는 인연마다 그 뒤에 부처님이 계시는 것입니다. 이는 법계, 즉 공의 세계이기 때문입니다.

유마가 '과거는 오지 않고, 미래는 갈 수 없다. 현재는 머물 수 없다'라고 한 것도 이와 같습니다. 그래서 부처님이 대단히 기뻐하여 "그것이 진정 부처님을 보는 자세다"라고 말씀하십니다.

중국 당대의 선승 단하 천연(丹霞天然, 739~824) 선사에게 '단하소목불丹霞燒木佛'이라는 공안이 있습니다.[136] 천연이 추운 겨울날, 하남성 혜림사에 이르렀을 때의 일입니다. 도착해 보니 원주는 보이지 않고 방문을 여니 얼음 냉골이었습니다. 몸을 녹일 데가 한 군데도 보이지 않았습니다. 불당에 안치되어 있던 목불을 장작 대신 쪼개서 불을 지폈습니다. 목불은 아주 잘 탔습니다. 그 불에 몸을 녹이고 있던 중 원주가 도착했습니다. 연기가 모락모락 나서 이상히 여기고 불당 문을 여니 불상이 보이지 않았습니다. 대신 방이 훈훈했습니다. 뒷간으로 가니 천연이 불상을 쪼개 불을 때고 있었습니다. 이를 보고서는 놀라 눈이 휘둥그레졌습니다.

"아니, 부처님을 쪼개 불을 때다니! 부처님을… 이런, 어떻게 이런 일이…."

원주는 말문이 막혀 말이 제대로 나오지 않았습니다. 그러나

단하는 천연스레 재를 뒤적이면서 엉뚱한 소리를 했습니다.

"사리舍利(부처님의 유골)가 얼마나 나오는지 보고 있는 중이오."

원주는 더욱 기가 막혔습니다.

"목불에서 무슨 사리가 나온단 말인가?"

"사리가 없다면 부처가 아니지. 추운데 나머지 두 개도 마저 때 버립시다."

단하의 서릿발 같은 일침이었습니다.

법신을 보지 않고 불상에만 천착하고 있는 원주에게 일갈一喝을 한 것입니다.

단하는 원주에게 '진정한 부처란 무엇인가'라는 공안을 손에 쥐어 준 것입니다. 목불에 집착되어 있는 원주를 홀연히 일깨워 준 것이지요. 무상無相의 부처가 참다운 부처임을 행동으로 보여 준 것입니다.

2. 유마와 묘희국

사리불이 유마에게 물었습니다.[137] "당신은 어디에서 죽어서 여기에 태어났습니까?" 유마는 "당신이 보아 온 법(공)에는 어느 하나라도 죽고 나고 하는 것(생사)이 있습니까?"라고 되물었습니다. 사리불은 "없습니다"라고 답했습니다. 어떤 법도 나고 죽는 법이 없다고 한다면 어디서 죽고 어디에 태어나는가를 나에게 질문할 필요가 없지 않는가 반문한 것입니다. 유마가 말했습니다.

사리불이여, 죽음이란 허망한 유위법의 중단일 따름이오. 생이란 허망한 유위법의 지속일 따름이오. 보살은 비록 죽는다고 할지라도 선의 뿌리에서 나온 행위들을 중단하지 않고, 다시 태어난다 할지라도 악한 법의 행위들을 계속하지 않는 것이오.

일체 현상이 없어진다고 하는 것은 환상과 같은 허망한 존재가 파괴되어 없어진 상相이고, 일체 현상이 태어난다고 하는 것도 허망한 존재가 그대로 상속相續하는 상에 지나지 않는 것입니다. 생과 멸은 허망한 존재가 생멸하는 것이지, 진실한 존재는 불생불멸인 것입니다. 사리불은 생사의 현상만을 보고 유마에게 물었던 것입니다.

그때 부처님께서 사리불에게 말씀하셨습니다.

묘희국에 무동無動이라는 부처님이 계신다. 이 유마는 그 나라에서 죽었다가 여기 사바세계로 와서 다시 태어났다.

사리불은 그 말을 듣고, "미증유한 일입니다, 세존이시여. 이 사람이 청정한 국토를 버리고 이렇게 노엽고 해로움이 많은 곳으로 왔다는 것은…"이라고 하며 놀라워했습니다. 유마가 묘희국과 같은 청정한 나라에서 이처럼 오탁악세의 세계로 온 것이 사리불로서는 도저히 납득이 가지 않았던 것입니다.

사리불의 의심에 유마는 비유를 들어 설명했습니다. "햇빛이 날 때, 어둠이 같이 있소?" 사리불은 "아닙니다. 햇빛이 나면 어둠은 없어집니다"라고 답했습니다. 유마는 다시 "해가 무슨 까닭으로 중생이 사는 세계에 뜨는 것이오?"라고 물었습니다. 사리불은 "이 세계를 밝게 비춤으로써 어둠이 제거되기 때문입니다"라고 했습니다. 이에 유마는 보살이 부정한 불토에 태어남도 그와 마찬가지로 중생을 교화하고 중생의 번뇌를 제거하기 위해서라고 말했습니다.

보살이 중생계에 태어나는 것은 중생의 번뇌라는 어둠을 없애기 위한 중대한 사명이 있는 것입니다. 이렇게 유마가 보살의 원에 대한 설명을 마치자, 이를 들은 대중은 묘희세계와 그 세계에 계시는 무동無動여래와 보살, 성문의 무리들을 보고 싶다고 했습니다. 부처님은 대중의 생각을 아시고 유마에게 묘희국과 그 세계에 사는 무동여래와 보살들의 모습을 나타내 보이도록 하셨습니다.

유마는 마음속으로 묘희국을 억념憶念하여 앉은 채로 묘희국을 사바세계로 가까이 오게 했습니다. 묘희국의 상황이 보이기 시작했습니다. 묘희국의 산, 시냇물, 해와 달, 별들을 비롯하여 묘희국의 천신, 용, 귀신, 보살, 성문 등과 사람들이 사는 마을이나 취락이 나타났습니다. 그 가운데에는 보리수나 연꽃이 피어 있고 무동여래가 불사를 하고 계셨습니다. 이 세계에는 수미산의 정상이 있는 도리천까지 보석으로 만들어진 세 개의 계단이 걸쳐져 있었습니다. 도리천의 천신들은 이 계단으로 내려와서 무동여래에게 예배하고 가르침을 받았습니다. 이 사바세계의 사람들도 이 계단을 통해 도리천까지 올라갈 수 있었습니다. 유마는 묘희국의 모습을 중생에게 보이고 나서, 깊은 삼매에 들어 신통력으로써 오른손에 묘희세계를 움켜쥐어 이 사바세계의 국토 위에 놓았습니다.[138]

묘희국의 사람들은 깜짝 놀라 비명을 지르면서 세존에게 도움을 청했습니다. 도대체 누가 묘희국을 움켜쥐고 있는가, 라고 세존께 여쭈었습니다. 세존은 "내가 한 것이 아니다. 이는 유마의 신통력이다"라고 답했습니다.

유마의 신통력으로 묘희국을 사바세계에 내려놓았지만 불가사의하게도 사바세계는 조금의 증감도 없이 본래대로였습니다.

그때에 석가모니불이 대중에게 물으셨습니다.

"그대들은 저 묘희세계와 무동불을 보았는가?" 대중들은 보았다고 답했습니다. 부처님은 "만약 이처럼 청정한 불토를 얻고 싶다면 무동여래가 수행한 도를 배워야 한다"라고 말씀하셨습니다. 사바세계에 있는 무수한 사람들이 이 묘희국의 모습을 보았을 때, 보리심을 발하고 묘희국토에 태어나기를 원했습니다.

석가모니불은 그들에게 수기授記해 주시며 "그대들은 마땅히 그 나라에 가서 태어나리라"고 하셨습니다.

　이처럼 유마거사가 묘희국에서 온 것을 부처님이 증명하신 것입니다.

　유마는 우리 앞에 여러 가지를 드라마틱하게 보여주었지만 결국은 부처님 처소로 가게 됩니다. 인간이 아무리 대단한 것을 보이거나 만든다고 해도 결국 그것은 부처님께로 돌아가는 것입니다. 즉 공의 세계로 가는 것입니다. 여러 불사를 행하거나, 훌륭한 책이나 경전을 읽거나 하더라도, 마지막은 부처님이 계시는 곳으로 돌아갑니다. 경전들에는 결국 사람을 부처님께로 이끌기 위해서라는 것이 마지막에 반드시 나옵니다. 그리고 그것이 불교의 전통이라고 생각합니다. 부처님을 잊는 불교는 없습니다. 이처럼 『유마경』이 아무리 재미있게 전개된다 하더라도 궁극에는 부처님 나라로 향하는 것을 보여주는 것입니다.

　우리 주변에 있는 모든 사람은, 싫어하는 사람이든 좋아하는 사람이든 결국은 부처님이 계시는 곳으로 갑니다. 부처님이 자신의 처소로 데리고 가시는 것입니다. 이것을 알아차리지 못하면 사랑한다 하더라도 사랑한 것이 아니고, 경을 읽는다 하더라도 읽은 것이 아니고, 『유마경』과 같은 대단한 드라마를 본다 하더라도 본 것이 아닙니다. 『유마경』의 가장 마지막에 '부처님 나라로 가고 싶다'라는 원이 나타나 있는 것은 그 때문입니다. 결국 부처님이 계시는 곳으로 가지 않으면 안 됩니다. 이 유마도 결국은 그곳으로 가는 것입니다.

법공양품 제13

1. 제석천의 서약

여기서는 석제환인釋提桓因의 질문으로부터 시작됩니다. 석제환인을 보통 제석천이라고 하는데, 제석천은 삼십삼천의 주신主神으로서 불교를 호법하는 신입니다. 그가 대중들 가운데 있다가 부처님께 여쭈었습니다.[139]

> 세존이시여, 제가 부처님과 문수사리로부터 백천 가지의 말씀을 들었습니다만 일찍이 이렇게 불가사의하고 자재신통한 결정실상決定實相의 말씀은 들어 본 적이 없습니다.

제석천은 이『유마경』의 가르침을 듣고 이 경의 불가사의하고 신통자재한 가르침에 놀란 것입니다. '일찍이 한 번도 들어 본 적이 없는' 경천동지驚天動地인 듯한 말씀이었던 것입니다. 그런데 제석천은 이 경을 '결정실상'이라고 했습니다. 결정실상이란 실상이 무엇인지를 결정한다는 의미입니다. 실상이란 『유마경』에서 '불이법문'입니다. 공·불이로 결정되는 것이 결정실상입니다. 대립하는 두 개의 것을 불이로 관하는 것이 『유마경』의 특징입니다.

『유마경』이 참으로 뛰어난 경전임을 말한 제석천은, 다시 경전을 믿고 이해하고 받아 가지는 공덕에 대해서 이렇게 말합니다.

> 만약 이 경을 듣고 신해·수지·독송하는 사람이 있다면 반드시 이 법을 깨달을 것을 의심하지 않습니다. 하물며 설하신 바대로 수행하는 사람이야말로 두말할 것도 없지요. 그러한 이는 모든 악취(지옥·아귀·아수라)를 닫아 버리고 모든 선문善門을 열게 될 것이며, 항상 모든 부처님께서 보호하는 바가 되며, 외도를 항복시키고 마구니들을 절복시키고, 보리를 닦는 도량에서 살며 여래께서 행하신 자취에 따라 실천할 것입니다.

선문禪門을 열려면 우선 경을 신해·수지·독송하지 않으면 안 됩니다. 우선 진실한 마음으로 크게 믿으면 이해가 됩니다. 이것이 신해信解입니다. 신해가 되면 자연히 수지受持가 됩니다. 수지는 머리로서 생각하거나 이해하는 것이 아니라 온몸으로 받드는 것입니다. 전율이 될 만큼 의지하는 것입니다. 이렇게 되면 자연히 독송하게 됩니다.

오래전부터 경을 독송하는 방법에 대해서, '첫 번째 읽을 때는 입으로, 두 번째 읽을 때는 몸으로, 세 번째 읽을 때는 마음으로 경을 읽는다'라고 전하고 있습니다. 독송할 때는 경과 자신이 하나가 되어야 합니다. 하나가 되어 독송할 때는 자연히 몸이 흔들리게 됩니다. 소리만 내는 독송이 아니라 경이 자신의 몸에 실려서 소리를 내는 것입니다. 자신과 경전이 둘이 아닌 하나가 되었을 때 그 독송의 소리는 범음梵音(하늘의 소리)이 됩니다. 예부터 이런 말이 있습니다. '화엄성중이 경의 독송 소리를 들으면 춤을 추신다'라고. 경 읽는 소리에 감흥이 되어 신들은 유희遊戲를 하는 모양입니다.

이와 같이 경전을 신信·수受·봉奉·행行하게 되면 악이 사라지고 선이 열립니다. 더불어 모든 부처님의 가호를 받고, 또한 외도를 항복시키고, 악마를 물리치고, 깨달음을 얻는 도량에 있고, 부처님의 행을 따라 실천할 수 있는 것입니다.

제석천은 또한 신·수·봉·행하는 자가 있다면 "제가 제 권속과 함께 그를 찾아가 공양드리고 받들어 섬기겠습니다"라고 했습니다. 그곳이 어떤 곳이 되었든, 권속들과 함께 가서 『유마경』의 가르침을 널리 펴겠다고 다짐했습니다. 또한 이 경을 믿지 않는 자를 위해 신앙이 생기도록 할 것이며, 이미 믿고 있는 자에게는 신심이 견고하도록 하겠다고 부처님께 서원하는 것입니다.

제석천의 말을 듣고 부처님은 크게 기뻐하셨습니다. "그대가 말하는 대로다. 나도 기쁜 마음으로 그대가 하는 일을 도우리라"고 하셨습니다. 부처님은 "이 경은 널리 과거·현재·미래의 부처님의 불가사의한 최고의 깨달음을 설한 것이다"라고 말씀하셨습니다.

부처님이 제석천에게 물었습니다. "여래가 멸한 후에, 그 진신사리를 가져다 칠보로 된 탑을 세워 그 안에 모시고, 그 탑의 주변을, 넓이는 사대주四大洲, 높이로는 범천梵天에 이르기까지의 기둥으로 둘러싸고 향, 꽃, 영락, 번幡 등의 아름다운 장식으로 장엄했다면 훌륭한 공덕을 얻을 수 있다고 생각하는가?" 제석천은 "틀림없이 훌륭한 공덕을 얻을 것입니다"라고 했습니다.

그러나 부처님은 "이 경을 수지하고 독송하고 수행하는 쪽이 훨씬 공덕이 크다"라고 하셨습니다. 부처님의 사리탑을 세우고 공양 올리는 것보다 이 『유마경』을 수지하는 쪽이 훨씬 공덕이 많다고 말씀하신 것입니다. 그 이유를 부처님께서는 다음과 같이 설명하셨습니다.[140]

> 모든 부처님의 보리(반야)가 전부 여기서 나왔다. 보리의 상相은 한량없이 많기 때문에 이 인연으로써 복은 헤아릴 수가 없는 것이다.

모든 부처님의 깨달음이 이 경에서 나왔기 때문에 이 경에 의해 얻어진 깨달음의 상은 무량하므로 그 인연으로 인한 복덕 또한 무량하다는 것입니다.

2. 최상의 공양

부처님은 법공양의 중요성을 강조하기 위해 월개月蓋 왕자의 옛이야기를 말씀하셨습니다.[141]

> 먼 옛날 약왕여래의 시대에 전륜성왕이 있었다. 전륜성왕은, 인도의 신화에 의하면 세계를 통일·지배하는 제왕이다. 이 전륜성왕은 무력에 의해 지배하지 않고 정의로써 지배했다. 그 힘은 모든 장애를 부수고 항복시킬 정도이다. 이 왕의 이름은 보개寶蓋이며, 칠보로 장엄되어 있다. 그에게는 천 명의 아들이 있었는데, 하나같이 단정하게 생기고 용감하고 건장하여 모든 원적怨賊을 항복시킬 만큼 강한 힘을 가졌다.
> 보개왕은 그의 권속을 데리고 약왕여래께 끊임없이 공양을 올렸다. 다섯 겁 동안이나 그렇게 한 뒤, 왕은 아들들에게 "너희들도 나와 같이 부처님께 공양을 올려야 한다"고 당부한다. 그들도 약왕여래께 공양 올리기를 다섯 겁 동안 하였다.
> 천 명의 아들 중 월개月蓋 왕자가 있었다. 그는 공양의 의미에 대해 생각했다. "이것보다 더 훌륭한 공양은 없을까?" 조용히 사색하던 중, 머리 위 하늘에서 소리가 들렸다. "선남자여, 공

양 중에는 법공양이 제일 훌륭합니다." 월개 왕자는 바로 물었다. "어떻게 하는 것이 법공양입니까?" 다시 하늘에서 소리가 들려왔다. "법공양을 알고 싶다면 약왕여래께 가서 가르침을 받도록 하시오. 그대를 위해 널리 법공양을 설해 주실 것이오."

월개 왕자는 바로 약왕여래의 처소로 가서 예배드리고 무엇을 법공양이라고 하는지를 물었다. 약왕여래는 "모든 부처님이 설하시는 깊은 경은 세간에서는 믿기 어렵고 받아들이기 어렵다. 미묘하여 보기 어렵고 청정하여 물들기 어렵다. 단지 사량분별로는 얻을 바가 아니다. … 육도六度(육바라밀)를 성취하고 뜻을 잘 분별하여 보리의 법에 따른다. 대자비에 들어 여러 가지 마구니의 일이나 삿된 견해를 여읜다. 인연緣起 법에 따라 나도 없고 중생도 없고 수명도 없다. 공·무상無相·무작無作·무기無起로서 중생을 도량에 앉게 하고 법륜을 굴리게 한다. 제법의 실상의 뜻을 바르게 알아 무상無常·고·공·무아·적멸의 법을 널리 편다. … 생사의 괴로움을 등지고 열반의 낙을 보이는데, 이는 시방삼세의 모든 부처님이 설하는 바다. 이와 같이 경을 듣고 신해·수지·독송하여 방편력으로써 모든 중생을 위해 분별·해설한다면, 법을 수호하는 것이기 때문에 이를 법의 공양이라고 한다"라고 말씀하셨다.

말하자면 경전에 설해진 법에 따라 중생을 구하는 것이 법공양입니다. 경전에는 육바라밀이 설해져 있고, 그것의 실천에 의해 자비의 원행願行이 성립됩니다. 인연법, 즉 연기법에 대한 믿음으로 모든 악마의 일이나 삿된 견해를 여읠 수 있으며, 공과 무상의 세계에 머물 수 있습니다. 생사의 고통을 멀리하고 열반의 낙을 얻는 길을 보여줍니다. 이는 시방삼세 모든 부처님께서 설하신 것이라고 합니다.

그러면 최상의 법공양이란 무엇인가? 이에 대해서 약왕여래가 설합니다. 경전에 설해진 진리를 그대로 실천하는 것이 최상의 법공양이며, 삿된 견해를 버리고 무생인無生忍에 들기 위해서는 네 가지에 의지(四依)해야 합니다.[142]

> 뜻에 의지하되 말에 의지하지 않으며,
> 지혜에 의지하되 알음알이에 의지하지 않으며,
> 요의경了義經에 의지하되 불요의경不了義經에 의지하지 않으며,
> 법(진리)에 의지하되 사람에 의지하지 않는다.

첫째, 뜻에 의지하되 말에 의지하지 않는다는 것은, 경의 근본 진리에 의지해야지 나타난 말이나 문자를 따르기만 해서는 안 된다는 것입니다. 중국 선종의 육조 혜능 선사는 『법화경』을 공부하고 나서 제자들에게 이렇게 말씀합니다. "처음에는 『법화경』이 나를 굴리더니 나중에는 내가 『법화경』을 굴리고 있었다."

처음에는 경의 문자해석이나 내용에서 의미를 찾으려고 했는데, 어지간히 경전을 보는 눈이 뜨이니, 자연히 자신의 마음이 경전의 의미를 요해了解하여 품게 되었다는 것입니다. 독서를 할 때, 읽었던 책을 다시 보고 그 내용을 음미하고 나면 그 책의 요지가 눈에 들어오지요. 더욱이 책을 쓴 사람의 마음까지 알 수 있게 됩니다. 독경할 때도 마찬가지로 언설과 문자를 벗어나 그 속에 있는 의미까지 파악하게 됩니다.

둘째, 지혜에 의지하되 알음알이에 의지하지 않는다는 것은, 반야·지혜에 의지하고, 알음알이, 즉 감각이나 지식에 의지하지 말라는 것입니다. 지혜는 정신적 세계에서 일어나는 것이며 고도의 수행의 결과로 얻어집니다. 지식을 넘어선, 자신만의 참된 체득에서 일어나는 지혜를 뜻합니다

셋째, 요의경에 의지하되 불요의경에 의지하지 않는다는 것은, 깨달아 설해진 진리에 의지해야지, 깨치지도 않고 남의 것을 흉내만 내는 애매모호한 설법에 의지해서는 안 된다는 것입니다.

넷째, 법에 의지하되 사람에게 의지하지 않는다고 하는 것은, 의지해야 할 것은 진리(법)이지 사람이 아니라는 것입니다. 사람은 가변적이고 불완전한 존재이지만 진리는 불변이기 때문에 그것에 의지해야 한다는 것입니다.

이처럼 사의四依대로 수행하면 십이인연[143]을 수순하여 깨달음에 드는데, 이것이 최상의 법공양이라는 것입니다.

월개 왕자는 약왕여래로부터 법공양에 대한 가르침을 받고 공양의 참된 의미를 알게 되었습니다. 부처님은 제석천에게 "월개 왕자는 약왕여래로부터 이 같은 가르침을 듣고 유순인柔順忍을 얻었다"고 말씀하셨습니다. 유순인의 '유순'은 부드러운 마음, 즉 '유연심柔軟心'입니다. 어떤 것에도 잘 적응하고 실상의 이치에 따르는 것입니다. '인'은 견디어 안주한다는 뜻입니다. 아견과 아욕에 빠지면 '유연심'이 될 수 없습니다.

유순의 '순'은 수순隨順을 뜻합니다. '유연심'의 바탕이 되는 것은 경전의 가르침에 따르는 것뿐입니다. 일본 조동종의 종조인 도겐(道元, 1200~1253) 선사는 송나라로 유학하여 천동 여정(天童如淨, 1163~1228) 선사의 법을 이었는데, 일본으로 돌아가 사람들이 유학하여 무엇을 배웠는가라고 물으니, 즉시 '유연심'이라고 대답했다는 일화는 유명합니다. 무엇을 깨쳤다느니, 계율을 배웠다느니 하는 것이 아닌, 유연한 마음을 배웠다는 것입니다. 선사는 바로 유순인을 얻은 것이지요.

월개 왕자는 약왕여래로부터 가르침을 받고 '유순인柔順忍'의 경지를 얻었습니다. 월개 왕자는 자신의 몸에 걸치고 있던 보배로운 옷과 장신구를 벗어 부처님께 공양했습니다. 그리고 이렇게 말했습니다.

세존이시여, 여래께서 멸하신 후 저는 마땅히 법공양을 행하며 정법을 수호하겠습니다. 원컨대 위신력으로써 불쌍히 여

기시어 도와주시옵고, 저로 하여금 마구니와 원적들을 항복시키고 보살행을 닦도록 해 주십시오.¹⁴⁴

월개 왕자의 결의는 분명했습니다. 법공양을 실천하고 부처님의 위신력으로서 마구니를 항복시키고 보살행을 실천하겠다는 것입니다. 부처님은 월개 왕자의 마음을 아시고 "그대는 나중에 법성法城을 수호하리라"고 하시면서 수기를 하셨습니다.

월개 왕자는 부처님의 수기를 받은 후, 불법을 믿고 출가했습니다. 선법을 닦고 깊게 정진한 지 얼마 되지 않아 오신통五神通을 얻고 보살도에 통달하여 다라니¹⁴⁵를 얻었으며 끊임없는 변재를 구족했습니다.

출가 수행자 가운데서는 경하이 끝난 후, 다라니만을 외우는 수행을 통해 삼매에 드는 정진을 하는 이들도 있습니다. 변재란 듣는 자의 근기에 따라 설법을 자유자재로 할 수 있는 재능을 의미합니다.

월개 비구는 십소겁十小劫을 지나 약왕여래로부터 가르침을 받아 법륜으로 그 가르침을 세상에 널리 폈습니다. 그는 백만 억의 사람들을 교화하고 최고의 깨달음을 얻고 불퇴전의 경지에 주住하였습니다. 그 인연으로 무량한 중생이 천상에 태어날 수 있게 되었습니다.

부처님은 계속해서 제석천에게 말씀하셨습니다.¹⁴⁶

그때의 왕, 보개는 지금 부처님이 되신 보염寶炎여래이다. 그의 아들 천 명은 현겁賢劫 가운데 천 불이다. 가라구손다를 시작으로 부처가 되고, 마지막이 누지불이다. 그리고 월개 비구는 바로 지금의 나이다.

전륜성왕의 천 명 아들은 현겁의 천 불입니다. 현겁이란 오랜 세월의 어진 시대를 의미합니다. 이때에 천 불이 출세하여 중생을 구제하였다는 것입니다. 그리고 월개 비구가 지금의 석가모니불입니다. 월개 비구가 부처가 될 수 있었던 것은 오랜 세월 동안 법공양을 한 인연이 있었기 때문입니다.

부처님은 계속해서 제석천에게 말씀하셨습니다.

법공양이 모든 공양 가운데 으뜸이요, 제일이요, 비길 데 없다. 그러므로 제석천이여! 마땅히 법공양으로써 부처님께 공양해야 한다.

부처님은 법공양이야말로 모든 공양 가운데 최상이며 비할 바 없는 것임을 단정하십니다. 법공양 중에도 여실히 법에 따라 수행하는 것이 최상입니다. 불탑을 세우거나 부처님께 공양을 올리는 것도 중요하지만 경에서 설한 무상無相·공·불이의 진리를 독송하고 깨닫는 수행이 진실로 법공양이라는 것입니다.

촉루품 제14

1. 미륵에게 법을 위촉

다른 불경과 마찬가지로 『유마경』도 「촉루품」으로 마무리됩니다.[147] 촉루囑累는 경을 널리 선전하고 유포하기를 당부한다는 의미입니다.

미륵이여, 내가 이제 이 무량억 아승지겁에 걸쳐서 이룬 바, 아뇩다라삼먁삼보리의 법을 그대에게 부촉하노라. 이 경은 불멸 후 말세에, 그대는 마땅히 신력神力으로써 널리 유포시켜 염부제에 단절됨이 없도록 하라.

부처님이 미륵에게 이처럼 부촉하는 것은 미륵이 미래불이기 때문입니다. 미륵은 미래에 출현하여 중생을 구제하는 부처입니다. 부처님은 당신이 오랜 세월 동안 수행한 무상無上의 깨달음을 미륵에게 주어, 미륵이 신통력으로써 말세에 이같이 뛰어난 경을 유포하여 단절되지 않게 하라고 당부하시는 것입니다.

부처님께서는 부촉하는 이유를 또한 말씀하시기를 "미래세 중에는 마땅히 선남자·선여인과 천·용·귀신·건달바·나찰 등이 아뇩다라삼먁삼보리에 마음을 내고, 대법을 좋아하는 자가 있을 것이기 때문이다. 또한 그들은 이 경을 듣고서 반드시 크게 기뻐하며 믿는 이가 많고, 발심하여 희유한 일이라고 할 사람들이 많을 것이다"라고 하셨습니다.

이 『유마경』의 가르침은 누구나 받아들일 수 있는 것임을 부처님이 예견, 단언하신 것입니다.

부처님의 위신력은 대단합니다. '부처님은 동일한 말로 설법을 해도 이를 듣는 중생은 모두 자신의 성품이나 재능·소질에 따라 달리 이해한다'고 합니다.[148] 각자 근기에 따라 중생들은 부처님의 설법을 다양하게 듣는 것입니다. 『유마경』의 무한한 가치가 여기에 있습니다. 계속해서 부처님은 미륵에게 말씀하셨습니다.

보살에게는 두 종류가 있다. 하나는 잡다한 문구나 화려한 수식과 같은 것을 좋아하는 부류이고, 다른 하나는 깊고 심오한 뜻을 두려워하거나 의심하지 않고 참된 뜻에 여실히 깊게 들어가는 이들이다.

첫째, 잡다한 문구나 화려한 수식 등을 좋아하는 보살을 신학자新學者라고 합니다. 신학보살은 실행은 부족하나 말은 잘합니다. 불교를 배운다는 사람들 중에는 말이나 문장의 이해에 걸려 그 설명에 정신을 빼앗기기 일쑤거나, 참된 정진의 행이 없이 입으로만 불교의 가르침을 말하는 사람들이 있습니다. 한마디로 입과 생각만 가진, 실제적인 수행이 없는 보살을 말합니다.

둘째, 깊은 가르침을 조금도 두려워하지 않고 여실히 오랫동안 수행하며, 유마가 설하는 불법을 깨닫는 사람이 참된 보살입니다. 그것을 경문에서는 이렇게 설합니다.

> 만약 이와 같이 물듦이 없고 온갖 집착을 버리게 하는 심오한 경전에 대해 두려움이 없이 그 가운데로 들어가, 듣고서 마음이 깨끗해져 받아 지니고 읽고 외우며 설하신 바와 같이 함께 닦아 행하는 이는 오래도록 도행을 닦는다.

경에는 신학보살에 대해 상세히 설하고 있습니다. 부처님은 미륵에게 신학자라고 부를 수 있는 사람에게는 두 가지 특성이 있다고 하셨습니다.

첫째는 일찍이 들은 적이 없는 깊은 가르침에 의심을 일으켜서 결코 믿으려 하지 않고 그 가르침을 비방한다는 것입니다.

둘째는 이러한 깊은 가르침을 설한 경전을 수지하거나 해설하는 자가 있어도 결코 믿지 않고, 경전을 가까이하지 않으며, 더구나 이 경전을 존경하는 일도 없다는 것입니다.

『유마경』에서 보듯이, 이 경에 등장하는 가르침은 성문이나 연각 등 소승교도가 들어서는 그야말로 깜짝 놀랄 만한 가르침입니다. 요소요소에서 믿기 어려운 내용이 설해지고, 또한 황당한 광경이 벌어지므로 믿지 못하는 것입니다. 더구나 믿고자 하는 사람을 비방까지 하는 것이 신학보살의 특성입니다.

그러나 부처님께서는 신학보살을 가벼이 여겨서도 안 된다고 하십니다. 부처님은 미륵에게 말씀하십니다.[149]

> 보살이 가르침을 신해한다고 해도 스스로를 상傷하게 할 뿐, 무생법인을 얻지 못한다. 왜냐하면, 하나는 신학보살을 경만히 여기고 가르치지 않아서이고, 둘은 깊은 법을 이해하더라도 상相을 지어 분별하기 때문이다.

보통 우리는 초심자나 입문자를 일단 무시하고 얕보는 경향이 있습니다. 그러나 부처님은 이들을 잘 이끌어야 한다고 했습니다. 그들도 때가 되면 수행의 결과 훌륭한 사람이 되기 때문입니다.

또한 『유마경』의 표면에 드러난 모습만 취해서는 참된 깨달음을 얻을 수 없습니다. 유마의 방장에 수많은 보살들이 수용될 수 있고 더구나 그 방에 들인 의자들의 높이가 하늘에 도달할 정도라고 나타난 것이 그 예시입니다. 이를 표면적 상황만으로 판단하고 단정하게 되면, 『유마경』의 진정한 가르침을 놓치게 된다는 것입니다.

2. 미륵의 서약

이러한 가르침을 듣고 미륵보살은 부처님께 사뢰었습니다.

> 세존이시여, 미증유한 일입니다. 부처님께서 설하신 바와 같이 저는 마땅히 이와 같이 나쁜 일은 멀리하겠습니다. 그리고 여래께서 무수한 아승지겁 이래 이루신 아뇩다라삼먁삼보리의 법을 받들어 가지겠습니다. 세존이시여, 미래세에 능히 수시·독송하여 남을 위해 설하는 자가 있으면 모두 이 미륵의 신력으로 건립되는 것입니다.

미륵보살은 신학보살이 지닌 두 가지 특성에 대한 설명과, 신학보살을 대하는 태도에 대한 말씀은 일찍이 들어 본 적이 없었음을 부처님께 말씀드렸습니다. 또한 부처님이 설하신 것처럼 일체의 악을 버리고, 여래가 무한한 시간에 걸쳐 얻으신 무상정등각의 가르침을 기어코 받들어 간직하겠다고 말씀드리고 있습니다. 더구나 미래세에 대승의 가르침을 구하는 자에게는 경을 수지하고 독송하게끔 하겠다는 결심을 보입니다.
그리고 미래세에 이 경을 수지하고 독송하여 타인을 위해 설하는 자가 있으면 이것은 미륵보살 자신의 위신력으로 그렇게 만든 것으로 생각해주실 것을 부처님께 말씀드립니다. 자신의 신념을 부처님께 보이는 것입니다. 부처님은 미륵보살의 말을 듣고 크게 기뻐하셨습니다.

훌륭하구나, 훌륭하구나, 미륵이여! 그대가 말하는 바와 같이 나는 그대의 기뻐하는 일을 도우리라.

『유마경』의 뛰어난 가르침을 사람들에게 전하여 그들이 수지·독송하고 타인들에게 설하게끔 하는 것이 미륵의 기쁨임을 아시고, 부처님께서는 미륵의 그 기뻐하는 마음을 돕겠다고 하신 것입니다.

불가에서는, 어떤 불사가 이루어질 때 사부대중이 기뻐하는 마음으로 서로 돕는 것을 '수희동참隨喜同參'이라고 합니다. 부처님의 일을 내 자신이 스스로 즐거운 마음으로 행하는 것을 말합니다. 부처님께서 미륵이 하는 일을 돕겠다고 하시는 것도 이에 해당됩니다.

이에 모든 보살이 합장하고 부처님께 말했습니다.

저희들도 여래 멸후, 시방국토에 아뇩다라삼먁삼보리의 법을 널리 유포하겠습니다. 또한 설법자를 개도開導하여 이 경을 실천하도록 하겠습니다.

보살들은 부처님과 미륵보살의 대화를 듣고 깊이 감탄했던 것입니다. 이 보살들의 결의를 듣고 있던 사천왕은 부처님을 향하여 말했습니다.

세존이시여, 어디에서나 이 경을 독송·해설하는 자가 있으면 저희는 권속을 데리고 청법을 위해 그곳에 가겠습니다. 그리고 그를 옹호하고 그 주위 백 유순까지 살펴 이를 방해하는 자가 없게 하겠습니다.

3. 아난에게 위촉

그때 부처님이 아난에게 말씀하셨습니다.

이 경을 받아 가지고 널리 유포하라.

아난은, 처음에는 유마의 설법을 반신반의했습니다. 하지만 지금까지 부처님 곁에서 유마에 대한 말을 계속해서 들었던 아난은 자신도 모르게 부처님의 명령에 대답합니다. "예, 알겠습니다. 저는 이미 그 가르침의 요점을 잘 이해했습니다. 세존이시여, 이 경을 무엇이라고 해야 할까요?" 아난은 그 가르침의 훌륭함을 확신하여 자신도 모르는 사이에 수지受持해 들어간 것입니다. 그래서 선뜻 부처님께 이 깊은 가르침을 무엇이라고 명명해야 좋을지를 여쭈었던 것입니다. 이에 부처님께서 말씀하셨습니다.

아난이여, 이 경의 이름을 "유마힐소설", 또는 다른 이름으로 "불가사의해탈의 법문"이라고 하라. 이와 같이 수지하도록 하라.

부처님께서 이 경을 설하시는 것을 마치시자, 장자 유마힐·문수사리·사리불·아난 등과 천신들·인간·아수라 등, 모든 대중이 부처님의 설법을 듣고 모두 크게 기뻐했습니다.[150]

유마힐소설경維摩詰所說經 해설

1. 『유마경』의 주제

『유마힐소설경』은 『유마경』이라는 약칭으로 대승불교를 대표하는 경전의 하나입니다. 본경의 원전은 아쉽게도 산실되었고, 『유마경』의 티베트역에 게재된 산스끄리트의 이름은 Vimalakīrtinirdeśa(비마라키-르티 니르데사)입니다. Vimalakīrti는 『유마경』의 주인공 이름이며, 니르데사는 해설·설명이라는 의미로, 말하자면 '유마힐의 이야기'입니다.

경전이라고 하면 보통 부처님의 설법이지만 이 경은 유마[151]가 주역을 맡고 부처님이 대변하고 있습니다. 이것이 이 경의 첫 번째 큰 특색입니다. 유마의 원어, 비마라키-르티의 의미는 '더러움이 없는 명성이 높은 자'입니다. '무구칭無垢稱', '정명淨名'이라고 한역된 것도 있습니다.[152] 그러나 일반적으로는 '유마힐'을 약칭하여 '유마' 또는 '유마거사'라고 칭하기도 합니다. 따라서 이 경의 이름을 간략히 『유마경』이라고 호칭합니다.

그런데 구마라집(344~413)의 번역본『유마힐소설경』이름 아래에는 별도로 '일명불가사의해탈—名不可思議解脫'이라는 또 하나의 경 이름이 붙어 있습니다. 이것은 경의 마지막 부분에, 부처님이 아난에게 경의 유포를 위촉한다는 의미의 또 다른 별명입니다.『유마경』의 내용을 나타낸 이름이라고 할 수 있습니다.

사실 유마는 나중에 부처님이 말씀하시는 것처럼 무동여래, 즉 아촉불의 묘희국에서 온 보살입니다. 그러나 우리는 나중에 밝혀지는 유마힐의 정체를 잊고 거사 유마의 대활약에만 갈채를 보냅니다. 그 정도로『유마경』의 희곡적 구상은 박력 있게 진행되어 관객을 몰입시켜 버립니다.

대체로 경전은 불설, 즉 부처님이 설하는 것이지만, 대승경전에는 이처럼 부처님이 직접 말씀하시지 않고 보살 또는 그리한 지위에 있는 자가 교의를 설하는 경우가 많습니다. 예로,『승만경』이 이와 같은 것인데, 승만부인이 대승의 교리를 설하는 형식을 취하는 것입니다. 이러한 경우에도 마지막에 그 설에 대해, 부처님이 승인하고 유통에 힘쓸 것을 권하는 형태로 마무리됩니다. 이는 경 전체가 불설佛說임을 뜻하는 것입니다. 말하자면 유마거사나 승만부인은 부처님을 대신해서 부처님의 가르침을 설하는 것이라고 보면 됩니다.

주인공 유마는 비야리의 큰 성, 즉 갠지스강을 낀 마가다국의 빠-타리뿌트라(현재, 비하-루주州 빠트나)의 북쪽 해안에 있는 도시국가로 밧지족이 지배하는 베-샤리의 도성 내에 사는 장자[153]

인데, 그는 무역을 경영하는 대부호인 거사이며 처자가 있는 가장입니다. 사리불처럼 출가한 불제자가 아닌 시정의 한 거사에 지나지 않습니다.

그것에 관계없이 그의 '공'에 대한 깨달음의 경지는 극히 깊고, 전문가인 비구나 사문을 멀리 뛰어넘어 부처님도 그를 보살이라고 칭할 정도입니다. 경은 이처럼 뛰어난 거사를 주역으로 등장시키고 그를 중심으로 하여 하나의 큰 드라마로 전개됩니다. 등장인물에는 성자인 불제자도 많이 있고 유명한 보살들도 있고 마구니(악마)나 천녀들도 있지만, 그들은 대체로 그를 돋보이게 하는 역할에 지나지 않습니다. 그러한 인물들과의 대화에서 유마는 대변재로써 참으로 예리하게 그들을 공격하며 공사상의 본질을 드러냅니다. 경은 그의 기지機知와 아이러니로 채색되어 있음을 살필 수 있습니다.

2. 불교사에서의 『유마경』의 위치와 사상의 영향

1) 『유마경』의 성립연대

경전의 성립연대는, 경전 내용이 교차되거나 중복 또는 인용되는 다른 경전이나 논서를 보고 추리해 볼 수 있습니다.

예로, 『유마경』에 보살의 수승성을 설하는 가운데 '수미산 정도의 아견我見이라도 공견空見의 증상만보다 좋다'고 하는 역설적인 표현, 또한 고원의 육지에 연꽃은 피지 않고 진흙탕인 습지에 편다고 하는 비유가, 고본古本의 『보적경』 '가섭품'에도 있고, 『유마경』의 '여래의 종성(家系)'과 『보적경』의 '성성(聖性, 성스런 가계)'의 개념 내용으로 보아 『보적경』쪽의 내용을 『유마경』이 인용한 것이 아닌가, 라고 학계에서는 봅니다. 『보적경』은 '비유 비무의 중도'로써 공성을 설명하는데 이를 『유마경』에서 '입불이법'으로 전개하는 것도, 역시 두 경은 관계가 있고 또한 『유마경』이 『보적경』보다 뒤에 성립한 것이라고 보게 합니다.

한편 『보적경』보다 『유마경』과 더욱 가까운 관계로 볼 수 있는 경은 『수능엄삼매경』입니다. 역경사에서는 『수능엄삼매경』도 『유마경』과 나란히 고층古層의 초기대승경전으로 분류합니다. '수능엄삼매'라는 말의 의미는 '용맹스러운 자의 행진이라는 삼매'입니다. '용맹스럽다'는 것은 바로 보살을 두고 하는 말입니다. 보살을 대사大士, 마하살이라고 하는데, 모두 위대한 용맹스런 자라는 뜻입니다. 따라서 '용맹스런 자의 행진'이란 보살의 모습으로 삼매의 힘을 실현하는 것을 의미합니다. 그 특질로서 들 수 있는 것은 유마가 설하는 보살의 모습과 다르지 않지만, 이 삼매의 힘을 얻은 '마계행불오魔界行不汚'(마계에서도 더럽히지 않은 것)라는 이름의 보살의 활약은 유마와 완전히 닮았고, 그 법문은 '속박도 해탈도 없는 법문'이라고 합니다. 이외 십대 제자 비판이나 천녀의 변신 이야기 등의 착상이 대단히 유사합니다. 이 경과 본경과의 문헌상의 관련에서 보면 확실한 증거는 없지만, 두 경이 문수사리라고 하는 보살의 존재를 대표로 내세우고 활약하는 것을 살펴보면서 밀접한 관계가 있다고 추정하는 것입니다.

마지막으로『유마경』의 주요 사상으로 나타난 "마음이 깨끗하면 중생도 깨끗하고 마음이 더러우면 중생도 더럽다"('제자품', 우바리의 단락에 있음)는 것은 아함(잡아함)경 교리의 소재를 인용한 것이며, 불전佛傳이나 불제자에 관한 전승傳承 등을 소재로 삼은 것을 보면 대승불교의 핵심사상이 근본불교를 근간으로 이루어졌음을 살필 수 있습니다. 특히『유마경』은『반야경』의 중심사상인 '공'의 교리가 근본이 되고, 또한 용수(150~250)의『대지도론』에도 언급되고 있어서 제작 시기를 기원후 150년경 정도로 추정, 초기대승경전 중의 하나로 보고 있습니다.

2)『유마경』사상의 영향

『유마경』이 공관空觀을 기본으로 하는 경전으로 중관파中觀派에서 중히 여기는 것은 당연하지만, 본경의 '자성청정심'의 설은 '여래의 종성種姓'이라는 관념과 함께 뒤에 여래장·불성설의 형성에 크게 영향을 주었습니다. 또한 본경은, 구마라집의 명 번역(409년)에 의해, 중국에서는 나집 문하의 주석류 저술을 비롯하여 그 직계라고 할 수 있는 삼론종에서 활발히 연구되었고, 그중 길장의『정명현론淨名玄論』과 기타 주석에 의해 널리 현양되었습니다. 특히 '유마'의 성행은 선종의 흥기와 함께 널리 보급되고 '유마의 방장'을 비롯하여 유마의 명구名句와 전설이 생겨납니다.

중국 선종사에 나타난 '유마'로는, 첫째, 본경에 나타난 불이사상을 말하는 경우와, 둘째, 사람으로서의 유마거사(淨名)를 말하는 경우가 있습니다. 양자를 구별하여 이해할 필요가 있습니다.

중국 당대 선종이 번성하는 가운데 『유마경』을 인용하여 선사의 사상을 나타내고 나아가 공안으로 인용한 경우가 많아집니다. 대주 혜해(大珠慧海, 800~830)의 저술로, 후일 '선학의 개론서'라고 불리는 『돈오입도요문론頓悟入道要門論』에는 불국품, 방편품, 제자품, 보살품, 부사의품, 관중생품, 입불이법문품, 보살행품, 견아촉불품을 다수 인용하고, '정명거사'라는 인명으로 선사상을 표출하였습니다. 또한 각 선사들의 어록이나 공안집을 살펴보면 곳곳에서 본경을 인용하여 선의 정수를 드러내는 경우가 많습니다. 예로, 황벽 희운의 『전심법요』에 불국품, 방편품, 제자품, 보살품, 문질품, 부사의품, 향적불품, 견아촉불품 등을 인용하고, 역시 '정명거사'라는 이름을 들어 선의 진수眞髓를 나타냅니다. 황벽 문하인 임제 의현의 『임제록』에는 제자품, 불사의품 등이 인용되고, '유마힐'이라는 이름을 들어 불이不二 선사상을 고취시킵니다. 더욱이 원오 극근의 『벽암록』(1125)에서도 입불이법문품이 한 번 인용되고 있습니다.

여하간 선문에서 이처럼 본 경을 광범위하게 인용한 것을 보면, 당시 『유마경』의 이해와 신봉이 일반적으로 유전流轉, 확산되었음을 미루어 알 수 있으며, 선종만이 아니라 지론종, 천태종, 삼론종에서의 유마사상의 영향을 본다면, 선과 교를 넘어 불교 수행과 실천의 역사적 흐름에 본경의 핵심사상이 토대가 된 것은 아닐까 추측해 봅니다.

3. 『유마경』의 구성과 각 품의 대요

『유마경』은 14품으로 구성되어 있습니다. 품이란 장章을 뜻하는데, 중국의 전통형식으로 경전의 내용을 분류하면, 서분은 비야리의 암라수 동산에서의 부처님의 회좌會座이며(1품~4품), 본론격인 정종분正宗分은 유마의 방이며(5품~10품), 유통분流通分은 다시 암라수 동산의 부처님의 회좌(11품~14품)가 됩니다.

정종분의 내용이 '유마의 이야기(所說)'에 해당합니다.

각 품의 대요를 말하면, 먼저 제1 불국품에서는 베-샤리의 마을 근교에 있는 암라수 동산에서 부처님이 제자들과 보살들, 그 외의 대중들로부터 둘러싸여 앉아 계십니다. 그곳에 보적이라는 청년 장자가 오백 명의 친구들과 함께 나타나 부처님께 공양을 올리고, 부처님은 올려진 일산을 합쳐 한 개의 큰 일산으로 만들고, 그 가운데 청정한 불국토의 모습을 나타내셨습니다. 이를 본 보적이 게송으로 찬탄하니, 부처님은 "마음이 깨끗하면 불국토도 또한 깨끗하다"라고 말씀하십니다. 사리불은 이 더러운 땅이 어째서 청정한가를 여쭈니, 부처님은 발가락으로 땅을 치시고 이 국토가 본래 청정하다는 것을 증명해 보이셨습니다.

장면이 바뀌어, 유마가 방(方丈)에서 병으로 누워 있는 모습으로 나타납니다.

제2 방편품에서 유마가 소개되고 문병하러 온 자들에게 유마는 몸으로 무상함을 보이고, 영원한 몸을 얻기 위해 아뇩다라삼먁삼보리(無上正等覺)를 향해 발심해야 한다는 것을 몸으로 가르칩니다. 유마의 방은 경의 중심 무대가 되지만 여기서는 아직 소개 단계로서, 암라수 동산에 모인 사람들에게 유마가 병들었음을 알리는 것입니다.

이러한 소식에 의해 부처님은 불제자들에게 유마의 문병을 권합니다. 그러나 사리불을 비롯하여 10대 제자들은 각각 예전에 유마에게 힐난을 받거나 놀림을 당한 적이 있음을 말씀드리고 문병 가는 것을 고사합니다.(제자품 제3)

부처님은 계속해서 미륵 이하의 보살들에게도 권하지만 그들도 역시 유마에게 당했던 경험을 말하며 문병을 거절합니다.(보살품 제4)

마지막 문수보살이 문병을 가기로 결정하니, 지금까지 고사해 오던 제자들이나 보살들이 그의 뒤를 따라갑니다. 대부호의 장자 유마와 문수사리보살의 문답이 볼 만할 것이라고 생각했던 것입니다. 유마는 방을 텅 비워 놓고 자신이 누웠던 침대만 두고 문수를 들게 합니다. 처음 인사가, "옴이 없이 오셨고 만남이 없이 만났소"라고 하였으며, 두 사람의 유유한 문답이 시작됩니다.

유마는 자신이 병든 이유에 대해 "중생이 아프기 때문에 나도 또한 아프다. 모든 중생의 병이 나으면 나의 병도 낫는다"라고 말하며, 병의 실재성에 대해 문수와 질의응답을 합니다. 그리고 지혜와 방편, 보살의 본연의 자세 등을 말하고, 보리·전법륜·열반을 보이는 것이 보살행이라고 이야기합니다.(문수사리문질품 제5)

여기서 사리불이 실내에 앉을 의자도 없음을 알아챘을 때, 유마는 자리를 구하러 왔는가, 법을 들으러 왔는가, 라고 질타합니다. 더구나 유마는 모인 무리를 위해 거대한 보좌를 만들어 자신의 방에 그 모든 것을 들여놓는 기적을 보이고, 보살의 불가사의한 해탈 작용에 대해 이야기합니다. 불가사의한 해탈은 보살들이 체득한 해탈로, 여기에 머물면 겨자씨 속에 수미산이 들어갈 수 있고, 시간을 신축자재하기도 하며, 세계 속의 모든 소리를 부처님의 소리로 변하게 하여 법을 설할 수 있다는 것입니다. 더욱이 모든 세계의 마왕들은 실은 이 불가사의해탈에 주住하는 보살들이 중생을 교화하는 방편으로 나타난 것이라고 합니다. 불가사의해탈을 이룬 보살의 화현으로서, 유마가 설한 것은 모두 '불가사의법문'인 것입니다.(불가사의품 제6)

'중생은 존재하지 않는다'는 중생관, 살아 있는 것에 대한 자慈, 생명의 근본, 생사는 밑바닥이 없다는 것 등을 문제로 삼은 후, 공·환화幻化와 같은 중생에 대한 자비행(四無量心)의 실천에 대해 그 의의를 논합니다. 여기에서도 사리불은, 천녀가 뿌린 꽃잎이 신체에서 떨어지지 않는 일로, 유마로부터 꽃잎에 구애됨을 지적받기도 하고, 사리불이 천녀는 왜 여인인가를 물을 때 천녀는 사리불을 여인으로 바꾸고 여인으로 몸으로 나투어진 사리불이 진정한 여자가 아님을 몸으로 체득시킵니다. 성의 전환으로 부처님의 '모든 것에는 고정된 상(定相)이 없다'는 것을 깨우치게 하는 것입니다. 실은 대승의 공관空觀에서 보면 남녀의 차도 없고 변성남자도 무의미하다는 것을 암시합니다.(관중생품 제7)

문수는 또한 유마에게 '불도', '여래의 종성(種姓)'의 의미를 묻는데, 유마는 '비도非道가 도(도가 아님이 도)' 이것이 불도이며, 유신견有身見이나 무명, 유애有愛, 내지 62견해가 모두 여래가 되는 종자라고 하는 역설적인 해답을 내놓습니다. 마하가섭이 그것을 듣고 자신들처럼 온 힘을 다해 번뇌를 끊은 자(아라한)는 왜 부처의 보리를 체득할 수 없는지 한탄하는 장면이 있습니다. 그러나 보현색신普現色身이라는 보살이 유마의 권속(부모, 처자 등)은 누구인가를 물으니, 유마는 "지도(智度, 즉 빈야바라밀)가 보살의 어머니이고 방편이 아버지"라고 답하고, 이하에 설하는 것은 반드시 역설적이지는 않습니다.(불도품 제8)

이후부터 보살들은 세계의 모든 존재가 '불이不二'라는 각자의 불이관을 제시하고, 마지막 유마의 침묵(一黙)으로 문답은 정점에 달하면서 종료됩니다. 이 유마의 '묵연黙然'은 이 경의 명소 중의 명소입니다.(입불이법문품 제9)

이때, 보살들의 문답에 개의치 않고 식사를 걱정하며 사리불이 등장합니다. 유마는 그것을 알고 향적불의 중향국에서 불타 석가모니께 올린 향기로운 공양을 받아 들고, 이를 방안의 대중만이 아니라 향기를 맡으러 온 베-샤리 마을 사람들에게까지 주어 사람들을 포식하게 했지만 조금도 줄지 않았습니다. 어쨌든 문답도 끝나고 식사를 마친 데서 유마의 방은 막이 내려집니다.(향적불품 제10)

이하부터는, 다시 부처님이 계시는 암라수 동산으로 옮겨집니다. 부처님께서 도량을 깨끗이 장엄하고 기다리시고 있는 곳으로 유마와 문수가 함께 가고, 불제자들을 비롯한 회중會衆과, 중향국에서 공양을 가지고 온 보살들까지도 나타납니다. 부처님은 아난에게 향반을 설명하시고, 법불국토가 있음을 가르치시고, 아난에게 결코 다문多聞을 자랑해서는 안 된다고 설하십니다. 그다음, 중향국의 보살들은 부처님의 다함(盡)과 다하지 않음(無盡)에 대한 법문을 듣고 난 뒤, 그들 나라로 돌아갑니다.(보살행품 제11)

다음, 부처님은 유마에게 여래관을 물으시고, 또한 사리불의 물음에 부처님은 유마는 아촉불(無動佛)의 묘희세계에서 온 자임을 밝히시고, 그 세계의 모습을 보입니다.(견아촉불품 제12)

이하 두 품은 경을 끝맺는 유통분에 해당합니다. 즉 부처님께서 먼저 제석천에게 『유마경』을 수지·독송하는 이익을 말씀하시고, 또한 경 가운데 나타난 약왕여래와 월개 왕자의 인연(현재세와의 관계)을 가르치십니다.(법공양품 제13)

다음, 미륵에게 『유마경』을 부촉하시고 미륵은 서약합니다. 또한 아난에게도 수지할 것을 위촉하시고, 경은 이렇게 대단원을 맺습니다.(촉루품 제14)

현대의 상식으로 말하면, 경의 드라마틱한 장면으로 인해 황당무계하다고 볼 수도 있겠지만, 이처럼 장대한 공의 세계를 묘사하면서 한편으로 극히 시각적인 광경을 연출하여 생각에 잠기게 하니, 이것은 다른 경에서 볼 수 없는, 본경의 뛰어난 점이라고 말해도 좋을 것 같습니다. 여기에는 구마라집의 명역名譯이 한몫을 한 것임에 틀림없습니다.

흔히 공이라고 하면 '무', '무소득', '불가득'이라는 어언으로 설명하여 그 뜻을 밝힙니다. 좀 더 구체적으로 말하면 본경에서의 "번뇌를 끊지 않으면서 열반에 든다"(제3품), "가난하면서 모든 재보를 손에 쥐다", "도가 아닌 것을 도로 한다"(제7품), "받을 도구 하나 없는데 양손으로 받는다"(제8품) 등의 이야기는, 모순적·역설적인 표현이지만 공의 사상에서는 충분히 가능한 이야기가 됩니다. 공空이기 때문에 모든 유有가 가능하고, 공이지 않으면 모든 유는 불가능합니다. 불교가 천지사방에서 제일의第一義가 될 수 있는 것은 공사상이 있기 때문입니다. 이러한 공사상은 세상의 모든 진리를 품을 수 있으며, 동시에 이들 진리를 설명하는 데 토대가 된다고 봅니다. 『유마경』은 공의 반야세계를 드러내 보이고 이해시키기 위해, 경계를 짓는 출가자가 아닌 자유분방한 재가자 유마거사를 통해, 그의 종횡무진한 기지機智를 발휘하여 가히 만만찮은 변론가 수준으로 설하게 하였습니다.

마계의 천녀에게 주는 무진등無盡燈 이야기, "고원의 육지에 연꽃은 살지 않고 진흙 속에서 자란다"는 명문구는, 2천여 년이

지난 오늘날에도 『유마경』이 세상의 어둠을 밝히는 등불의 역할을 하는 이유가 될 것입니다. 더구나 "마음이 청정하면 국토도 청정하다"는 경구는 불교인들이 부처님을 신봉하는 근원이 되며 수행의 신조가 되었습니다.

후 기

모든 대승경전은 반야경의 공사상을 원리적으로 발전시켜 구체적·현실적인 이해를 돕기 위해 성립하였다고 할 수 있습니다. 『유마경』은 대승경전 중에서도 꽤 오래된, 『반야경』이후 대략 기원 100년 전후에 성립한 경전으로서, 산스끄리트어 원본은 사라지고 이를 인용한 티베트역이 남아 있다고 하지만, 이번에 필자가 해설한 것은 중국 요진시대 구마라집의 한역(5세기 초)본입니다. 『유마경』을 역해한 학자들 가운데는, 한역과 티베트역을 비교해 볼 때 티베트역이 표현과 말씨가 보다 정교하고 충실하다고 했습니다만, 필자는 티베트본을 볼 수 없어서 한역본을 택했습니다. 다행히도 티베트본을 저본으로 하여 번역한 책과, 또한 세계적인 불교학자인 에띠엔 라모뜨(E. Lamotte, 1903~1983)가 티베트본을 연구, 한역을 대조하면서 번역한 책이 출판되어, 필자는 이 둘을 참고하여 해설하였습니다.

그런데 『유마경』을 해설하면서, 이해하기가 쉽지 않겠다는 생각이 들었습니다. 우선 사물과 현상에 대한 불교적 사유(생사불이 등)와 인식(점 하나에 우주가 내포되어 있다든가)이 토대가 되어야 하기 때문입니다. 또한 경의 내용에는 과학적 상상력과 논리를 기반으로 만들어진 SF 영화에서나 볼 수 있는 일들이 허다하게 나타나기 때문입니다.

예로, 장자가 부처님께 바친 하나의 일산으로 오백 장자들 각각이 가지고 있는 일산을 두루 덮는다든지, 부처님이 발로 대지를 툭~ 치니 또 다른 아름다운 세계가 나타난다든지, 천상에 있는 또 다른 장엄한 세계를 한 손바닥에 올려놓고 이 땅에 내려놓는다든지, 천상에 있는 수많은 의자를 가로·세로 3미터밖에 되지 않은 방(方丈)에 들여 넣는다든지, 천상의 향적세계에서 부처님이 드셨던 공양을 가지고 내려와 수많은 사람들이 나누어 먹는다든지, 남·녀로 구분되는 이성을 천녀의 의지대로 변화시킨다든지, 하늘의 천녀가 내려와 불제자인 사리불과 불법을 토론하여 사리불의 그릇된 생각을 바꾸게 한다는 등이 그렇습니다.

하지만 경설經說과 SF 영화를 비교해 볼 때, 둘 모두는 아주 긴 시간의 차가 있음에도 불구하고, 현재와 과거와 미래, 이 세계와 다른 세계를 동시적으로 관찰하고 접근하고 있음을 볼 수 있습니다. 그리고 이를 통해 삶의 본질과 가치관, 그리고 인간의 행복에 대해 문제를 제기하고 답을 찾도록 유도합니다. 참으로 인간의 사유의 세계는 광대무변하며, 또한 시대를 뛰어넘는 사유의 연속과 지속에 대해 감탄하지 않을 수 없습니다.

30대는 필자가 불교를 학문적으로 공부한다고 나름대로 열정을 내고 있을 무렵입니다. 처음 이 경을 접했을 때, 내용의 구성이 근본불교와는 전혀 다르다는 경만輕慢한 생각이 들어 외면하기도 했습니다. 대승경전의 내용이 대개 그러하듯이, 이 경 또한 이상과 현실, 찰나와 영겁, 본체와 현상 등이 둘이 아님을 다양한 방편을 제시하여 가르치는 것인데, 이를 알아차리지 못했던 것입니다. 당시 필자가 알고 있는 불교의 세계와는 이질적이라는 단순한 생각으로 밀어냈던 것입니다. 지금 생각해 보면 참으로 관견管見이지 않을 수 없습니다.

『유마경』의 영향력은 대단합니다. 우선 번역자 구마라집(344~413)은, 낮에는 경전 번역, 밤에는 여인들과 환락에 빠져서 지내던 중 이 경을 보고 참된 수행자로 태어났다고 하며, 또한 그의 제자 승조(僧肇, 384~414?)는, 처음 노장철학에 몰두하다가 이 경을 만나고부터 마침내 불교에 귀의했다고 합니다. 또한 각종 대승경론에는 『유마경』의 내용이 주注로 달릴 정도이며, 유마의 불이不二사상은 7~8세기 중국 선종사상에 크게 영향을 미쳐, 『유마경』의 명구名句는 공안으로 채택될 정도입니다.

『유마경』이 우리에게 주는 메시지는, 사물과 현실의 세계를 직시하여 이에 대한 식견識見을 갖게 하고 그것을 행동에 옮기도록 하는 것입니다.

'그대는 현재, 지금, 무엇을 생각하고 있는가?', '인간의 느낌(受)에는 의미가 없다. 그것이 진실의 세계다. 그 진실한 세계로 어떻게 들어갈 수 있는가?', 또한 '현상의 세계는 무상하다고 했다. 그렇다면 영원한 것은 어떤 것인가?' 등을, 유마거사는 대비구, 보살, 천계天界의 인드라신과의 대담을 통해 예리하게 전개하면서 인식의 전환을 유도합니다.

『유마경』을 역해하면서, 불멸 500년 후, 근본불교에서 대승불교시대로의 전환기에 『유마경』이 나타난 것은 대단한 사건이라고 생각합니다. 이는 출가자도 아니고 부호인 장자 유마거사가 공의 입장에서 불제자들을 논파한다는 점에서 그렇습니다. 더불어 그동안 출가자 중심 교단에서 재가자가 참여하였다는 것 또한 역사적으로 놀라운 일이며 획기적인 일이라고 말할 수 있습니다. 이것은 시대가 요구하였는지도 모릅니다. 당시 재가자들과 출가자들 사이에는 높은 벽이 가로막고 있었습니다. 부처님의 제자인 출가자들은 정사精舍에서 늘 부처님 곁에 있었으나 재가자는 감히 가까이 접근할 수가 없었으며, 더구나 깨닫는다는 것은 생각지도 못하는 차별적 교단의 형태를 취하고 있었습니다. 『유마경』은 이를 무너뜨려, 재가자도 출가자와 동등하게 불법을 깨칠 수 있고 전법할 수 있다는 것을 '유마거사'를 앞세워 보여 주었다고 생각합니다. 이것은 교단체제의 대전환이라고 보아야 할 것입니다. '거사'라는 재가 신분이 일반대중과 동질성을 가질 뿐만 아니라, 또한 동일한 실생활에서 체감되는 괴로움과 이를 벗어나는 길을 모색하는 것에 대한 소통을 가능하게 했다는 것이, 당시의 교단체제가 대승적 교단으로 변화하는 과정에서 크게 기여했다고 봅니다. 또한 가르침을 평면적으로 나열하던 설법과 달리, 다이내믹하게 변화를 주어 생동감이 드러나는 설법의 형태를 보인 것도 큰 변혁이 아닐 수 없습니다. 이것은 또한 대승경전의 특징이 되기도 합니다.

여하간 이번 『유마경』을 풀어보면서, 불자는 부처님의 말씀을 한 치도 의심하지 말고 몸과 마음으로 믿어야만 부처님의 말씀을 제대로 이해(解)할 수 있으며, 이로써 부처님과 하나가 되는 행이 이루어지며, 나아가 '참되고 진실불허'한 부처님의 세계, 즉 '공의 세계'로 나아갈 수 있다는 것이 이 경의 테마라고 생각합니다.

어언語言과 명색名色이 난무한 세계에서, 화중연火中蓮과 같은 『유마경』을 이야기할 수 있다는 것은 참으로 어려운 만남이라고 생각합니다. 선어에 '명월장로明月藏鷺'(환한 달빛이 백로를 품다), '은완리성설銀椀裏盛雪'(은쟁반 속에 소복한 눈)과 같은 말이 있듯이, '차별과 평등', '명과 암'이 '불이不二'임을 이야기한 유마거사의 덕 높은 지혜를 찬탄하며, 이번 저술을 위해 수정 보완에 힘써 준 한용국 박사와, 원고의 시작부터 완성까지 끊임없이 관심을 보여 준 운주사 김시열 대표에게 깊이 감사드립니다.

『유마경』의 강설에 작은 공덕이 있다면 세상의 모든 유정·무정에게 바칩니다.

2025년 6월
경운실에서 혜원 합장

미주

1 『유마힐소설경』(이하『유마경』)(대정신수대장경大正新脩大藏經, 475, 권14), p.538.
2 長尾雅人 譯注『維摩經』, 東京: 中公文庫, 1992, p.18.
3 헤르만 헤세(1877~1962): 독일계 스위스인. 소설가, 시인, 화가. 대표작으로『수레바퀴 아래서』,『데미안』,『유리알 유희』등이 있다. 1911년, 인도로 출발, 스리랑카, 수마트라, 싱가폴을 여행.『인도에서』라는 뛰어난 시문집을 냈다. 내면의 추구를 예술적으로 승화시킨 최고 걸작이『싯다르타』(1922)이다.
4 『유마경』(대정장, 475, 14권) p.538 하.
5 하열인下劣人: 소질, 기질이 낮고 지혜롭지 못한 자를 칭한다.
6 무생법인: 모든 것은 본래 생기는 것도 멸하는 것도 아닌(불생불멸), 공이라는 실상을 인지하는 것.
7 근기根機: 기근이라고도 함. 중생마다 구족한 활력·능력을 뜻한다.
8 『유마경』, 위의 책, p.539 상.
9 『유마경』, 앞의 책, p.539 상~중.
10 삼계: 생사윤회하는 세 가지 생존의 영역. 육체가 있어서 탐욕을 가지는 욕계, 선정에 도달한 육체는 있고 탐욕이 없는 색계, 깨달음으로 상계上界에 있어서 육체(의 속박)를 떠난 자유로운 정신으로 있는 무색계. 이는 사무색정四無色定에 의해 도달한다.
11 『무문관』(혜원 역해, 김영사, 2023), p.202. "窮諸玄辨 若一毫致於太虛 竭世樞機 似一適投於巨壑."
12 『유마경』, 앞의 책, p.539 하.
13 도법: 수행에 의해 체득된 모든 현상세계의 모습.

14 삼십칠품: 선정수행을 하는 데 도움이 되는 길, 첫 번째가 사념처四念處. 37보리분법이라고도 한다.
15 『유마경』, 위의 책, p.540 상.
16 『유마경』, 앞의 책, p.540 중.
17 성문: 가르침을 들어서 깨닫는 자를 의미. 여기서는 부처님의 가르침을 들을 뿐 제대로 실천이 부족한 자들을 뜻한다.
18 『벽암록』(혜원 역해, 김영사, 2021), p.45 재인용.
19 『유마경』, 앞의 책, p.540 하.
20 오역五逆: 다섯 가지 중죄, 즉 오역죄를 지으면 무간지옥에 떨어진다고 한다. 오역은 부처님 몸을 손상시키는 것, 부·모를 죽이는 것, 깨친 성자(아라한)를 죽이는 것, 승가의 화합을 깨트린 것을 뜻한다.
21 사제: 부처님은 네 가지 진리, 즉 사성제四聖諦를 깨달았다. 존재하는 것은 반드시 괴로움이 있으며, 이는 원인이 있기 때문이며, 그 원인을 제거하는 길은 팔정도八正道임을 설했다.
22 외도: 부처님 당시에 불교 이외의 종교를 외도라고 했으며, 당시 대표적인 외도자 여섯 사람을 '육사외도'라고 칭했다.
23 『유마경』, 위의 책, p.541 상.
24 통달: 통달通達과 같다. 통은 관통한다는 뜻. 이 문장이 의미하는 것은 '고 苦는 연생緣生'이라는 교의의 대승적 해석이다.(연생=공, 불생)
25 적멸: 여기서 적멸은 번뇌의 소멸을 열반이라고 하는 일반적인 해석과는 다르다.
26 경행: 경을 읽으면서 돌아다니는 것.
27 『유마경』, 위의 책, p.541 중.
28 오통五通: 불교에서 말하는 육신통, 즉 누진漏盡·천안天眼·천이天耳·타심他心·숙명宿命·신족神足통 중 누진통을 제외한 것. 누진은 일체의 번뇌가 사라진 것.
29 무위: 여기서 무위는 무작無作. 만들어진 것, 즉 유위의 작용을 초월한 것.
30 『벽암록』 89칙(혜원 역해, 앞의 책): 운암 담성(雲岩曇晟, 782~841)과 도오

원지(道吾圓智, 769~835) 이 두 분은 속가 형제다. 석두계 약산 유엄의 문하로 운암 스님이 먼저 출가하고 나중에 도오 스님이 뒤를 이었다. 도오 스님 쪽이 먼저 깨닫고 후에 운암 스님이 깨쳤다고 한다.

31 『유마경』, 위의 책, p.541 중. 진여 아님이 없다는 원문은 '여如를 나오지 않는다(不出於如)'라고 했다. 여는 진여, 법성. 공이며, 공 아닌 것이 없음을 진여라고 하는 것.

32 전도: 진실에 반대되는 견해. 무상인데 상이라고 하는 것 등.

33 무아無我인 것을 뜻한다.

34 망견妄見: 진실됨이 없이 나타나다.

35 무위법無爲法: 출가는 세속적인 가치, 이해利害 등을 초월하기 때문에 어떠한 효과도 생기지 않는다고 하여 무위법이라고 한다.

36 『유마경』, 앞의 책, p.542 상.

37 『종용록』(혜원 역해, 김영사, 2018), p.15.

38 찰간: 설법이 있음을 알리기 위해 절 문 앞에 세우는 깃발.

39 『무문관』(혜원 역해, 김영사, 2023), p.167 재인용.

40 오탁: 겁탁劫濁, 견탁見濁, 중생탁衆生濁, 명탁命濁, 번뇌탁煩惱濁.

41 『유마경』, 위의 책, p.542 중.

42 여如: tathatā, 진여. 사물의 진실한 모습. 진여는 불변이고 생도 멸도 없다.

43 발행: 행동. 보리달마의 『이입사행』에서 발행은 네 가지 행동, 즉 보원행報怨行, 수연행隨緣行, 무소구행無所求行, 칭법행稱法行.

44 착류가 없다: 망실忘失하지 않다는 뜻, 즉 잘 잊어버리지 않는다는 것.

45 마파순: 악마인 빠-삐-야스(파순). 삼계 중 욕계欲界 제6천에 있는 마왕.

46 교시가: Kauśika. 제석천의 다른 이름.

47 정사: 선사善士, 귀인貴人.

48 『유마경』, 위의 책, p.543 중.

49 『유마경』, 앞의 책, p.543 하.

50 『유마경』, 위의 책, p.544 중.

51 『유마경』, 앞의 책, p.544 중.

52 생사: 윤회의 생존을 의미.

53 『유마경』, 위의 책, p.545 상.

54 모든 것을 받아들이다(諸受): 고苦・락樂・사捨(불고불락)의 세 가지 종류의 감각.

55 『유마경』, 앞의 책, p.545 상.

56 『유마경』, 위의 책, p.545 상.

57 법을 구하는 자는 … 대중에 집착하여 구하지 않으며: 이 말은 불・법・승의 삼보에 집착하지 않는다는 뜻.

58 『유마경』, 위의 책, p.546 상.

59 『속장경』, 136권, 930 하.

60 『벽암록』 제11칙(혜원 역해, 앞의 책), p.73.

61 『유마경』, 위의 책, p.546 하.

62 겨자씨: 우파니샤드 이래 극수의 것을 밀할 때 비유로 사용. '겨자씨 속으로 수미산이 들어간다'는 것은 불전에 곧잘 인용되고 있다.

63 수미산이 겨자씨 속에 들어간 것: 의상조사 「법성게」에는 '한 점 티끌 속에 온 우주가 담겨 있고(일미진중함시방—微塵中含十方) 낱낱의 모든 티끌에도 여기 이와 마찬가지(일체진중역시—切塵中亦如是)'라는 구절이 『유마경』의 이 구절을 적절히 나타낸다.

64 의상조사 「법성게」에 나오는 구절: 무량원겁즉일념無量遠劫卽一念 일념즉시무량겁一念卽是無量劫(한없는 세월이 바로 한 생각이고 한 생각이 바로 한없는 세월).

65 『벽암록』(혜원 역해, 앞의 책), p.116 재인용. 『종용록』 84칙(혜원 역해, 앞의 책)에 '구지일지俱胝一指'라는 동일한 내용의 공안이 있다.

66 『유마경』, 앞의 책, p.546 하.

67 『유마경』, 앞의 책, p.547 상.

68 소동파는 불법에 귀의하여 수행한 이후 득도한 마음을 이렇게 시로 표현했다. '溪谷聲便是廣長舌 山色無非是淸淨身, 夜來八萬四千偈 他日如何擧

似人.'

69 김성철 저,『화엄경을 머금은 법성게의 보배구슬』(오타쿠, 2021), p.177.

70 형상: 원문은 색상色像이지만 형태를 뜻한다.

71 『유마경』, 위의 책, p.547 상.

72 『유마경』, 위의 책, p.547 중.

73 『유마경』, 앞의 책, p.547 하.

74 잘못된 생각(顚倒想): 무상無常인 것을 상常으로 생각하는 것.

75 무주無住: 밑바닥(根底)이 없는 것.

76 『유마경』, 위의 책, p.548 상.

77 기년: 나이를 먹은 것. 장로長老를 뜻하는데 여기서는 사리불을 가리킨다.

78 증상만인: 자신의 덕이나 과보를 자만하는 자.

79 여덟 가지 미증유未曾有: 여간해서는 볼 수 없는 불가사의한 여덟 가지 성질.

80 제석천: 『리그·베-다』(인도의 최고의 성전)의 최고의 신. 불교에 수용되어 범천과 더불어 호법의 신이 되었다.

81 일체이성一切利成: 모든 이로움을 성취하게 하는 자.

82 『유마경』, 앞의 책, p.548 하.

83 『유마경』, 앞의 책, p.548 하.

84 『벽암록』(혜원 역해, 앞의 책), p.324 재인용.

85 불화소생비몰생야佛化所生非沒生也: 여래에 의해 만들어진 것들은 없어지고 생기고 하지 않는다.

86 여래는 불거불래不去不來의 의미로 이는 공을 뜻한다. 공에서 인연을 만나면 생긴다는 뜻.

87 주처가 없다: 근거가 없다는 뜻.

88 무소득으로: 소득이 없는 것을 원인으로, 즉 얻은 바가 없이, 라는 뜻.

89 어떤 것도 생겨나는 것이 없는 인식을 얻고: 생겨나고 멸함이 없는 인식, 즉 무생인無生忍을 얻었다는 것.

90 본원을 갖추었기에: 서원誓願의 힘을 갖추었다는 뜻.

91 무명·유애有愛: 유애는 생존에 대한 집착. 이 둘이 번뇌를 대표한다는 것.

92 62견: 부처님이 세상에 계실 때 이교도의 62가지 잘못된 견해.

93 『유마경』, 위의 책, p.549 중.

94 백장 회해: 선사의 어록 중 '일일부작一日不作 일일불식一日不食(하루 일을 하지 않으면 하루 먹지 않는다)'는 유명한 말이 있다. 선문에 처음으로 「청규淸規」를 제정하여 수행자들이 공부를 완수하도록 하였다.

95 용담: 생몰연대 미상. 용담의 법을 계승한 이는 덕산 선감德山宣鑑이다. 그는 처음에 율장과 『금강경』 등 여러 경론을 배우다가 후에 용담으로 인하여 선문에 들어섰고, 그의 문하에서 중국 선종의 오가五家 중 운문종, 법안종이 이루어진다.

96 『벽암록』, 앞의 책, p.277 재인용.

97 도솔삼관兜率三關: 도솔 종열(兜率從悅, 1044~1091)은 세 관문을 설치하여 학인의 공부를 감별했다.

98 발초참현發草參玄: 번뇌의 풀을 자르고 명사名師를 찾아다니며 진리를 궁구하는 것.

99 사람이 죽는 순간을 의미한다.

100 『무문관』 47칙(혜원 역해, 김영사, 2023), p.311.

101 무상도심無上道心: 아뇩다라삼먁삼보리심과 같은 말.

102 불법·힘·무외無畏 등: 부처님의 모든 덕성을 뜻한다.

103 『유마경』, 위의 책, p.549 하.

104 『유마경』, 앞의 책, p.550 상.

105 『유마경』, 앞의 책, p.550 중.

106 사리舍利: 올곧게 수행하는 승을 지칭.

107 나타는 비사문천의 아들로, 삼면팔비三面八臂의 파괴력을 지닌 힘이 센 귀왕. 이 구절은 『투자어록』에 '那吒折骨還不'라고 나온다.

108 『鈴木大拙全集』 15권(東京: 岩波書店, 1981), p.381.

109 앞의 책, p.382.

110 『벽암록』, 앞의 책, 27칙(p.163)에 '운문체로금풍'이라는 공안이 있다. 한 승이 운문에게 물었다. "나무가 메마르고 잎새가 떨어질 때, 어떠합니까?" 운문이 말했다. "가을바람에 본체가 완전히 드러났네."

111 『벽암록』, 앞의 책, p.473 재인용. 『종용록』(혜원 역해, 앞의 책), 48칙에도 나온다.

112 『무문관』, 앞의 책, pp.66~67 재인용.

113 금색 얼굴의 노자는 세존을 가리킨다.

114 『무문관』, 위의 책, pp.38~40 재인용.

115 호인胡人은 중국인이 야만인을 부를 때의 호칭이지만, 여기서는 부처님이나 달마를 가리킨다.

116 『벽암록』 65칙, 앞의 책, p.379 재인용.

117 『유마경』, 위의 책, p.552 상.

118 화신보살: 유마가 만든 보살.

119 『유마경』, 앞의 책, p.552 하.

120 사해는 네 개의 바다, 즉 수미산의 주변 사방에 있는 대해.

121 『벽암록』, 앞의 책, p.114 재인용.

122 행각: 여기저기 다니면서 선지식을 만나 자신의 깨달음을 성취하기 위한 수행.

123 손가락 선(지두선)은 『종용록』 87칙, 『무문관』 3칙에 나온다.

124 일체덕장삼매: '보살의 모든 덕성이 생기는 근원'이라는 이름을 붙인 삼매.

125 『유마경』, 앞의 책, p.553 상.

126 『유마경』, 앞의 책, p.553 중.

127 『무문관』, 앞의 책, p.103.

128 『벽암록』 16칙, 앞의 책, p.96 '경청초리한鏡清草裏漢.' 초리한은 '풀밭 속에서 뒹구는 풀벌레 같은 놈'인데, 앞뒤도 가리지 못하고 덤비는 자를 뜻한다.

129 아난은 부처님의 시자로, 사리불들과 동행하지 않고 부처님 곁에 남아

있었던 것으로 보인다.
130 『유마경』, 위의 책, p.553 하.
131 대승의 뜻: 보리심과 같다.
132 『유마경』, 앞의 책, p.554 중.
133 미학: 아직 공부가 제대로 되지 않은 것을 뜻한다.
134 『유마경』, 앞의 책, p.554 중.
135 『유마경』, 앞의 책, p.555 하.
136 『조당집』 권4 「단하천연장」.
137 『유마경』, 앞의 책, p.555 중.
138 『유마경』, 앞의 책, p.555 하.
139 『유마경』, 앞의 책, p.556 상.
140 『유마경』, 앞의 책, p.556 상~중.
141 『유마경』, 앞의 책, p.556 중~하.
142 『유마경』, 앞의 책, p.556 하.
143 십이인연: 인간의 생과 사의 윤회의 이치를 12인연법으로 정리한 것. 이를 연기법이라고 한다. 무명-행-식-명색-육입-촉-수受-애-취-유-생-노사의 인연관계.
144 『유마경』, 앞의 책, p.556 하.
145 다라니(dhāraṇi): 산스끄리트어로 부처님의 가르침의 정요精要. 신비적인 힘을 갖춘 주문이며 비교적 장구長句의 주를 말한다. 한역으로 총지總持라고 한다. 진리를 마음에 두어 잊지 않는 것, 뛰어난 기억력이라는 의미를 가지고 있다. 또한 수많은 선을 쌓는다고 하는 의미로도 해석된다.
146 『유마경』, 앞의 책, p.557 상.
147 『유마경』, 앞의 책, p.557 상.
148 『유마경』, 앞의 책, p.538 상. 佛以一音演說法 衆生隨類各得解.
149 『유마경』, 앞의 책, p.557 중.
150 『유마경』, 앞의 책, p.557 중. 『유마힐소설경』 권하.
151 구마라집의 한역 경에는, 경 이름은 유마힐이지만 역본의 내용에는 '유

마'라고 칭하였다. 필자는 이하 유마라고 통칭한다.
152 유마힐을 현장은 '무구칭無垢稱'(현장 역 『설무구칭경』), 길장은 '정명淨名'(길장의 주석 『정명현론淨名玄論』)이라고 하였다.
153 여기서 장자는 존칭으로, 대단히 훌륭한 분이라는 의미가 있다.

강설 혜원慧諴

동국대학교 불교학과를 졸업하고 동대학원에서 중국선을 전공하였으며, 동경 駒澤대학 대학원(선학과)에서 박사과정을 이수하였다. 박사(문학). 동국대학교 불교학부 교수, 불교문화연구원장, 불교대학(원)장, 정각원장 등을 역임하였으며, 현재 동국대학교 명예교수이다.

저서로『북종선』이 있고,『한 권으로 읽는 종용록』『한 권으로 읽는 벽암록』『무문관』등의 공안집을 역해했으며, 역서로『바웃드하』『신심명·증도가』, 공저로『An Encyclopedia of Korean Buddhism』, 편저로『선어사전』『한국불교문화사전』등이 있다.

유마경

초판 1쇄 인쇄 2025년 7월 10일 | **초판 1쇄 발행** 2025년 7월 17일
혜원 강설 | **펴낸이** 김시열
펴낸곳 도서출판 운주사

(02832) 서울시 성북구 동소문로 67-1 성심빌딩 3층
전화 (02) 926-8361 | 팩스 0505-115-8361

ISBN 978-89-5746-888-3 03220   값 21,000원

http://cafe.daum.net/unjubooks 〈다음카페: 도서출판 운주사〉